思索与追求

——在嘉高的岁月里

主　编　张益民

副主编　鲁建飞　潘新华　邢　川

浙江工商大学出版社
ZHEJIANG GONGSHANG UNIVERSITY PRESS
·杭州·

图书在版编目(CIP)数据

思索与追求：在嘉高的岁月里 / 张益民主编. — 杭州：浙江工商大学出版社，2020.9
ISBN 978-7-5178-3964-4

Ⅰ. ①思… Ⅱ. ①张… Ⅲ. ①中学教育－教育工作－文集 Ⅳ. ①G63-53

中国版本图书馆CIP数据核字(2020)第127643号

思索与追求——在嘉高的岁月里
SISUO YU ZHUIQIU——ZAI JIAGAO DE SUIYUELI
张益民 主编

责任编辑 王黎明
封面设计 林朦朦
责任印制 包建辉
出版发行 浙江工商大学出版社
（杭州市教工路198号 邮政编码310012）
（E-mail：zjgsupress@163.com）
（网址：http://www.zjgsupress.com）
电话：0571-88904980，88831806（传真）
排　　版 杭州红羽文化创意有限公司
印　　刷 浙江全能工艺美术印刷有限公司
开　　本 710 mm×1000 mm 1/16
插　　页 16面
总 印 张 16
字　　数 246千
版 印 次 2020年9月第1版 2020年9月第1次印刷
书　　号 ISBN 978-7-5178-3964-4
定　　价 58.00元

浙江工商大学出版社营销部邮购电话 0571－88904970

嘉高文化丛书编委会

徐新泉校长部分合影

▲ 2011年1月，时任中共浙江省委书记赵洪祝（右一）接见徐新泉校长

▲ 2011年1月，时任中共浙江省委常委、杭州市委书记黄坤明（右一）接见徐新泉校长

▲ 2010年4月，时任教育部部长袁贵仁(左一)接见徐新泉校长

▲ 2004年6月，时任浙江省副省长盛昌黎(中)来校视察

▲ 2000年9月，时任嘉兴市委书记陈加元(左三)到嘉高调研

▲ 2007年9月，时任嘉兴市委书记陈德荣(左一)到嘉高调研

▲ 2012年9月，时任嘉兴市委书记李卫宁（前排右一）来校视察

▲ 2019年9月，嘉兴市委书记张兵（左一）看望徐新泉老校长

▲ 2004年6月，时任浙江省教育厅厅长侯靖方（中）来校视察

▲ 2010年5月，时任浙江省教育厅副厅长褚子育（中）来校视察

▲ 2010年4月，徐新泉校长在人民大会堂接受表彰

▲ 2012年12月，时任香港中央联络处科技教育部副部长李鲁（右一）接见徐新泉校长

▲ 2010年10月，徐新泉校长参加中国AP教育交流论坛时与无锡一中校长胡平（左一）合影

▲ 2010年4月，徐新泉校长参加教育系统全国劳动模范和先进工作者座谈会时与江苏省天一中学校长沈茂德（左一）合影

▲ 2019年8月，徐新泉校长与北京大学教授张辛（左一）合影

▲ 2015年7月，徐新泉校长与北京师范大学教授林崇德（右一）合影

▲ 2012年8月，徐新泉校长与北京师范大学教授裴娣娜（左一）合影

▲ 2012年8月，徐新泉校长与清华大学附属中学校长王殿军（右一）合影

▲ 2009年2月，徐新泉校长与山东师范大学附属中学校长于树增（右一）合影

▲ 2009年2月，徐新泉校长与上海曹扬二中校长王志刚（左一）合影

▲ 2009年10月，徐新泉校长在湖州中学与校长沈培建(右一)交流

▲ 2008年12月，徐新泉校长在嘉兴市第七届高中校长论坛上发表演讲

嘉高照片

序

有一名好校长，就会有一所好学校。徐新泉老校长是一名好校长。他担任第一任嘉兴高级中学（简称嘉高）校长二十年，带领这所新创办的高中，一步一步成为嘉兴市的知名学校。《思索与追求》的内容正是记录了嘉高发展的历史片段。

从徐新泉校长身上，我们看到了一名优秀高中校长的特质：理念先进、勇于突破、行动务实、个性鲜明、敬畏常怀。建校以来，他倡导并坚守“真字引领、人人成功、发展特长、主动创新、嘉木扬长、高德归真”的人本教育思想，以人为本，学为中心，注重学生整体素质发展，充分培育学生个人特长。“学校不仅是一个传递既存文化和知识的地方，更是弘扬认识社会、参与社会、追求探索创新精神的文化高地”。因此，嘉高从创办开始就驶入了优先发展素质教育的正确航道，并且不断丰富嘉高“求真”的校园文化。

一名校长，不仅要自觉履行专业职责，科学规划学校发展，努力营造育人文化，精心领导课程教学，专业引领教师成长，全力优化内部管理，主动调适外部环境，还要突破创新，为学校持续发展注入动力。徐新泉校长不断致力于学校品牌建设。徐新泉校长坚持按照规律抓教学，嘉高教育质量优秀，成为嘉兴百姓心中的名校，也是莘莘学子迫切向往的高中学校。徐新泉校长努力开拓国际视野，培育国际教育品牌。从2009年起，嘉高成为德意志联邦共和国指定的合作学校，经浙江省教育厅批准，嘉高中德DSD班诞生；2012年，经加拿大BC省教育厅授权，中华人民共和国教育部备案、浙江省教育厅批准，嘉高中加班创办，力促嘉高教育与世界水准接轨。徐新泉校长积极推进创新教育，从研究性学习，到创新成果获得国家新型实用专利；从学生社团活动，到嘉高学生代表队在全国第四届各省著名高中的模拟政协大赛中进入“全国十强”，逐渐形成了嘉高“创新自主发展”的教育风格，努力培育着嘉高人的创意品质！

作为一名校长，要有行者之力。衡量一位校长的标准应当是行胜于言。高中校长既要有自己的教育思想观念，更要将教育思想观念付诸实践，用以指导自己的办学行为，实现教育思想观念与教育方法论的和谐统一。面对学校发展过程中的困难与问题，徐新泉校长以“明知山有虎，偏向虎山行”的精神，以德立校，依法治校，科研兴校，勇于改革，积极探索，努力投身教育科研引领发展方向，围绕课程和课堂教改，紧扣有效教学和有效方法实践，抓住教学常规，于实处用力，不断夯基垒台、积厚成势，开辟嘉高教育发展的新航程。二十年来，一所新办学校先后获得了“浙江省文明单位”“浙江省一级重点高中”等二十多个浙江省级或国家级的荣誉及称号；围绕教育教学努力搭建平台，培养了一支师德优、业务精的优秀教师队伍。

作为一名校长，要个性鲜明、敬畏常怀。校长的鲜明个性从某种程度上说是一种强大的精神力量，会激励、影响着全体师生，影响着学校的发展。因此，校长理应具有现代人格意识和人格素质，自觉修炼性格、气质、品质、学识、才能等个人综合素质，并以此来提升领导和组织学校一切工作的感染力、影响力、凝聚力和号召力。徐新泉校长坚持教育中“做人第一”，在校园努力弘扬优秀的中华传统文化，认为培养优秀习惯就是素质教育；他也常说自己的可贵特点是真诚务实和认真坚持，任嘉高校长二十年，只要在校，每天清晨，总会在校园门口迎接学校师生，这种坚守，感染着每一个嘉高教师和学生。所以在嘉兴市民的口碑里，嘉高老师是最认真负责的。这种坚守，也是敬畏常怀的体现：敬畏所从事的教育事业，忠于职守；敬畏教师，呵护教师成长；敬畏学生，唤醒学生；敬畏文化，创建文明校园；敬畏知识，引领师生孜孜以求。

徐新泉校长在嘉高的二十年间，与学校老师们一起开创、积淀并丰富了嘉高文化。今天愿此书能给我们一些文化启示，更好地弘扬嘉高文化，更好地办好嘉高，使嘉高真正成为百姓满意的学校。

嘉兴高级中学党委书记、校长 张益民
2020年4月28日

目　录

理想嘉高

师生精神家园，
百姓满意、
学子向往的求学校园！

嘉高办学理念

校　　训：真

教育理念：嘉木扬长，高德归真

育人目标：德正才优，卓越发展

办学目标：建设市内一流、省内知名、多元优质的高级中学，为此努力建设嘉高求真校园文化和嘉高求真课程体系

办学特色：真的教育，即人文科学并举、中西教育兼融、科学自主发展（人文性、国际性、创新性）

嘉高精神：爱校奉献、务实责任、科学创新、追求卓越

校　　风：文明，勤奋，求实，创新

教　　风：爱生，协作，精业，善导

学　　风：尊师，求真，勤奋，多思

徐新泉 等

1997—2017年

嘉高人永远求真

/徐新泉

1997年12月8日，嘉兴高级中学在迎接新世纪的曙光中诞生于南湖之滨。从那一刻起，嘉高人的心中深深铭记着一个“真”字。“千教万教教人求真，千学万学学做真人”。“真”成了嘉高人的共同追求。

嘉高人永远追求真理。真理是人类社会发展的客观规律，是我们人生的航标，引导人们在茫茫大海上驶向灿烂光明的彼岸。我们的血脉中永远流淌着中华民族的血液，我们永远不会忘记我们是南湖红船旁的儿女，我们的心中永远葆有中华文化的自信。社会责任和人类文明是我们永恒的担当。

嘉高人永远追求真知。真知推动着社会的进步，生产力的发展，真知是人类对自然规律的正确认识。我们不只今天而且终生要执着学习科学和文化，不只要学得更好，而且要学得最好。在学习的路上，我们要专心致志，勤勉苦学，锲而不舍，不懈攀登。追求真知即意味着探索，探索就是创新，就是想人之所未想，做人之所未做。在我们的教和学中，就是要善导多思，大胆设疑，勇于提问，标新立异，多向思维，善于发现。探索真知，也启示着我们要做学习的主体，自主学习，自主发展，在通往真知的道路上做一个勇敢的探索者。

嘉高人永远追求真诚。真诚是人的精神境界的根基。有了真诚，天地宽阔，人间美好，万物祥和。我们无论对人对己都须以诚相待，以德为范，以法为规，决不弄虚，决不作假，坦坦荡荡，心如明镜，上善若水，“勿以恶小而为之，勿以善小而不为”。我们要牢记有了真诚心中才有他人，才有同舟共济的团队精神和兼收并蓄的风格，才能在探索科学、追求真理的实践中和谐协作，共同努力，因为“科学的进步取决于真诚的

合作”。

嘉高人永远追求真情。真情滋润生活，成熟人生。我们在人生路上，要始终不渝地追求真善美，热爱生活，热爱自然，鄙视邪恶，分清是非，因为真善美给了我们美好，大自然给了我们生活的舞台。嘉高是我们生命里一段铭心的历史，我们的一腔深情将永远牵挂您。

嘉高人永远追求真实。真实就意味着实实在在，扎扎实实，踏踏实实。我们要牢记务实才能成事，实干才能成功，任何成就都是实干的结晶。美好的理想要以辛勤的汗水去浇灌，才能成长为鲜艳的花朵。实干还需要热情，满腔的热情才有实干的干劲，任何混日子的温吞水都不属于嘉高人。

嘉高人最讲真诚，嘉高人最求文明，嘉高人最守纪律，嘉高人最会学习，嘉高人永远做人第一、身体第二、学习第三。让嘉高的每个人在校园都能享受成功的乐趣，让嘉高每个人的特长在校园都能得到最大的发展，也就是发展特长求真成人，做一个具有家国情怀、国际视野并适应现代竞争，有责任、敢担当的中国人！

2000年7月18日

嘉木扬长　高德归真

/徐新泉

教育理念是人们追求的教育理想，它是建立在尊重教育规律的基础之上的一种“远见卓识”，也是教育价值取向的反映、体现和追求，正确地反映教育的本质，具有导向性、前瞻性、规范性的特征。嘉高的教育理念，遵循了校训“真”的思想，做真人求真知，使嘉高的每一个学生德正才优，体现了嘉高人共同追求的教育理想。

二十年来，嘉高的教育理念在教育实践中不断地清晰。1999年，学校创办初期，我们的教育致力让嘉高每一个学生在校园都能享受成功的乐趣，让嘉高每一个学生的特长在校园都能得到最大的发展；到了21世纪初期，嘉高人则致力追求发展特长，求真成人；走过了近20年的办学之路，嘉高更深层次地认识到我们的教育理想，2015年嘉高人把自己的教育理念凝练为嘉木扬长，高德归真。

嘉木扬长，高德归真，是要坚持以学生为中心。学校教育要把重视人，理解人，尊重人，爱护人，提升和发展人的精神灌注于教育教学的全过程、全方位，更关注学生德智体美劳的全面发展，更注重开发和挖掘学生自身的禀赋和潜能，更重视学生自身的价值及其实现，更关心学生的身体心理健康，并致力于培养学生的“自尊、自爱、自信、自强”和“自律、自理、自立”意识，不断提升学生的精神文化品位，从而不断提高学生的发展能力，促进学生自身的发展与完善。

嘉木扬长，高德归真，是要积极鼓励学生追求真理。学校教育要致力促进每一个学生努力立德而立人，胸有大志不忘初心，陶冶高尚的道德情操，继承中华优秀传统文化并使之发扬光大，也就是要引导每一个学生实事求是，勤奋务实，老老实实，踏踏实实，守法律、懂尊重、愿奉献，真诚真情真实会合作，脚踏实地有责任心，不作伪，不弄虚，不作假，养真道德，说真话，办真事，做真人；教师要以“真”作为自己的立教之本，学生要以“真”作为自己的人生追求，一句话就是教人求真，学做真人；认真做事，求真做人。

嘉木扬长，高德归真，是要努力发展学生个性特长。学校教育要在认真按照教学常规全面扎实基础知识、努力提高学生学业水平的同时，特别要正视学生个性差异，希望学生个性特长发展，鼓励学生个性特长发展，针对不同个性特点的学生采用不同的教育方法和评价标准，为每一个学生的个性特长发展创造条件；同时在学校教育中努力创设和营造个性化的教育环境和氛围，搭建个性化教育大平台，承认并尊重学生的个性差异，为每一个学生个性特长的展示与发展提供平等机会和条件，实施个性化教育，注重因材施教，给学生个性特长的健康发展提供生长空间。

嘉木扬长，高德归真，是要充分尊重学生主体。学校教育要充分调动并发挥学生主体的能动性，努力推进师生互动、教学相长，“教”始终围绕“学”来开展，以最大限度地开启学生的内在潜力与学习动力，使学生由被动的接受性客体变成积极的主动学习的主体，使教育过程真正成为学生自觉自主的活动和自我建构知识的过程；为此，要求教育过程从传统的以教师为中心、以教材为中心、以课堂为中心转变为以学生为中心、以活动为中心、以体验为中心，倡导自主教育、快乐教育、成功教育和研究性学习等新颖活泼的主体性教育模式，以点燃学生的学习热情，培养学生的学习兴趣和习惯，提高学生的学习能力，使学生积极主动、生动活泼地自主地学习和发展。

嘉木扬长，高德归真，是要努力实现由知识教育向创新教育转变。学校教育要努力培养人的创造力潜能，这是最具有价值的不竭资源，因此嘉高的教育教学过程要努力成为培养创造力的教育教学过程，努力追求点燃学生生命活力的课堂，教师点拨、启发、引导，学生参与、思维、创新以提升学生的创造力才能，以创造性的教育教学手段和创新的教育教学艺术来营造教育教学环境，培养学生的创新思维、创新精神、创新能力与创新人格。

嘉木扬长，高德归真，是要不断创造开放的教育。学校教育需要教育观念、教育方式、教育过程开放，教育资源开放，教育内容开放，教育评价开放。学校教育要广泛吸取世界一切优秀的教育思想、理论与方法，接轨国际教育，开展数字化、信息化教育，课堂教育向实践教育、社会教育拓展，丰富教育资源，建设校本课程，不断丰富学生的发展选择，不断开启人的心灵世界和创造潜能，不断提升人的自我发展能力，不断拓展人的发展空间。

嘉木扬长，高德归真，正在引领着嘉高人围绕课程与课堂教改，紧扣有效教学和有效方法实践，努力做一个有理想、有追求、有思想、有视野、有品德的高尚人，努力做一个有知识、有素养、有专业特长、有创新能力的卓越人。

德正才优，追求卓越！

2018年10月18日

为“嘉高精神”点赞

/徐新泉　鲍周生

校园精神是一所学校实现自己校训的办学方向和教育理想的动力精髓。就其内涵来说，它是一所学校在长期办学中逐渐形成的共同的价值取向和心理追求，是一所学校在任何环境下得以发展壮大的精神支柱，是全校师生员工为自己的美好目标教育理想积极奋进的精神动力；从其外延看，它体现在每位师生员工的思维方式、行为方式和生活方式之中，体现在师生员工的共同理想信念、道德品格、价值准则和性格特征之中，表现在学校的教育教学和文化形态之中。校园精神作为校园文化的一个重要内容，以其自身特有的方式在学校德育乃至学校发展中发挥着潜移默化并不可替代的作用。

嘉高的校园精神，正是在嘉高办学的实践中不断积淀丰富起来的。建校二十余年来，在校训“真”的引领下，在努力实践“嘉木扬长、高德归真”教育理念的过程中，在致力追求“德正才优、卓越发展”育人目标中，嘉高校园逐步形成了“爱校奉献，务实责任，科学创新，追求卓越”的嘉高精神，同时也积极促进着嘉高成长为嘉兴知名的优秀学校，建设着高品位校园、高素质队伍、高质量教育、有特色办学的多元优质高级中学。

嘉高人爱校奉献。二十余年来，嘉高人愿把青春许学校，甘为盛世做奉献。在嘉高，每一位老师都爱校如家，为托起“晨之朝阳”奉献着青春，每一位老师都为培育“国之栋梁”挥洒着汗水。“教好书是为师之本，育好人是为师之德”。爱校奉献，白头无悔，这是嘉高老师们的真实写照！

嘉高老师，深爱嘉高，捧着一颗心来，不带半根草去。你自从走上嘉高讲坛以来，一直耕耘在教学第一线，凭着对教育事业的热爱、责任和使命感，每天兢兢业业，自觉“朝六晚九”，哪怕是节假日也要到学校走一走看一看、备备课、批批作业，从心底里以校为家。你不计名利，只要学校工作需要，无论白天夜晚，无论分内分外，都是随时到岗，悄悄完成，默默奉献。你一箱方便面一个“五一”假期，清洗了一个机房，却没人知道；你从事班主任工作许多年，由于热爱而执着，由于执着而形成了自己的风格，你的管理理念——以师爱贯穿教育过程的始终，做到“常规问题严格化，关键问题人性化，教育过程艺术化”；你始终把学生的健康成长作为自己的责任，在你的教育下差异生变优，优秀生更优；你以自己的教育理念和教育经验培养并影响着身边的一批批班主任骨干。做一名教育麦田守望者是你的事业追求，你一直用自己的实际行动践行在嘉高岗位上的宣言，“用爱守望学生生命健康成长”“用爱在每一位嘉高学子血管里输入爱校爱家乡爱中华的血液”“发自内心的师爱是挽救受伤心灵的一剂良药，全身心的投入是教育成功的根本……”，你是一直挂在嘴边也是一直这么坚持的，你所教学科成绩名列市本级乃至大市前列，所带的班级高考成绩突出，所教的学生遍及全国各个省份的名校。你不忘初心，把爱校的深情全身心地倾注在爱生之中。

嘉高老师，敬业奉献，爱生如亲。你认真履行教师职责，早出晚归，以德修身，为人师表，不苛求个人名利得失，勤勉务实，把自己的青春岁月、才华智慧奉献给了嘉高学子。你从最后一名学生抓起，关爱每一个学生，把每一个学生都看成自己的孩子，为学生排忧解难，悄悄给家庭困难的学生在饭卡中打款，逢年过节，你经常自己掏钱给有特殊需要的学生买礼物，你在学生中享有极高的威望。你笃信教育是心灵与心灵的交流，教育是点燃火把，教育是让学生成功。你以中华文明的人文思想滋润学生心田，擅长发现学生的闪光点，引导学生认识自己，做最好的自己，倡导“一个人伟大与否，取决于他给予了别人多少帮助”的理念，你是学生心中的精神导师。你爱人出差了，孩子尚小，家里的重担落到了你一个人身上，此时又是高考在即学生急需指导的时候，你仍像往常一样早上六点多到学校，晚上等自己孩子睡了后再回到学校，了解学生，了解学情，与学生交流，疏导学生情绪。你在炎炎烈日、凛凛寒风中，放弃节假日，走访学生家庭，与家长一起为学生成长操心。你为嘉高为学生，犹如校园红背心的志愿者——乐于奉献！“教育需要一种朝圣般的情怀，用进取的精神

鼓舞学生，用追求极致的态度引领学生，用母亲般的情怀感动学生，用无私的奉献去感染学生”，这就是嘉高老师，为嘉高学子的成才与成长，默默奉献着自己的心血与智慧。

爱校奉献也是嘉高学子成长的文化基因。多少年来，嘉高校园的义工社一直很红火，同学们为营造良好的学习环境，净化、美化校园，走出校园，开展志愿服务；同学们关心集体，帮助同学，奉献自己的爱心；同学们努力学习创造了一个又一个成绩高地。一句话就是为嘉高增光添彩，呵护嘉高荣誉，那是因为同学们心中有着一个共同的心声——今天我以嘉高为荣!

嘉高人务实责任。二十余年来，嘉高人铭记“真”字，致力立德而立人，胸有大志不忘初心，继承中华优秀传统文化使之发扬光大，努力坚持实事求是，老老实实，真诚真情真实会合作，脚踏实地有责任心，不作伪，不弄虚，不作假，养真道德，说真话，办真事，做真人；教师以“真”作为自己的立教之本，学生以“真”作为自己的人生追求，一句话就是脚踏实地用心底里的责任教人求真，学做真人，认真做事，求真做人。

嘉高人务实规范，自立规矩。嘉高建校伊始就制定了一整套务实有效的学校管理制度与学生管理制度：《追求卓越——学校管理制度汇编》，内容丰富，包括《中小学教师职业道德规范》与《嘉兴高级中学教职员工岗位职责》等，共43项；《追求卓越——学生管理制度汇编》，规范细致，学生在校管理制度28项，使学校师生办事言行有规有矩。

嘉高人踏踏实实，从小事做起，从自己做起。“雅言、雅行、雅趣”，学生健康阳光，勤学好问，文明礼仪，团结协作，热心社会事务，主动与嘉兴义工联系，课余进行社会义工服务。春节期间去火车站导引客流，节假日陪伴失独老人，为单亲家庭孩子辅导功课，建设“向七家园”，等等。嘉高人认真养成自己的优良习惯，我们平时说话养成富有文化而不粗野的习惯，我们遇到来宾和他人养成“问好”的习惯，以积淀自己的文明素质；我们考试养成不舞弊的习惯，我们平时养成不说谎的习惯，以积淀自己诚实的素质；我们遇到困难养成自己克服的习惯，我们面对任务养成自己完成的习惯，以积淀自己自强进取的素质；我们养成今天的事今天毕的习惯，我们养成自己的事自己做的习惯，以积淀自己的责任素质；我们养成凡事想到他人而换位思考的习惯，我们养成保护环境从小事做起的习惯，以积淀自己懂尊重的素质；我们养成认认真真读书、端端正正写字、规规范范做作业、仔仔细细思考的习惯，以积淀自己凡事认真的素质；我们养成每天记日记的习惯，每天预习的习惯，每天早上准时起床的习惯，每天锻炼的习惯，不需要时随手关灯关水龙头的习惯，以积淀自己守时勤奋勤俭关心集体的素质；等等。人只要有生活、工作、学习就有习惯，习惯随时随地在我们身上表现出来，而这些习惯正折射着我们嘉高人优秀素养的成长。嘉高班主任工作更是细致入微，常常是陪着晨光到校，很晚才离校，引导学生积极主动、脚踏实地地走好每一步，全力奉献着一个基层教育者的全部心血，被学生和家长称为“精神导师”“灵魂导师”，在社会上口口相传，产生了广泛而积极的影响！

嘉高人努力担当教育人的责任——立德树人，构建立体德育文化，以文育人。嘉高是浙江省文明单位，浙江省高中思想政治学科基地，浙江省高中班主任工作室领衔人学校。嘉高一直在构建求真校园文化，不断实践着“高德归真”。自建校以来，嘉高以“尊重教育”统领学校德育主线，尊重自己，尊重他人，尊重社会，尊重自然，尊重科学，特别注重引导学生树立远大理想，培养学生健全人格健康心理，关注学生养成高尚的道德品质，因此坚持实践“求真”德育，积极开展校园“求真”教育氛围的营造和德育课程的开发，分年级的德育累进专题等系列活动；在德育名师团队的引领下，班主任队伍的“深度”和“厚度”也得到了进一步的拓展和加强，同时积极推进全员育人、助理班主任制，从而在嘉高校园里构建起立体化育人环境，努力促使每一个嘉高人“德正才优、卓越发展”。

责任重于山，始终记在心。嘉高教师把教育作为一种事业来追求，把自己的生命融入平凡而伟大的教育教学工作中。二十余年来年复一年日复一日在学校教育岗位上不断精益求精的嘉高人，面对秀洲人民捐资创办嘉高的重托，面对嘉兴人民办好高质量教育的期望，虽困难重重，但不忘初心，牢记责任，满腔热情，勤勤恳恳，任劳任怨，齐心协力，大胆探索，勇于实践，一次次刷新嘉高教育的纪录，一次次创造嘉高育人的辉煌，一次次铸就嘉高质量的传奇，一次次取得了嘉兴人民信任的可喜成绩！社会开始认识嘉高点赞嘉高，嘉高人也更加负责更加努力，不断创造一个又一

个的辉煌！嘉高师生勇于为工作和学习负责，为担当的每一件事负责，为自己和他人负责，为嘉高和荣誉负责，为事业和社会负责！

嘉高人科学创新。二十余年来，嘉高教育一直在尊重科学的基础上努力培养学生的创造才能和特长个性，嘉高的教育教学过程也在努力成为培养创造力和特长个性的教育教学过程，因为学生的创造才能和特长才能是最具有价值的不竭资源。因此，嘉高在重视学生学习成绩的同时，坚持将“嘉木扬长”作为培养学生的教育信念，努力探索培养学生的创造才能和特长个性的嘉高教育，让嘉高每个学生在校园都能求真成人发展特长。

科学开发课程。教育是为了人的素养更文明，为了人的发展更科学，为了人的生命更幸福，为此，嘉兴高级中学致力于课程改革，努力为学生提供多元化自主成长空间。2012年起，嘉高致力于构建“求真课程体系”。2013年编写了《发展特长，求真成人——嘉兴高级中学深化高中课程改革方案》，在切实实施好国家课程的同时，结合嘉高教育人文性、国际性、创新性的特色，围绕“运河文化课程、国际理解课程、实践创新课程、生活健康课程”等四个课程群，全校教师建设了260门校本课程，其中10门被评为浙江省精品校本课程，48门被评为嘉兴市精品校本课程。在全国首创了政治学科教室，学校又建设了无土栽培实验室、新能源科学与工程实验室、机器人实验室、微影视制作实验室、金工实验室、SIT运用实验室。开展了10个100%的育人活动：在三年高中学习中，100%的同学阅读20本经典书籍；在三年高中学习中，100%的同学认识10位嘉兴历史名人；在三年高中学习中，100%的同学参加20小时义工；在三年高中学习中，100%的同学养成一生享用的文明习惯；在三年高中学习中，100%的同学参与1个及以上的社团活动；在三年高中学习中，100%的同学参与1个及以上的课题研究；在三年高中学习中，100%的同学参与10个课外实验；在三年高中学习中，100%的同学能写一手端正的钢笔字；在三年高中学习中，100%的同学学会一项救护技能；在三年高中学习中，100%的同学学会1项终生健身的技能。学校利用政治学科教室“智慧学教平台”的功能，与信息技术教研组及社会力量一起开发建设了嘉高数字化学习平台，以及嘉高智慧校园平台，极大地满足了学子们发展个性和特长的需要。

构建创新课堂。嘉高人在教和学的过程中努力追求点燃生命活力的课堂，以创造性的教育教学方法和创新的教育教学艺术来营造教育教学环境，培养学生的创新思维、创新精神、创新能力与创新人格。1999年嘉高以“三加强”为重点构建课堂教学，即课堂中要加强情感意识、加强主体意识、加强创新意识，也就是说课堂教学必须充分尊重学生发扬教学民主，要以学生为中心努力让学生自主学习，培养学生的创新思维，让每个学生自由地发展潜力，充分地发展个性，愉快而热情地吸取知识和形成人格。随即学校成立了课题组，全校教师积极投入课堂革命，其成果形成了《现代中学课堂教学模式探究与实践》（浙江大学出版社）一书。更可喜的是，教师们解放了思想，推动和创新了课堂教学，让学生主动参与到课堂教学中来，让学生在努力自主学习中成长。为了更好推进学生参与课堂教学自主学习，2011年学校进一步提出和推进“30＋10”课时制改革，让学生在课堂上的自主学习时间更有保障，提高了课堂教学的有效性，取得了很好的效果。随着教育改革的不断深化，为更高层次上培养学生创意思维和创新能力，2014年学校提出了在“三加强”基础上构建“活力课堂”，也就是课堂要“以生为中心、以疑为重心、以思为核心”，让学生在充满生命活力的课堂中得到更好的发展，并组织教师一起研讨，分步推进，形成以学生为主体、学生学习能力更好发展、学生思维能力创造能力得到更大程度提高的课堂，全校教师在原有基础上进入了新一轮课堂改革的实践。

建设特色学科基地。一所学校的科学发展更需要追求富有特色的学科建设。2005年嘉兴高级中学被确定为嘉兴市思想政治学科基地，2013年又被确定为浙江省普通高中学科基地培育学校（政治学科），2015年成为浙江省首批50所普通高中学科基地（政治学科）之一。政治学科基地紧紧围绕“扎实工作、开拓创新、立足学科、着眼学生、打造品牌、内涵发展”的目标开展各项工作，在诸方面取得了令人满意的成绩；构建了在全省有一定影响力的、丰富多样多元开放自主创新的嘉高政治学科“三色”课程，建设了具有嘉高特色的经济、政治、哲学、文化和法律五类特色课程群，初步实现了学生个性发展、升学需要和学校特色发展的双赢局面，“高中学生怎样做微课题研究”等5门校本选修课程被评为省级精品课程，《高中思想政治必修3和必修4课前预习和重难点校本化处理》等近300个微视频上挂浙江微课网。浙江省教育厅教研室政治教研员、省特级教师祝

国强老师，称赞嘉高学科基地的工作“成为引领全省政治学科教学和研究的中心、学科教师培训的基地”。2015年7月，嘉高首创全省乃至在全国领先的政治学科教室，10月应邀参加了由教育部教育管理信息中心、浙江省教育厅主办的2015全国教育信息化创新应用成果展览会，同年《人民日报》、中央电视台等全国十多家主流媒体在省教育装备中心领导的带领下，集中采访嘉高政治学科教室。学校各学科纷纷努力建设各自的学科特色：语文学科着力探索“整本书阅读”的教学，地理学科精心研究将教育技术与命题素材深度融合的教学，体育学科坚持实践“基础加特长”的教学，综合实践教研组有效组织“小发明小创造”科技创新的教学，等等。

嘉高人追求卓越。二十余年来，嘉高人努力追求做一个有理想、有追求、有思想、有视野、有品德的高尚人，努力追求做一个有知识、有素养、有专业特长、有创新能力的卓越人，努力追求办成一所高品位校园、高素质队伍、高质量教育、有特色办学的市内一流、省内知名、多元优质的高级中学，逐步形成了嘉高教学质量、人文教育、创新教育、国际教育“四大金名片”。

教学质量持续优异。课堂教学改革的不断深入探究与学生科学创新能力的不断提升，极大地提高了学校的教学质量。2000年7月，嘉高首届138名学生毕业，高考达到重点大学分数线者占46.8%，1人被北京大学录取，16人被浙江大学录取，至今近20届毕业生高考成绩始终稳居嘉兴市本级第二名，年年有新突破，届届有新亮点，得到社会的高度肯定：2007年高考嘉兴市本级文科第一名被北京大学录取，2010年高考嘉兴大市增量第一，2011年高考嘉兴市本级理科第一名，2012年高考重点大学上线率嘉兴大市第三；2012、2013年是嘉兴市教育局对全市36所高中教育质量考评的两年，嘉高均获得“嘉兴市高中教育质量优胜奖”（每年全市仅评4所学校），2014、2015年高考10个毕业班重点大学上线人数继续突破200人，2016年高考高二年级傅天任同学被中国科技大学录取；2017—2019年浙江省高中课改后的新高考又取得优异成绩，北京大学、复旦大学、浙江大学、上海交通大学、南京大学、中国科技大学、哈尔滨工业大学、西安交通大学、中国人民大学等重点大学都有嘉高学子的身影。

人文教育大放异彩。立德树人，培养德智体美劳全面发展的学生是嘉高一以贯之的追求。学校努力搭建平台寻找载体，春有悦读文化节、夏有科技文化节、秋有体育文化节、冬有艺术文化节。嘉高的“班级文化建设”被评为嘉兴市校园文化建设特色项目，“嘉高讲堂”被评为嘉兴市秀洲区校园文化建设精品项目，秀苑文学社、汉文化社、史学社等几十个学生社团活跃在嘉高校园，嘉高学子走出嘉高、走出秀洲、走出嘉兴、走向浙江、走向全国。学生自主学习多元发展，硕果累累：学校组织各科教师组成指导团队开展高中生模拟政协的社会实践，嘉高学生代表队在全国第四届各省著名高中参加的模拟政协大赛中进入“全国十强”，在参赛学校增加不少的第六届全国模拟政协大赛中进入“全国十五强”；足球队和篮球队在浙江省中学生足球、篮球联赛中打入八强，嘉兴市高中生辩论赛银奖，嘉兴市健美操比赛金奖；学校联合赵松庭笛子艺术研究会、秀洲区委宣传部、秀洲区教文体局在秀洲会堂为高二学生章诗怡同学（考取上海音乐学院）举办笛子独奏音乐会，为周琳同学（考取中国美术学院）在嘉兴博物馆举办个人画展；杨思匀同学入选浙江省2018年青少年校园足球最佳队员名单，并获国家二级运动员称号；许卓清同学被评为2018年度全国“最美中学生”……经历各种竞技比赛和活动历练，嘉高学子待人接物时透露的素养都与同龄人有很大差别，在自主招生面试中频获高分，在举手投足间显露出深深的文化自信。

创新教育硕果累累。有了课程的支撑，有了各个平台的支持，学生的个性特长和创新思维得到了极大的发展。在老师们的认真指导下，学生的研究性学习非常活跃。特别是2005年以来，学生的研究性学习成果每年都获得浙江省评比一等奖，全国青少年机器人竞赛一等奖；近几年，又组建了科技创新教研组，积极开展小创造小发明活动，学生的研究成果已获得了34个国家知识产权局颁发的新型实用专利证书，汇编了《来自大课堂的报告》（研究出版社）、《创意在成长》（浙江教育出版社）两本著作。学生的创造能力也在有效地自主发展：能够收纳各种电子数据线的“数据线收纳盒”，不用戴耳塞直接无线遥控的“太阳能蓝牙音响”，百米范围内收发信息自如的“基于微控制器Arduino的激光通信装置”以及“基桩检测辅助装置”……这些“高大上”的科技创新成果，都来自嘉高在校学生“科技达人”之手。

国际教育走在前列。随着时代的进步和教育的发展，嘉高人不断认识到教育要与国际接轨的重要性，因为现代学校要做好培养具有国际视野、通晓国际规则、能够参与国际事务和国际竞争的国际化人才的奠基工作，以更好地适应未来社会发展对人才的要求。为此，嘉高人努力做强三个国际教育项目，形成嘉兴高中高端国际教育的特色品牌，成为嘉兴高中国际教育的“领头羊”。嘉高中德DSD班2009年至今已有8届150多名学生毕业，均以优秀的成绩取得了DSD证书，其中130多名同学申请后被德国法兰克福大学、马堡大学等著名高校录取，并赴德公费留学，遥遥领先国内其他DSD学校。嘉高中加合作课程班2012年至今已有5届毕业生，100%赴加拿大、美国、英国、新西兰等英语国家的著名大学留学，其中45%左右的毕业生被世界排名前30的高校录取。2013年，嘉高与法国大学科技学院校长联盟签订合作协议，并与南湖国际文化交流中心合作开展法语培训，已有20多位嘉高毕业生留学法国著名大学。

嘉高精神促进了嘉高教育理念、育人目标和办学目标的不断实现。20余年来，嘉高一路高歌求卓越，教师中有全国劳动模范、全国优秀教师、浙江省特级教师、浙江省优秀教师、浙江省“春蚕奖”获得者等等，65%以上的优秀教师获得了县市区级以上各级荣誉和称号；学校获得了浙江省一级重点中学、浙江省文明单位、全国青少年校园足球特色学校、国家级国防教育特色学校、全国百家中学生优秀文学社等25项省级及国家级荣誉或称号，以及德意志联邦共和国指定合作学校、加拿大BC省授权的海外学校、法国大学科技学院校长联盟的合作学校，并逐步形成了“创新自主发展、人文科学并举、中西教育兼融”的办学特色，成为市内一流、省内知名、多元优质的高级中学。

20余年来，嘉高在办学实践中积淀起来的“爱校奉献，务实责任，科学创新，追求卓越”的嘉高精神，极大地促进了学校办学质量日益提高，办学效益不断显现。今天的嘉高已经成为嘉兴百姓心中的优秀学校，莘莘学子迫切向往的求知学府，为社会培养了大批人才，得到了全社会的高度肯定。

让我们由衷地为“嘉高精神”点赞！

2019年11月18日

立德嘉高

传承中华文化，
每一个嘉高学子都成长为
文明而有责任的中国人！

认识高中　走进高中

/ 徐新泉

每年暑假过后，一大批品学兼优的初中毕业生怀着喜悦和激动的心情，怀着对未来的美好愿望，跨进我们重点中学的大门，期望在自己面前展开一条五彩缤纷的大路，顺利到达理想的彼岸。然而他们面对新的学习环境和学习任务，可能缺乏必要的心理准备，以致会在高一新学期中产生种种心理上的困惑。

一是成绩的变化而致心理上的困惑。重点中学的新生都是初中阶段的优秀者，在原来初中的各所学校里，成绩都是相当好的。但当他们从各个初中学校汇集到重点高中学校新的班集体中，由于学习基础的不同，学习习惯的不同，学习方法的不同，会产生新的变化，有的继续保持班级一流，有的成为班级中等，有的则逐渐落到班级的后面。部分学生从原先在初中时受到同学崇拜、老师关注、家长厚爱，而变成平庸落寞、默默无闻，心理上会产生明显的失落感。

二是职务的变化而致心理的困惑。重点高中的新生，原先在初中学校的班级中往往是大大小小的学生干部，一个重点中学高一的新班集体中可能有十几个甚至更多的班长、团支书、班委委员，三好学生就更多了，共青团员占的比例相当高。然而，一个高中新班级只能由最突出者担任班干部，其中大部分同学由原来的“领导者”变成“被领导者”，这部分新生也会在心理上产生失落感。

三是人际的变化而致心理的困惑。升入重点高中后，新生们会聚在一起，有部分学生由原先初中学校时的被“厚爱者”，变成高中新集体中的“一般关注者”，有部分学生由原先初中时的被“崇拜者”，变成在高中新集体中要去“崇拜别人”，这种在高中新班集体中人际关系的变化，会使这些同学产生与其他同学“格格不入”的心态，形成孤独自闭或者事事不服气的逆反心理。

四是学习的变化而致心理的困惑。初高中学生的年龄特点和培养目标的不同，决定了初高中课程、内容和学习方法的差异。具体表现为：高中课程比初中增加了；教学内容加大了容量、密度、深度和广度；在激发学生独立思考和创新意识方面，在培养学生学科知识体系的思维习惯方面，在培养学生自主收集处理信息的能力方面，以及团结合作和活动能力方面，都提出了更高的要求，逐步由初中的感性知识为主提升到高中的理性知识为主；同时高中的学习更需要学生的自觉性、主动性和思考能力，老师手把手教的情况相对减少，而学生的自主学习和独立思考相应增加。因而，一部分学生一下子很难适应和跟上高中的学习，尽管他们很用功，但因为未掌握高中的学习规律，学习进步不快甚至下滑，从而导致心理的恐慌。

五是生理的变化而致心理的困惑。进入高一的新生大致在十六七岁，处在生理上的成长期和心理第二断乳期，他们独立性和自我意识的增强，要求自立，因此希望自己的见解和主张得到老师和家长的尊重。他们觉得自己已是大人，凡是成人所做的事，他们都想尝试。但在成年人看来，他们依然天真幼稚。他们由原先对父母无话不谈逐渐变成沉默寡言，把自己的困惑锁在心里，同时在自己的抽屉上开始上锁，把自己关在小房间，做自己的事情，父母想交流一下思想，得到的回答往往是“你不懂的”；在学校与老师的交流也显得比较谨慎，慢慢地导致自己心理的封闭。

另外，到了重点高中有的新生带有不切实际、好高骛远的目标，有的新生带有不信自己盲目自卑的态度，有的新生带有不愿合作孤芳自赏的心态，这都将是妨碍高中新的学习生活的心理偏差。

高中生活是人生中十分关键的一个时期，为我们富有意义的人生打下重要的基础。高一是高中三年的基础之年。如果一个高一新生能迅速由初中生角色进入高中生的角色，调整自己的心理误差，适应高中新的学习和生活，努力培养自己良好的政治思想素质、道德品质素质、学习能力素质、心理品质素质和强健的身体素质，努力使自己成为优秀高中生，那么，他们在高中阶段会有一个良好的开端。我们如何认识上述困惑和调整自己心态，顺利走过高中第一学期甚至第一学年的不适应期呢？

一是“明的放矢”。重点高中新生要顺利走过高一的适应期，首先要认识自己可能出现的心理困惑，做到心中有数，同时要分析高一同学心理困惑产生的原因。重点中学高一新生如果产生上面列举的这些困惑，是初中升入高中以后出现的正常现象，不必过分紧张，也不要迷茫，更不要自我放弃。同时要把上述现象和原因与新生家长沟通，让家长理解子女的困惑，帮助采取正确的调节方法。再次就是针对重点中学高一新生的心理困惑，学校老师要有针对性地从源头上给予指导，使新生逐步调节好自己的心理，以饱满的热情和健康的心理投入高中的学习。

二是“树立信心”。无论做什么事，信心是十分重要的。有了信心，百折不挠勇往直前；有了信心，克服困难不断进取。信心是进步的动力和源泉。因此，困难是暂时的。我们要教育鼓励新生充分相信自己，你行我也行，你会进步我也会进步。我们重点中学高一的同学都是经过考试选拔而进入高中学校大门的，都有相当优秀的基础和条件，只要我们自己坚持不懈地努力，满腔热情地投入学习，“回报”一定会青睐我们的。

三是“心灵之启”。随着社会的发展，心理科学的深入研究，新生们进入高一要认真学习心理知识，心中如有困惑可到学校的心理辅导室与心理老师交流，保持一个健康开朗的心情和宽阔的胸怀。反之，高一新同学由于上述列举的心理原因，出现方方面面跟不上同学的现象，使自己产生失落感，致使发展到厌学厌世，这是十分危险的。因此，教师要关注每一个学生，及时了解学生的情况，发现苗头及时与心理老师和家长沟通，及时纠正不健康心理，使新生正视现实，树立信心。只要坚持每天进步一点点，就能成长为一个知识的巨人。

四是“坡度衔接”。高一新生的学习，开始时可坡度小一点，要求低一点，基础扎实一点，然后逐步提高能力要求，使新生能跟上学习步伐，努力让新生跟初中时一样保持一种自信。所以教师在教学和测试中不能盲目加大难度深度，使新生们听不懂考不出，而要指导新生们从扎扎实实学好基础知识开始，不要不学基础而专挑难题、只求数量而一知半解，这样久而久之，新生的知识大厦会变成空中楼阁。因此，高一新生一定要从认真打好基础开始，扎实构建自己的知识大厦，从而不断地在校园学习中享受成功的乐趣。

五是“方法引路”。多年的经验说明，许多产生学习差异的学生并不是因为智力上的差异，而是由于学习方法和学习习惯上的差异，以及勤奋刻苦程度上的差异，这些非智力因素方面的差异影响了学习成绩的提高。因此，高一新生要激发自己学习的原动力，紧紧抓住进入高一这个新的起点的有利时机，树立信心勤奋努力；同时教师要认真指导新生高中学习的方法，不断总结预习、听课、复习、作业、考试的方法，做好错题集、利用好自修课，养成课外阅读、设疑提问、探索思考等终身受益的方法习惯，从而更快地适应高中的学习。

高一新生正是花季的年龄，充满着生命活力，充满着希望和梦想。我们要通过自己的努力，实现美好理想，走过高一，走出一条成功之路。

2001年8月16日

我们需要“尊重”教育

/徐新泉

道德教育不是一种圣人教育，而是一种为人常规的教育，因此我们学校的道德教育要更多地研究生活中为人常规的陶冶和培养。尊重不是个人的事情，而是社会的事情，是一种文明。

尊重自己。每个人都需要被尊重，而自己尊重自己是基础的基础。尊重自己会使自己有尊严，尊重自己会使人高尚起来。只有自己尊重自己，别人才会尊重你。自己尊重自己，绝不是尊重自己的极端个人主义、自由主义，绝不是尊重自己的无法制、无组织、无纪律行为，绝不是尊重自己无社会责任团体规范的言行，绝不是尊重自己想什么就干什么的放任。因此，我们每个人要思考尊重自己什么，这是一个重要的问题。一是要尊重自己的人格。人格是自己的脊梁，人格尊严是人的第二生命。我们既然是社会中的一个人，就要有为社会公认的人格，而不是为社会唾弃的言行，这个人格的内涵就是社会公认的规范，也就是我们今天所说的爱国主义、集体主义、社会责任感和高尚的道德品质，也就是古人所说的“修身齐家治国平天下”中的“修身”。这就要求我们每个人生活在这个社会这个团体中时刻要考虑对社会和团体的责任，对他人的责任和他人的尊重。这就要求我们每个人从身边的小事做起，从现在做起，只有这样对人格的尊重才是对自己的尊重，才是对尊重一种深刻的理解和认识。雷锋之所以伟大，就因为尊重自己的人格而塑造了自己伟大的人格；“奸邪小人”之所以渺小，就因为无所谓自己的人格而毁坏了自己宝贵的人格。二是要尊重自己的理想，自己的理想要靠自己去发展。发展自己是尊重自己的重要内容，我们每个人都要以积极的态度去树立积极的人生理想，以积极的人生态度去实现积极的人生前途，以积极的态度去努力学习努力工作，没有耕耘就没有收获，外因（学校、家庭、老师）永远只能是条件，内因（自己、努力）永远是决定性因素。老师没有教爱因斯坦实现发明，而爱因斯坦自己使自己成为发明家。自立是发展自己重要的思想前提，我们每个人要努力树立“自律、自理、自立”的意识，培养自己的自立精神和能力。我们身边有无数的大大小小的事情和问题，我们能永远依赖他人（社会、家庭、学校、父母、老师）来安排，永远埋怨他人没有来解决吗？这是不可能的。相反我们只能按照客观的“外因”条件，认真思考自己身边大大小小的问题，自己解决自己的问题。三是尊重自己的生命，生命和生活是美好的，绘就了世界的灿烂。尊重自己的生命，我们要认识自我，我从哪里来，我要到哪里去，感受生命，体验生命，感受生命的意义，体验生命的美好，因此要努力锻炼强健的身体和培育健康的心理，美好自己的生命。尊重自己的生命我们还要善待自己，由于受遗传和后天环境条件的影响，每个人都有自己的优点和不足，所以我们要勇敢地承认并尊重现实，接受现实中的我，不狂妄自大忘乎所以，不妄自菲薄自暴自弃。人的一生中遇到坎坷磨难委屈是很正常的，我们要有勇气直面正视，增强抗挫的承受力，让生命在现实中生长出灿烂的意义。尊重自己的生命，我们还要让自己的生命富有意义，既有生活的美好，更有事业的辉煌。

尊重他人。尊重他人并不是失去自己，而是尊重自己的延伸。会尊重自己的人也会很好地尊重他人。尊重他人必然会心中有人，必然会平等地待人，必然会真诚地对人，必然会用保护集体和遵守纪律来维护他人的利益。魏书生曾经列举社会上两种人来论述尊重他人的重要：一种人张牙舞爪，目中无人，唯我独尊，结果四面树敌，成为孤家寡人；一种人和颜悦色，努力树立对别人的威信，周围的人都信任他，即使他一辈子普普通通，也会是别人的精神领袖。当然尊重他人绝不是无原则迁就他人的个人主义，绝不是无原则放任他人的自由主义，绝不是无原则附和他人的不道德行为。尊重他人要树立平等的思想。只有树立平等的思想，才会从心底里尊重人。人应该是平等的，无论是领导、被领导、老师、学生、长辈、小辈，还是工人、农民、学生，在人格意义上都是平等的，因此尊重他人不但要对上，尊老尊师，也要对下，尊幼尊生，不但要对“强者”，也要

对“弱者”。尊重他人要树立分清是非的思想。只有分清是非，尊重他人才有生命力。尊重他人需要建立在合乎法制规范、道德规范的基础之上，我们尊重的是合法合规的高尚，尊重的是有利于社会、学校和班级的责任，尊重的是有利于他人的美德，尊重的是心中有人、善于助人的品质，我们不能因为尊重他人而容忍丑恶。当然，对于一时犯了缺点错误的同学或其他人，我们仍然要尊重他的人格，满腔热情地帮助他认识不足，鼓励他去追求高尚，这同样是尊重他人的另一种表现形式。尊重他人要树立诚实守信的思想。诚实守信是十分可贵的品质，使尊重他人有坚固的基础。我们对人是诚实的，那他一定胸襟坦荡、光明磊落，他的对人也一定是发自内心、出自真心，没有奸诈没有不可告人；我们对人是守信的，那他一定竭尽全力忠实承诺，他的对人也一定是君子一言、驷马难追，没有欺骗、没有阳奉阴违。现代社会的文明需要诚实守信，经济发展需要诚实守信，我们真诚地呼唤诚实守信。尊重他人要树立宽容大度的思想，宽容大度就是心胸宽广，容得下天下人和天下事，容得下一致的和争论的，容得下好朋友和曾经有过分歧的，不为小事而斤斤计较、耿耿于怀。生活中我们每天会遇到很多与自己不一致的人和事，我们在坚持真理的同时，退一步海阔天空，用辩证思维想一想，天空也许就那么蓝。尊人者人尊之，共同建设我们美好的文明世界。

我们还要尊重环境。自然环境是我们人类赖以生存的物质基础，因此我们要关注自然，保护环境，否则将会受到自然的惩罚。人类与自然应该和谐，我们应该用宽阔的道德胸襟爱护自然，从我做起，从自己身边的小事做起。我们还要尊重社会，人类的共同生活组成了社会，而这社会的共同生活就需要规则，这个规则就是法制，因此我们为了更好地生活，就需要制定和遵守共同的法制，遵守法制是尊重社会的底线；而理解和承担社会责任是更高层次的尊重社会，“天下兴亡，匹夫有责”，同时我们也要懂得社会是由一个个社会细胞组成的，因此我们要尊重身边的班级，自觉地遵守规则并为之承担责任。我们还要尊重科学，要反对迷信、反对邪教，树立科学的思想，努力学习科学文化知识，在学习科学文化知识的同时更要培养探求科学的精神和能力。

尊重是一种道德，使我们的人和社会更加文明；尊重是一种品质，激发着人的潜能而发展人和社会。我们每个人都要积极实践“尊重”，营造和谐的环境，培养一代具有现代文明、适应现代竞争、有社会责任感的中国人。

2002年5月26日

开展尊重教育，培养健全人格

/徐新泉　潘新华

当今世界，科学技术迅猛发展，知识经济快速渗透，对人才的人格提出了新的要求。21世纪的人才在人格上除了具有起码的人格品质（诸如诚实、善良等）外，还需具备以下人格品质：一是有民族责任感、爱国心，弘扬传统美德；二是具备现代文明意识，能正确处理人与人之间的关系、能正确处理人与社会的关系、能正确处理人与自然的关系；三是要有健体意识和健康的心理；四是要有正视挑战、敢于抗挫、勇于创新的进取精神等。健全的人格是21世纪社会成员的护照。

审视当代的中学生，我们不难发现，其主流是积极的、健康的、向上的。但是与此同时，我们也看到，在良好的教育条件、复杂的文化环境和变动的社会大背景下，广大中学生的生存、活动、思维空间日益扩大，他们处于一个更加开放自由的环境之中。同时，经济成分多样化以及由此而产生的利益主体的多元化，带来了价值观念的多元化；一些中学生不同程度地存在着人格上的缺陷：比如，缺乏现代文明意识，缺乏合作、平等、民主、法制、人与自然和谐发展的观念等。

分析影响当代中学生人格形成与发展的各种因素，我们发现其中最主要的、最不可忽视的是社会影响、人际交往及课内外学习与生活的环境。如果社会、学校、家庭不在这些方面加以注意和进行正确引导，会使教育效果出现偏差，使他们的人格出现缺陷。古人云："学好千日不易，学坏一日有余。"为解决这一问题，我们认为必须用科学的眼光来审视当代中学生的人格现状，以前瞻的理念来思考人格教育所面临的挑战与机遇，着力寻求变挑战为机遇的途径和方法。近年来，我们学校提出了以"尊重教育"为主题，以提高人的综合素质为根本宗旨，以全面育人、培养健全人格为目标的德育工作新思路，形成了具有自身特色的德育理念和校园主流文化，并获得了良好的效果。

一、尊重教育的内涵

教育理念是一所学校的教育精神和价值取向，反映一所学校长期积累的文化底蕴，反映一所学校的历史特征、学科特色和追求。它以一种文化氛围、一种精神力量、一种价值期望、一种理性目标的形式陶冶学校的教师和学生。从实践上看，教育理念不仅具有激励人的功能，也具有教育人、塑造人、规范人、指导人的作用。“尊重”是一个教育主题，是指尊重人的尊严，尊重人的基本权利和责任，尊重人的价值，尊重人在自己发展中的主体地位。一句话，就是把人所赋有的权利和责任还给人自身。尊重教育实践是一项提升个体生命质量的工程。它涵盖的内容很多，我们把它归纳为五个主要方面：尊重自己、尊重他人、尊重社会、尊重自然、尊重科学。这五个“尊重”不是割裂的，而是相互联系的，但又各有侧重。

1.“尊重自己”强调“自立”

自尊是个人的生命杠杆。人虽然有年龄、性别、形质、体貌等的差别，但人人要求得到尊重。首先是尊重自己，然后才会尊重他人和社会，同时获得外界对自己的尊重。据此，“尊重自己”应是尊重教育的起点，基本内容包括：认识自己、反思自己、接纳自己、发展自己。

2.“尊重他人”强调“平等”

尊重他人，并不是失去自己。我们认为，会尊重自己的人还要会很好地尊重他人。尊重他人必然心中有人，必然会平等、真诚地对待他人，必然会用保护集体和遵守纪律来维护他人的利益。当然，平等尊重他人，又必须具有分清是非的思想、诚实守信的思想、宽容大度的思想。

3.“尊重社会”强调“规则”

社会是一定经济基础上上层建筑构成的整体，也是人和人发生关系的场所。人们为了更好地生活，需要制定和遵守共同的规则。遵守规则是尊重社会的底线，因为这是法制社会的基准。权利和责任意识是尊重社会的根本内容，没有不承担责任的权利，也没有无权利的责任。我们把“尊重

社会”的基本内容确定为：遵守规则、维护权利、承担责任。

4.“尊重自然”强调“和谐”

自然环境是我们人类赖以生存的物质基础。没有优美的自然环境就不可能有幸福生活，就没有为子孙后代提供自然资源和环境安全的保障，这一代人也就没有安全可言。因此，关爱自然也就是关爱人类自己。为此，我们强调必须拓展道德教育的内容，把生态道德教育放到重要位置，将保护环境和学生自身文明修养结合起来。

5.“尊重科学”强调“探索”

尊重科学，就要反对迷信，反对邪教，要树立科学的世界观、人生观和价值观。要做到这一点，每个人都要努力学习科学文化知识，培养探求科学的创新精神和能力。教师要尊重学生探讨事物本身规律的权利，特别要侧重于培养他们求实求真的科学态度和勇于探索的科学精神。

二、尊重教育的实践

尊重教育就是要以人为中心，突出人的发展，发掘人的潜能，调动人的欲望，即把人作为道德主体来培养，促进人的道德发展和人格提升。具体来说，在教育教学实践中要做好以下工作：一是确立“一个理念”；二是搭建“两个舞台”；三是设置“三个引擎”。其中，“理念”是开展尊重教育的前提；“舞台”是实施尊重教育的载体；“引擎”是实施尊重教育的有效手段。

1. 确立“一个理念”——尊重教育生活化

理念作为一种精神力量，具有陶冶人、激励人的功能；作为一种行为准则，能够起到规范人、指导人的作用；作为一种追求，可以培养受教育者向上的精神。我们认为，尊重教育是不能从真实的生活整体中抽取出来的，只有扎根于生活实践并为生活服务，道德认知、情感、意志、行为才能和谐统一，才具有深厚的生命力。离开了社会生活，人就没有道德目标。尊重教育当由“无人”走向“以人为本”，由“工具论”走向关注人的生命存在，这样回归生活便成为尊重教育的主旋律。

（1）确立由“崇高”走向“平凡”的梯级递进的尊重教育目标。

我们认为在确定尊重教育的目标时，应以尊重教育走向生活的思想为指导。具体考虑三个方面的问题：适应社会发展和社会生活的要求，适应学生道德健全发展的需要和适应道德认知心理发展规律与水平。我们学校明确规定从高一到高三每个学年段不同的尊重教育主题：高一以“心灵美·形象美”为主题，强调学会学习、生活和社会适应等方面的常识，培养健全、合群、乐学、自立的健康人格；高二以“爱·关怀”为主题，强调培养学生尊重自然，关心社会、关心集体、关心他人的美好情怀；高三以“诚信·合作”为主题，强调培养学生的社会责任感，培养自主、自动参与活动、遵信守诺、友好交际等能力。

（2）选择贴近生活的尊重教育内容。

在实施尊重教育的过程中，我们选择贴近学生个体生命经历、生活感受和体验，贴近个体与他人、与社会、与环境相互联系的现实生活世界相关的内容，并按社会需要、学生成长的实际要求不断更新、充实教育内容，以增强学生主体适应生活、发展自我的基本能力。具体来说，以“五个尊重”为主要教育内容的“尊重教育”，我们是通过“我为家乡设计明天”“学做一回交通警”等社会实践活动、“塑造自律、自理、自立的我”“放飞绿色的希望”“告别零食”“回收废电池”等班团活动以及学校的体育节、科技节、艺术节等活动加以落实的。

2. 搭建“两个舞台”——课堂与第二课堂

从某种程度上说，单独的“尊重教育”是不成立的，它应该融合在学科教育、人生教育、社会教育等之中。据此，我们认为必须建立以课堂教学为主渠道的多元化尊重教育途径，即“课堂教学主动渗透，课外活动延伸补充，日常生活熏陶感染，社会实践锻炼成长”的全方位、立体式的尊重教育工作模式。

（1）课堂教学——尊重教育的主阵地。

课堂不仅是传授知识的殿堂，也是师生生命发展、情谊交流的载体。课堂教学不仅是实施素质教育的主渠道，也是学校尊重教育的主阵地。在开展尊重教育活动中，应始终将课堂教学当作攻坚战来对待，把尊重教育渗透于其中，在教学目标的确定、教学方法和手段的选择、教学过程的导入和实施等方面巧妙地注入尊重教育的内容，充分挖掘教材中蕴含的尊重

教育因素，找准切入点，创设尊重、信任、理解、关爱、激励、愉快的课堂心理气氛，以自然而然的方式，达到“润物细无声”的教育效果，使课堂教学成为发掘、展示学生潜能的好场所。重点可抓三方面工作：①整合学科教学内容，科学地实施学科尊重教育，强调从制度上保证把学科尊重教育落到实处，避免使学校尊重教育淡化、虚化；②科学调整单位授课时间，促进学生身心健康发展；③在承认学生个体差异的前提下，有区别地制定教学目标、教学要求，设计教学内容，实施教学分层和评价分层，促进每个学生在最适合自己的学习环境中求得发展，教育教学工作不断跨上新台阶。

（2）第二课堂——尊重教育的重要阵地。

人的主动的、全面的发展，决定了它不可能仅仅依赖于传统的“第一课堂”“讲堂讲授”。我们深信教育特别是尊重教育不能只封闭在校园里，它应该是系统开放的，学校尊重教育应该形成多层次、全方位、多管齐下的格局。为此，我们认为必须不断开辟第二课堂，努力开展互动式、开放式的课外活动课，充分体现尊重学生兴趣爱好，帮助学生发展个性，让学生主动发展等新观念，同时也为尊重教育提供更多的实践场所。例如建立学生合唱团、舞蹈队；组织书法、美术、信息技术兴趣小组，并积极开展中学生科技创新活动；成立校田径队、篮球队、足球队；举办《校园之声》广播站，锻炼同学的采、编、播的能力；其中的“幸福星期三”“实话实说”“东方时空”等栏目，融诉说与思考、知识与娱乐为一体，为学生所欢迎；组织各类社团（协会），如秀苑文学社、求索论坛、青铜史学社、星河天文社等，采用摄影、演讲、论辩、舞蹈等学生喜闻乐见的活动形式，使尊重教育工作扎实、生动、有效。

3. 设置“三个引擎”——个体自动、师生互动、全校滚动

（1）促进师生主体参与，实现尊重教育的个体自动。

个体德性的获得和发展是自我需求、自我修炼、自我提升的结果，任何外在的帮助和引导只有化为内在的需要才起作用。没有亲身的道德实践，便没有道德经验，更不会产生道德要求，从而实现道德自律。为此，我们必须强调全校师生主体参与，每天要求自己“进步一点点”，“外求他塑”变成“内求自塑”。比如，为使尊重教育工作进一步走向深入，更扎实有效地开展学校德育工作，全面推进素质教育，学校开展了“尊重教育”系列活动之一的“走进学生心灵——师生交友”活动，要求全校教师认真履行教书育人的职责，与在思想、学业、心理等方面有障碍的学生交朋友，通过下寝室、谈心、家访等形式，主动与学生沟通，积极与家长联系，使每一个学生都能在原有基础上得以提高。通过这一活动，教育者认识了自我，也从更深的层次上学会了尊重。

（2）搭设平等对话、相互促进的“平台”，使师生在交流、互动中自我完善。

在尊重教育中，学校不做“对错与否”的价值判断，而是给师生提供一些有利于道德生长的“平台”，师生在学校创设的“平台”上通过广泛民主的讨论，认真思考、自我选择，主动实现人格提升。这里说的“平台”，较常见的有班队活动、团队活动、全校性的校园文化活动，以及延伸到校外的一些有针对性的社会公益活动。如围绕“我们今天如何做学生”“我眼中的尊重与被尊重”等话题组织多次有思想教育意义的讨论；组织具有培养现代社会公益意识的社区活动，如“敬老院一天”的服务活动，“当一回东道主，尽一份主人责”的全国金鸡百花电影节模拟志愿接待者活动等。通过活动，学生的尊重意识得到进一步加强。

（3）努力营造校园主流文化环境，实现全校尊重教育良性滚动。

首先，重视校园物质文化的营建。校园物质环境是校园文化建设中的一个重要方面。整洁、优美的校园可以创造出一个蕴含丰富文化信息的、充满人文芬芳的文化环境，使置身其中的师生在浑然不觉中感应、领悟人文底蕴。显示出学校作为一个理想的学习场所给人的一种安慰与尊重，庭院小品、廊道壁挂、阅报栏、展示窗，处处发散出浓郁的以人为本的尊重气息。校园物质文化的布置，尽力体现着自立、平等、和谐、规范和探索，使学生有“家”的感觉。

其次，注重制度文化的变革。制度是为人服务的，一切制度的制订都强调尊重人，将人与制度的融合作为最高目标来体现。以往人们总是将制度看成是用来约束人、管理人的，所以校规校纪内容的制定，往往注重的是强制性，不可违背性，缺乏“柔性”“人情味”，没有从根本上实现服务人、尊重人的准则。为此，学校可修订有关规章制度，有意识删去诸如

“不准”“必须”等词，而换上“应该”“要求”等词，体现以人为本和尊重意识。

综上所述，尊重教育的核心问题是培养人的思想文化素质，主要是人的完美人格的塑造。而健全人格的塑造，又是人心灵得到净化的标志。师生个人的人格，只有得到健全的、积极的塑造，才能充分开发出他们的“智商”，激发他们的“情商”，才能增强他们的社会公德意识和社会责任感，塑造“自强”“自立”的完整人格形象。

2004年6月20日

春风化雨润无声，菁菁校园育英才

——公民道德建设在嘉高

/徐新泉

改革开放20多年，我国的经济建设取得了举世瞩目的成绩，社会面貌发生了惊天动地的变化。在这种大局面下，道德建设的社会环境不可能一成不变，原本由单一的公有制经济决定的、比较封闭的社会环境转变为由多种经济成分并存、开放的社会环境，原本一元化的社会价值趋向开始被多元化的社会价值趋向所代替，这样，道德的价值趋向必然会发生变化。所以，在发展市场经济条件下，以下两个方面的情况尤其值得我们注意，即一方面，随着物质生活水平的不断提高，人的自主意识、法律观念日趋成熟，对精神文化的需求不断增长；另一方面，不少人在自我牺牲精神、艰苦奋斗精神、追求理想的意识等方面出现严重滑坡。正是基于此，党中央高瞻远瞩，颁布了《公民道德建设实施纲要》（以下简称《纲要》）。这个《纲要》是对十四届六中全会决议中有关道德建设内容的丰富和发展，在道德理论、道德规范与道德实践上都有创新和突破，是新时期社会主义精神文明建设的指导性文件。

在认真领会《纲要》的基础上，对照《浙江省公民道德规范》（以下简称《规范》）的要求，作为学校单位，我们觉得，全面推进素质教育以德育人是公民道德教育的一个关键步骤，用社会主义道德陶冶校园是贯彻“以德治国”方略的举措，是发展先进文化的需要，同时也是建设高品位校园的重要内容，是以人的发展为本的教育思想的具体体现，因此积极建设高尚的嘉高校园道德文化，对于培养高质量的嘉高学子意义重大。建设高尚的嘉高校园道德文化，要以心中有人乐为他人为核心，以关爱学校、关爱班级、关爱家乡为着力点，以爱祖国、爱人民、爱劳动、爱科学、爱

社会主义为基本要求，以爱国守法、明礼诚信、团结友善、勤俭自强、敬业奉献为基本道德规范。倡导心中有人乐为他人的道德观，把乐为他人服务的思想贯穿于道德规范之中，提倡尊重人、理解人、关心人，反对不顾他人的个人利己主义；我们把关爱学校、关爱班级、关爱家乡渗入学校教育和学校生活之中，提倡个人利益服从集体利益，让理想与奋斗融入社会理想与奋斗之中，反对小团体主义、以我为中心、损公肥私、损人利己；我们把爱祖国、爱人民、爱劳动、爱科学、爱社会主义作为全体师生的法律义务和道德责任，提高嘉高人自尊心、自信心和自豪感，提倡学习科学知识、科学思想、科学精神、科学方法，弘扬艰苦创业、爱岗敬业、勤奋多思的精神，反对封建迷信、好逸恶劳、贪图享受、厌恶学习。建设高尚的嘉高校园道德文化，我们要求全体教职员工努力实践：热爱学生，尊重家长，为人师表，教学有方，学而不厌，诲人不倦，教书育人的师德要求。“为了一切学生、为了学生的一切”。从心底里真正爱护每一个学生，尊重学生，尊重家长；树立良好的嘉高教师形象，师德高尚举止文明堪为学生表率，业务精湛积极科研教学有艺。

嘉高以“实践‘五爱’要求，争做‘四有’新人”主题教育为契机，积极深化公民道德建设。一是寻找载体，营造氛围，掀起学习、落实《纲要》和《规范》的热潮，以“学、看、听、议、写”系列活动为载体，加强道德教育。“学”，组织学生学习《纲要》和《规范》《中学生守则》；“看”，组织观看《离开雷锋的日子》等影片；“听”，聆听教师、民警的法制讲座；“议”，结合所学、所看、所听，校学生会向全校学生发出“明礼诚信、修身立德”的倡议，学生们根据本班实际制定班级文明公约；“写”，组织作文竞赛，开展道德征文活动。二是拓展领域，典型引路，以道德实践培养道德意识。以青年志愿者服务和社会实践服务等公益性活动为抓手，组织学生定期到老年公寓和社区参加为民服务活动，并把嘉北街道建明社区定为社会实践基地；坚持常年开展植树、义务劳动、慰问老人、社区服务等青年志愿者活动。嘉高还通过培养优秀学生入党，评选文明学生、三好学生、优秀学生干部，争创文明形象示范班，开展学生思想品德评定等活动，大力表彰先进典型，规范约束学生的行为。三是完善体制，长效管理，形成良好的道德习惯。嘉高把道德教育贯穿于学生整个学习过程，如3月份为学雷锋、讲文明、树新风活动月，6月份为树立远大理想、立志报效祖国教育月，9月份为尊师、文明礼貌月等。学校从培养好的习惯入手，通过规范化教育，加强对学生的行为规范教育。行为规范教育主要从三个方面着手：首先是强调一个“学”字，新生入学时人手一册《追求卓越——嘉高学生管理制度汇编》；其次，突出一个“严”字，严格要求，严格检查，把行为规范教育落实到学生日常的学习、活动和生活之中；最后是坚持一个“恒”字，持之以恒开展行为规范教育。学校还狠抓教师的职业道德，要求教职工规范自己的言行，明确规定教师不准搞有偿家教和第二职业。四是建设高尚的校园文化，以良好的人文环境熏陶人、规范人、教育人。嘉高充分发挥学校宣传橱窗、校广播台、班级黑板报等宣传阵地，注重办公室、学生寝室、教室内的文化氛围建设，在实验室、教室楼走廊挂贴名人像，形成学校特有的文化环境。学校还十分重视校园环境的净化、绿化和美化，通过完善各项卫生打扫、检查、评比制度，保持环境的整洁。整个校园形成一种浓郁的人文氛围，为陶冶学生高尚的情操、保护青少年纯洁的心灵、舒展各具个性的才华创造一片新天地。在这次学习、实践活动中，师生们热情高涨，学生们充分发挥主体作用，如：在期中考试前，各班开展了“以诚取信，以实取胜”为主题的班会，学生们都认为诚信是一个人最宝贵的品质，纷纷表示既要好成绩更要讲诚信。高一（5）班的学生们在《南湖晚报》上得知一学生家境困难，面临失学的消息后，大家决定每人少花一元零用钱，以全班的名义献上一份爱心……

加强公民道德建设，是我国社会主义道德建设的基础工程。《公民道德建设实施纲要》及《浙江省公民道德规范》的公布，极大地调动社会各界关心、支持、参与道德建设的积极性。作为未来人才培养基地的学校，采取切实措施，扎扎实实地贯彻、落实好《纲要》和《规范》，这始终是学校德育工作的核心。学校要抓住这一时机，引导广大师生积极参与社会公德、职业道德、家庭美德的实践活动，让公民道德规范内化为青年学子的道德准则，提升人才素质，为嘉高乃至社会的精神文明建设添砖加瓦。

2002年7月5日

道德教育生活化

/徐新泉

全面推进素质教育以德育人是重点，用社会主义道德陶冶学生是贯彻“以德治国”方略的需要，是发展先进文化的需要，是弘扬中华民族优良传统的需要，是培养一代高尚的人的需要，是建设文明社会的需要；学校加强道德教育，是我们教育工作者责无旁贷的责任。学校道德教育怎样才能深入学生之心，让道德成为学生的生活规则，我以为道德教育需要生活化。

学校道德教育绝不是一种“圣人”教育，而是一种生活的“为人常规”养成。一段时间以来，我们的道德教育往往把政治口号当作道德教育，政治学习代替了道德陶冶，高标准的号召和远离生活的口号掩盖了道德因子，以至于今天，我们不得不尴尬地面对诚信失落、心中唯我、责任淡漠等道德素质状况。生活恰恰呼唤着“为人的常规”，只有每个人都懂得并且自觉遵守“为人的常规”，才有一个文明的社会，才能成为一个社会之人。

学校道德教育内容不能超脱生活，而应该结合学生的生活。学校的道德教育要以心中有人、乐为他人为核心，以关爱学校、关爱班级、关爱家乡为着力点，以爱祖国、爱人民、爱劳动、爱科学、爱社会主义为基本要求，以爱国守法、明礼诚信、勤俭自强、敬业奉献为基本道德规范。心中有人便是道德，心中有人才会平等地对待人，心中有人才会尊重人，心中有人才会有真诚，心中有人才会以礼待人，心中有人才会有集体和纪律，心中有人才会和谐相处共同学习，心中有人才会乐为他人服务。因此在道德的领域，要强化从内心尊重人的理解和体验，要认识尊人者人尊之的道理，要养成多看人长处、少记人短处，多记人“恩”、少想人“仇”的习惯，要多用忍让和谅解的思维，要努力做到别人无益自己不为，“己所不欲勿施于人”。我们可以这样认为，心中有人是学校道德教育一个关键的内容，同时也包含着政治的元素，因为其中贯穿着民主的思想。爱班级、爱学校、爱家乡、爱祖国是我们重要的道德情感。曾经有人讲过这样的故事：有一天出去旅行，暴风雨快要来了，我们没有地方避风躲雨，孩子们向前跑，一看到前面有一个草棚，大家一下子冲了进去，刚冲进去大雨就来了，大家好高兴，今天运气不错，刚刚找了草棚大雨就来了，大家也不顾房子干净不干净，有没有人住过，只要有避雨的地方就很满足了，但是突然间这个草棚在风雨中要倒塌了，孩子们想尽办法扶住它，不能让草棚倒塌。这个故事深深地让我们感受到一个道理，我们需要草棚呢，还是草棚需要我们呢？很明显，是我们需要草棚，这个草棚就是我们的班级、学校、家乡、祖国，是我们的家，我们要从心底里长出对她深深的爱。劳动是人类的收获之源，不管是脑力劳动还是体力劳动，只有通过自己的辛勤诚实劳动，才能获得回报。一分耕耘一分收获，没有耕耘哪来收获。勤奋学习的汗水浇红优秀成绩的花朵，辛勤的打扫和不懈的保护换来舒适而卫生的学习生活环境，因此我们必须树立起劳动伟大、劳动光荣、劳动创造幸福及参与劳动、用脑力和体力的劳动获得个人成绩创造世界美好的思想，并付诸自己的实践。诚信是一个人立身的基点。人类社会越文明，法制越健全，越需要诚信。我们学生只有诚信才能取得真才实学，只有诚信才能享受理解人和被理解的愉悦，只有诚信才能获得人格的高尚，只有诚信才能获得以心换心的幸福，只有诚信才能获得无尽的有形无形的财富。我们学校道德教育的内容如果能和学生的生活内容结合起来，那么就能产生共鸣，就能逐步变成学生的道德。

学校道德教育的过程不能远离生活，而要贯穿学生生活的过程。道德教育的过程要自始至终充满人性和人情，决不能用命令式的教训，因为人的生活需要人性和人情，把道德化作人性和人情的丝丝春风，暖暖地吹入学生的心田，在他们的心中生根，在他们的行动上开花结果。这就要求教育工作者在学校道德教育中以学生为本，呵护学生的心灵，把学生作为活生生的人，要尊重学生、理解学生，在尊重理解中架构起通往道德的桥梁。曾记得有一位老师这样处理了一件事：有一次有个学生上交了一篇令

人耳目一新的好文章，这位老师大加赞赏，第二天在课堂上津津有味地朗读全文，不料有一个学生举手大声说道，“这是抄来的”，霎时教室的空气凝固了，这个习作者尴尬极了，羞得无地自容，恨不得有个地缝钻进去，然而这位老师没有大发雷霆，没有点名批评这个学生，而是缓缓地充满真情地说，“真要感谢这位同学为我们介绍推荐了一篇这么好的文章，使我们得以欣赏”，一场风波过去了，一个即将被伤害的心灵被保护了，这个习作同学从此之后深深地懂得了诚信的价值，一个高尚的道德理念深深地扎根在灵魂的深处，多少年后这个学生还深深地感谢着他的老师。道德教育的过程要让学生在体验中升华，生活和道德是一对孪生姐妹，因此从生活小事中开始领悟，天下的大事都是从小事开始的，哪次飞机失事是整个飞机一起坏掉的？都是一节油管不通，一个螺丝掉了，一个轮胎放不下才失事的。只有每节油管、每个螺丝、每个轮胎都完好无损，飞机才能在天空飞翔。每个人也只有从小事做起，才能构造起自己的道德大厦，我们平时遇到老师同学有没有问好，遇到贵宾有没有礼让，生活垃圾有没有乱丢，“长明灯”“长流水”有没有随手关掉……一言一行微不足道，但事事处处体现着道德，道德的伟人正是从生活的小事中成长的。

学校道德教育正围绕着素质教育的目标，在认识探索中深化，在生活中陶冶道德，在道德中美化生活，以德育人实践着以德治国的伟大号召。

2002年12月8日

弘扬“真”字内涵　铸造嘉高文化

/徐新泉

教育关系着国家的未来，因此学校任重而道远。总结和把握学校文化中的精神实质，在与着眼未来发展的结合中建设独具特色的学校文化，关系到学校长远发展目标的实现。自1997年建校以来，嘉兴高级中学紧紧围绕师生发展的中心，积极构建以“真”为内涵的嘉高校园文化，不断加强内部管理，大力推进素质教育，努力改善办学条件，学校的各项工作取得长足进步。一方面，学校的办学水平和办学质量跨上了良性发展的新台阶；另一方面，优良的校风主导着优良的教风和学风，学校的校园文化和师生的精神面貌都发生了可喜的变化。这一切，都离不开嘉高人对学校文化的思考和学校精神的提炼，它必将为嘉高未来的建设和发展，提供一个坚实的基础。

学校文化，也谓之校园文化，是一个复杂的系统工程，它包含物质文化、制度文化、精神文化三个层次，并相互渗透、相互影响。物质文化，包括人们创造的各种校园物质产品；中间层是制度文化，包括学校人际关系及规范化了的学校制度；而精神文化则是最高层面的文化，它包括学校价值观念及办学理念指导下形成的行为规范、群体目标及师生认同的思想意识。

学校精神是指一所学校在长期的办学过程中形成并为广大师生员工所认同和接受的理想目标、精神信念、思想品格、价值取向和道德规范的总和，是学校文化的核心和灵魂。它包含着一种超越自我追求共同事业的集体感和责任感。它是维系学校团结，凝聚师生力量的精神纽带，是学校自立自强不断发展的坚固基石；是学校战略、规划和决策的有机组成部分，是学校教书育人的实践过程和经验总结。它对于师生、学校，甚至社会都

发挥着极其重要的影响作用。

在学校文化建设中，我们常常只关心外在的文化形式，学校文化活动不可谓不丰富，文化环境建设不可谓不上档次，但带给学生的幸福和快乐却没有预想的好，究其原因就在于不够关心学生的内在文化体验，未能确立以师生生命为本体的学校文化观。这种与生命本体存在距离的学校文化，必然只能流于师生精神发展、个性发展和素质发展的表面。

还有，我们经常碰到处于分裂之中的学校文化，比如，物质文化建设是审美性的，而制度文化仍是传统的规范建设。这样的学校文化建设，不仅不能丰富师生的精神生活，而且不能带给他们真正的精神幸福，反而可能给他们带来精神上的压抑和困惑。这是因为，离开了师生内在的生命需要，再丰富的文化生活，都不可能成为促进师生精神发展的力量。

斯普兰格曾说过，只有生命才需要用文化去陶冶和唤醒。在这里，文化已不是单纯的一般意义上的文化，更不是指物质文化，而是指真正意义上的精神文化。学校，作为社会的一个特殊群体，担负着培育人才、传承文明的特殊重任。如何精心培育和铸造具有鲜明个性和时代特征的学校精神，已是摆在学校和全体教育工作者面前的一项重大的历史使命。

因此，从教育实践看，我们认为，当前学校文化的建设有必要走出“物质文化”建设，即基本上是一种文化环境的布置或文化活动的开展的思路，在更高的起点上转向对学校精神这一学校文化的核心本体的提炼和研究。

从一定程度上看，学校发展的过程就是校园文化积淀的过程。作为培养青少年专门场所的中学校园，其特有的文化内涵不仅是时代文化特征的反映，也是其文化主体——师生员工精神风貌的体现。

校园文化作为一种文化现象，其产生是与学校同步的，学校的发展过程中也包含着校园文化发展的过程。我们认为，校园文化是学校特有的文化现象，是以师生价值观为核心以及承载这些价值观的活动形式和物质形态，包括学校的教育目标、校园环境、校园思想、校园教风、校园学风以及以学校教育为特点的文化生活、教育设施、学生社团组织，学校传统习惯和学校的制度规范、人财物管理等内容，但校园文化的最主要内容是指学校在办学过程中所形成的共同的价值观念。

嘉兴高级中学创办于1997年，是一所高起点、高标准、高品位、高质量的高级中学，全国政协副主席钱正英题写了校名。嘉兴高级中学现为浙江省一级重点中学，浙江省文明单位，浙江省教科研先进集体，浙江省现代教育技术实验学校，浙江省推行《国家体育锻炼标准施行办法》先进单位，浙江省先进团委，浙江省卫生先进单位，嘉兴市绿色学校，嘉兴市中小学生日常行为规范达标学校，嘉兴市教育科研基地。

嘉兴高级中学从创办起就非常重视学校校园文化的建设。因为学生素质是一种文化影响、文化浸润、文化熏陶的结果，学生的素质在特定的文化环境中必然会受到潜移默化的影响。高品位校园文化，最终体现的就是一所学校最具特色、最明显、最富有典型意义的学校精神，它是一种潜在心理力量，一种学校中普遍认可、接受和推崇的风尚、习惯、准则。它一方面以制度规范形式，依存于校风；另一方面，又以价值观念形式存在于个人身上，体现在学校全体成员的个性心理特征上，可以振奋人的情绪，激励人的意志，调节人的心理，规范人的行为，发挥着不可替代的作用。在高品位校园文化建设上，嘉高主要从以下方面着手：

校园物质文化的建设，我们努力给学生勾勒现代感和现代化的感觉。嘉高校园占地150亩，由浙江大学设计，总建筑面积近5万平方米，由教学办公大楼、实验大楼、行政图书大楼、科技大楼、学生公寓楼、体育馆、餐厅等汇成的嘉高建筑群，每个建筑物错落中对称，有棱有角中富有变化，给人以时代的气息，激励着莘莘学子为社会主义现代化而努力学习、努力奋斗。

校园标志文化的建设，我们极力突出和感染师生这样一种情感——嘉高朝气蓬勃，欣欣向荣，未来如旭日东升，给人一种催人奋进的激情，因此，我们从形、音、色等方面进行建设。我们请南京专家设计了“嘉高拥抱未来”的大型校园雕塑，宽9.7米表示着学校建校于1997年，高12.8米表示着学校校庆纪念日是12月8日，她以巨大的“JG”围抱着一个星球，嘉高校园独有的形象激励着嘉高学子孜孜探索未知。由学校老师和嘉兴市音乐家创作了校歌——《嘉高人之歌》，用高亢昂扬的歌声鼓励嘉高学子永远求真。学校老师共同设计了以嘉高拥抱未来雕塑为思考点的校标，图案以JG为骨架，中间冉冉升起一轮红日，用流动的线条和象征智慧的蓝色

及充满活力的红色组合而成，表示嘉高拥抱未来如旭日东升，嘉高学子主动成功如旭日东升。

校园环境文化的建设，我们努力创造培养学生现代文明和热爱自然的校园环境。嘉高校园绿地面积近3万平方米，由嘉兴市园林设计院设计，环境优雅宁静，花坛环绕主体雕塑，绿树掩映芳草鲜花，原石雕字，水池小品，鸟语花香，春有红，夏有荫，秋有果，冬有绿，让每一寸地都显露出浓浓的生命气息，让每一棵草都散发出自然的美好，让学生置身其中，赏心悦目，享受自然，从而热爱自然，保护自然，因而师生们积极参与校园环境建设，爱护绿化，责任打扫，保护卫生，无烟学校，陶冶着现代学生的现代文明。廊道壁挂，名人名言，阅报栏，灯箱语，宣传窗，黑板报，校园处处散发出浓浓的文化气息。

校园管理文化的建设，我们努力培养学生的法治意识和自主精神。为此，我们编辑了五万多字的《追求卓越——嘉高学校管理制度汇编》，使师生们“言”有规，“行”有矩。同时，我们还大力开展“三自”管理，即通过学生“自律、自理、自治”来自觉守“法”和培养主人翁的精神，使师生举止文明，言行礼貌，行为规范。

校园活动文化的建设，我们开展了一系列校园文化活动，陶冶学生的情操，让学生崇尚文明、高雅、科学。每年举办隆重的体育节、科技节、艺术节，指导辩论赛、科技组、小实验，成人仪式、文艺会演、知识竞赛、演讲比赛、合唱团举办得有声有色，组织了轰轰烈烈的“创文明嘉高校，做文明嘉高人”系列活动。特别是成果累累的“嘉高秀苑文学社”，开展了文学沙龙，组织了采风活动，发表了一大批作品，展览了优秀的文学习作，编辑了《嘉高秀苑》，极大地丰富了学生的文化生活，提升了学生的精神品位。

校园精神文化的建设，这是校园文化建设的核心内容，也是校园文化的最高层次。它主要包括校园历史传统和被全体师生员工认同的共同文化观念、价值观念、生活观念等意识形态，是一个学校本质、个性、精神面貌的集中反映。它具体体现在校风、教风、学风、班风和学校人际关系上。嘉兴高级中学建校的历史虽然短暂，但学校不断完善现代教育的管理制度，更广更深地实施“让师生主动动起来”的策略，积淀起一定厚度深度的校园文化，以“真”为核心，让每个学生在校园发展特长，追求卓越，主动成功，享受成功；爱校文明，勤奋务实，合作创新，追求卓越；成为有一定影响的浙江省一级重点中学，为真正把嘉高建成“高品位的校园、高素质的队伍、高质量的教育、有特色办学”的学习型学校打下了坚实的基础。

学校精神是学校文化建设中凝聚起来的核心文化，唤起、激发了学校师生的崇高情感和进取心。要做强学校教育，当然需要质量，需要硬件环境的建设，但作为一所现代学校，光有教学质量和硬件环境是远远达不到现代教育对学校的要求的，它更需要培育出高素质的人才。大力培育学校文化，精心塑造学校精神，这是时代赋予我们现代学校的重任。

近年来，嘉兴高级中学在充分发挥学生个性特长、促进素质全面发展方面进行了大胆的探索和实践，取得了显著的成绩，形成了以“真”为内在核心的具有鲜明个性和时代特征的学校文化。

以“真”为内在核心信念，其内涵：首先是，嘉高人永远追求真理，追求真知，追求真诚，追求真情，追求真实；其次是，嘉高人始终讲自信，讲自觉，讲自尊，讲自立，讲自强。

我们致力于以“真”为内核，在继承优良传统文化中培养师生的现代文明，使学生在观念上、心理上、行为上都得到积极的影响。因此，我们逐步形成了以“真”为核心的办学追求，以“文明、勤奋、求实、创新”为校风，以“爱生、协作、精业、善导”为教风，以“尊师、求真、勤奋、多思”为学风，并且在办学、管理、育人、师资建设等方面逐步树立了一系列现代观念。我们的宗旨，为了一切学生，为了学生一切；我们的管理，依法治校，以德立校，科研兴校；我们的教学，和谐发展，主动成功，让嘉高每一个学生在校园都能享受成功的乐趣，让嘉高每一个学生的特长在校园都能得到最大的发展；我们的精神，爱校文明，勤奋务实，合作创新，追求卓越；我们的育人，培养具有现代文明、适应现代竞争，对社会负责任的中国人；我们的师资建设，教好书是为师之本，育好人是为师之德，双向成才是为师之求；我们的办学，创办高品位校园、高质量教育、高素质队伍、有特色办学的知名高级中学。总之，在嘉高，校以育人为本，师以敬业为乐，生以成才为志。

现代教育的发展表明，教育本质上是一种人与人之间以知识为中介的交流，这种交流只有建立在和谐、积极、宽松的校园环境中才能更加有效。师生对知识内在价值的积极追求，师生之间民主、平等的对话与交流，爱与被爱的一致与融洽等，始终是校园文化内涵里一种无形但有巨大魅力的精神力量，这力量不仅能鼓舞学生去自觉追求知识，完善自己的人格，而且激励着教师更加热爱教育事业，更加努力追求教育领域的新境界。

因此，我们积极推进师生民主、教学民主，开展“三加强”课堂教学研究，突出要加强教学情感的交流，致力培养学生的主动精神，把自己的孩子当人，把别人的孩子当“神”。我们在依法办事的同时，还十分强调能一起工作学习是一种美好，同事同学要有一致的精神气候和融洽的心理氛围，尊重老师，爱护学生，团结和谐，消除摩擦内耗，从而让学生在健康的人际环境中全面提高。从某种意义上说，追求学校文化的深刻内涵，建立合作和谐的校园人际关系，既是学校办学目标得以实现的一种手段，也是师生在校园这样的时间和空间里体现自己人生或生命价值的一种要求；既是我们要培育的人文素养，也是一种用以观察和理解自然和社会、政治和经济、科学和技术、教育和文化的“以人为本”的价值观和伦理观。

弘扬“真”的精神，以“执行力”为抓手，我们嘉高的校园文化正在不断地丰富和深化，展现出更具嘉高特色的人文精神、合作精神、敬业精神、创新精神，把执行力文化融入学校文化，学校透过执行力文化来夯实嘉高的学校文化，优化学校的校园人文环境。

“没有借口地敬业”，就是学校每一个成员要以学校发展和学生发展为基本态度和行为特征。建立和谐的人际关系，塑造良好的心理环境，形成高度的责任感，有效提高执行力度，最终实现嘉高的长远目标。

“合作中竞争”，就是学校的学生、教师、职工和管理人员各个群体的人际关系中，以“合作”作为基本的价值取向，在合作中创造一流，追求卓越。加强执行力，转变工作的艺术，把制度转化为自己的思想，真心诚意地执行。

“主动反思中创新”，就是嘉高人在学校文化中不断注入时代精神，这既是社会发展和时代变迁对嘉高提出的要求，也是嘉高自身可持续发展的需要。通过创新，进一步明晰各个层面的执行力，厘清思路，形成方案，丰富内涵。在此基础上，使之成为一种引领师生不断进步的主流价值观，使以“真”为内涵的学校文化真正成为一种“不可复制的核心竞争力”，去引导、推动、管理、督促教师，把嘉高真正办成社会满意、人民满意的学校。

总之，学校文化建设要为提高学生的全面素质服务。师生在校园里生活，他们的价值目标的实现能在校园实践活动中体现出来，学生是学校文化的接受者、参与者、建设者、创造者。我们要继续因势利导构建以“真”为内涵的校园文化，开展更加丰富多彩的校园文化活动，让学生在这些丰富多彩的活动中发展自己，丰富自己，完善自己，为学生素质的全面提高而努力。随着嘉高校园文化的日臻成熟和学校精神的不断弘扬，随着嘉高全面发展和特色办学道路的不断延伸，嘉兴高级中学一定会不断升华学校文化，为优秀人才的培养、先进文化的传承，做出更多的贡献。

2006年9月6日

培育合作精神，提升学校文化

/徐新泉　徐建平

党的十七大报告中提出："当今时代，文化越来越成为民族的凝聚力和创造力的重要源泉，越来越成为综合国力的重要因素……解放和发展文化生产力，是繁荣文化的必由之路。"强调文化建设的重要性，突出文化建设的迫切性，已经成为全社会的共识。对于学校文化和学校文化力概念的理解，中国人民大学俞国良教授认为，学校文化意谓以师生价值观为核心以及承载这些价值观的流动形式和物质形态，主要表现为学校群体所共同具有的思想观念、价值取向及其行为方式。学校文化力则是学校文化所产生的"能量"，表现为学校文化对学校群体所有成员所产生的认知力、导向力、凝聚力、整合力、推动力、约束力，以及对社会公众所产生的识别力、辐射力、感染力甚至征服力。学校文化力能为学校的经营降低成本，提高资源的整合能力和利用率，最终使学校获得超强竞争力和生存能力。学校文化力由精神力、形象力和执行力三个部分组成。因此，要提升学校的文化力，学校的核心精神的塑造是关键，也就是精神力在提升学校文化力、提高学校的竞争能力方面有着非常重要的作用。

学校核心精神是学校发展的品牌、是学校发展的重要动力、是学校管理和发展的关键环节。成功的学校的标志就是这所学校具有强有力、有特色的学校精神，所以对于学校精神构建的理性思考就成为学校管理必须重点思考的一项课题。在高中实施新课程改革以后，新的课程要求为学校文化的重构提供了一个契机，学校的发展动力需要进行审视。构建学校独具特色的学校文化，提升学校的文化力，应该是学校管理者必须重视的一个问题。新课程需要以"合作"支持。合作文化的建立，需要重塑人际关系，要增加同事间的对话、讨论、交流和协商。同事间应合作起来，共同开发课程，研究教学，将合作精神和同事情谊体现于每天的教学生活中。同样，学生在老师合作精神的渲染下，学习过程中要树立合作的意识，培养团队精神，以更好地促进学习，促进学生情商水平的提高。

学校文化力由精神力、形象力和执行力三个部分组成。而精神力主要就是指学校精神。所谓学校精神就是学校在长期的办学实践中自觉形成的、被学校成员认同和信守的价值理念、行动准则，它既反映了学校的基本价值取向，又综合体现了学校的传统习惯和作风，对成员行为具有激励作用。学校精神的实质是团队精神，而这种团队精神的塑造在学校发展过程中起着非常重要的作用。正是由于学校精神在学校发展中有着不可替代的巨大作用，根据什么构建自己有特色的学校精神和学校文化是首先必须解决的问题。特别是对于一些创办时间不长的学校来说，这个问题显得更加紧迫。学校精神和学校文化的建设是一个系统工程。在学校的办学目标和落实国家的教育方针的基础上，有针对性地提出学校文化建设的中心工作和学校发展核心理念，并且在长期的教育教学实践中不断地强化和提升这种理念，让全校师生形成共同的认识，由此才能形成学校文化的核心理念，形成学校精神。

国内的学者杨建华认为学校文化是学校的生存和发展之“道”，决定着学校的精神面貌，左右着学校教育的方向，是学校教育的基本内核，学校工作的立体轴心，也是学校育人成才的基础与根本，是学校的发展战略和哲学。因此，学校文化建设必须厘清思路、明确目标，根据学校的办学条件、人文历史、社会背景、发展现状、师资水平、学生特点等提出学校文化建设的指导思想和基本要求，提出“文化立校”的办学思想和发展理念，并在学校中形成全员共识，成为取之不尽、用之不竭的精神源泉；对学校文化建设进行精心设计和规划，无论是学校标志、学校环境、学校景观的设计，还是学校文化设施、教学建筑、班级文化的设计，都应该精益求精。嘉兴高级中学追求“合作”文化，是学校发展的教育理念，在嘉兴高级中学推进新课程、提高教育质量过程中有着非常重要的地位。

从古至今，合作是人们生活和学习的主要形式之一。合作理论最早从企业管理文化中演化而来，在社会学学科中得到了系统化的理论提升，目前在很多学科得到广泛和深入的发展与运用，特别在教育领域，已经成为

最受欢迎的基础理论之一。

卡耐基说过："学习中有两种东西是最重要的，一是信心，二是与人合作。一个人的成功，15%靠专业知识，85%靠人际关系和处世技巧。所谓处世技巧和人际关系指的就是学会合作。"在英国的卡文迪许实验室，在1901—1982年间，先后有25位科学家荣获诺贝尔奖，从而成为各国莘莘学子向往的"圣地"。卡文迪许实验室之所以能出现这么多的优秀人才，就是因为这里的科学家们倡导并养成了密切合作的风气，打破了"文人相轻"的怪圈，"共生效应"和"团队合作精神"在其中起了积极的作用。从社会互赖理论的角度来看，合作理论的核心可以用很简单的语言来表述："当所有的人聚集在一起为了一个共同的目标而工作时，靠的是相互团结的力量。相互依靠为个人提供了动力，使他们：（1）互勉，愿意做任何促进小组成功的事；（2）互助，力促小组成功；（3）互爱，因为人都喜欢别人帮助自己达到目的，而合作最能增加组员之间的接触。"对于学校而言，合作精神的培育有着重要的价值，学校内部最本质的关系是人与人之间的关系，由于学校目标的共同性，即培养社会需要的人才，所以在学校文化的建设上，必须让大家团结在一起，为了共同的目标而努力，而合作精神就是达成学校内部团结凝聚的重要手段。正因如此，学校把合作精神的培育作为学校文化建设的重要内容。

办学10年来，嘉兴高级中学为了创品牌学校，提升学校的知名度和美誉度，打造老百姓满意的学校，把提升学校文化力作为一项战略任务，在发展过程中非常重视学校文化的塑造。学校发展理念上始终坚持认为：教学质量和高考成绩是非常重要的，但它不是一所学校的唯一和全部；让学生的潜质得到最大程度的挖掘，个性得到最大程度的张扬，使学生在各方面都得到和谐的发展，让每个学生都能在校园享受成功的乐趣，让每一个学生的特长都能在校园得到最大的发展，才是高中学校教育的根本目标。学校精神的重点之一是团队精神，而作为一个教育团队，最需要的就是团结合作，所以学校把培育"合作"文化作为学校文化建设的一个支撑点，作为提升学校文化力的关键。为此学校努力打造了"合作"文化，在校训"真"的核心价值引领下，倡导"合作"作为全校师生工作和学习的基本价值理念和原则，以提升全校成员的凝聚力，使学校的师生产生一种精神上的认同感和归属感；同时让学校的师生对学校的发展有一种强烈的责任感，让全体师生产生主人翁意识，在主人翁意识的引领下积极参与到学校的建设和发展中去。因此，十年来学校积极构建和实践“合作”文化。

一是创造良好氛围，培养合作意识。学校要培育合作文化，提升全校成员的合作精神，首先就是要让全校成员对“合作文化和合作的价值”产生认同感，慢慢形成合作的意识。所谓合作意识是指团队和团队成员表现为协作和融为一体的特点。主要表现为学校成员之间达到相互依存、同舟共济、互敬互重、礼貌谦逊、彼此宽容和尊重个性的差异；彼此间形成一种信任的关系，待人真诚、遵守承诺；互相帮助、互相关怀和共同提高；共享利益和成就、共担责任。要达到这样的意识，需要一个提倡合作的良好的教育环境和氛围，所以平时在学校的日常教育教学活动中要经常宣传合作的理念，以此达到培养合作精神的目的。营造浓郁的合作文化氛围，让教师形成合作的意识，这样才能激发教师在专业成长方面的内在潜能和动力，形成有凝聚力和战斗力的教师团队。学校主要通过扩大宣传渠道、组织文化活动和开展日常教师培训等方式，不断对教师和学校进行“合作意识”的宣传，以此营造一个良好的学校文化环境。比如学校邀请教育研究院的专家对全体教师进行“合作教育”方面的培训；学校组织教师进行一定的野外拓展活动，通过具体的实践活动和学习活动来培养教师的合作意识。

二是建立合作组织，提升合作能力。学校内部存在各种教学组织，目前按照最为常见的垂直分布的形式安排，有学校、年级组、备课组为主要形式的教学组织。现代学校管理理论认为，21世纪的学校是学习型组织，是一个学校成员共同学习和成长的组织。教研组、年级组、备课组为常规合作组织，在教学和研究中倡导合作共赢，定时定点完成合作活动，以促进教师间的合作研讨、合作教学。比如学校近年来推进的“磨课活动”，就是以年级组和备课组为主要参与者的合作教学研究活动。同时学校以“建设合作型教师群体”为重大研究课题，把教育研究和日常教学结合起来，为有效提升教师的合作能力提供正确的理论支持，做到理论和实践相结合。同时嘉兴高级中学为了提升教师的合作能力，培养师生的合作意识，除了在常规的学校组织内部提倡合作以外，还设立一些专门的合作型

组织。学校还专门成立了专业性和专题性的合作组织，比如学生心理健康辅导小组、高考试题命题研究小组、重大课题研究合作小组等专业性的合作组织，这些专业性的合作小组就成为教师培育合作意识的重要载体，参与这些小组使教师在合作意识和合作能力上有了巨大的进步。比如在学校的高考试题命题研究合作小组的研究过程中，由一名专家型教师担纲，全校选拔部分教师参与，反思命题，合作研讨，经验分享。学校委派命题经验非常丰富的特级教师李老师担任小组长，带领全组教师刻苦研究，努力攻关，成功开发出很多高质量的试题，部分试题被《思想政治课教学》《考试报》等期刊录用，很多题目紧跟热点、材料新颖、思路创新，成为在全国有一定影响力的试题研究小组，受到同行的高度关注。这些成功的合作型小组的设立无疑成为培育教师合作意识、提升合作能力的重要平台，也成为学校文化建设的重要载体。同样，学生的学习活动也建立了很多这样的合作型团队，如学生研究性学习的课题小组、各类学生社团，让学生在学习过程中孕育“合作”意识。

三是深化合作机制，催生合作文化。虽然合作意识的出现能够推进合作行为的发生，但是合作文化的培育同样需要机制的推进。为了确保学校各个团队和组织能够进行卓有成效的工作，管理层有必要制定适用于团队模式的考核体系和激励机制。在这里，最基本的前提是制定的评估体系和激励机制，必须是针对整个团队而不是个人，只有如此，才能体现团队的价值。在培育合作文化的同时，也要建设考核机制，即包括物质的奖励。物质奖励包括工资、奖金等方式，对于完成合作任务的合作小组经考核，进行一定程度的物质奖励。精神奖励包括通过表扬、宣传、荣誉等方式加以鼓励，增强合作小组成员实现目标后的满足感，从而牢固和谐的工作关系和合作关系，增进成员之间的相互责任感，提升小组合作成员的幸福感。同时在制定考核体系时，我们要明确考核的目的是：提高合作小组工作实绩，让组员了解工作进展情况以及明确要做的工作，纠正行动上的偏差，鼓励教师提高合作能力和教学研究水平。在明确考核机制的目标之后，学校一方面加强对教研组、备课组活动的常规管理和考核。一是学校制订《嘉兴高级中学考核条例》，明确各教研组、备课组工作要求，开展争创“先进教研组、备课组”活动，加大对先进教研组、备课组的奖励力度；二是保证教研组、备课组活动的时间和经费，经常性地开展听课、评课、说课和集体备课活动，共同商讨教学中存在的问题；三是建立外出教师教研活动回校后的“活动情况书面报告”制度，督促教师认真梳理活动的信息，并做好传达工作，提高教研活动效益。另一方面也明确了对合作小组的考核办法，把合作小组作为学校发展的重要载体，以合作小组的实绩为考核目标，加大对团队的奖励力度，让这些专业合作小组能够在平时的合作研究中做实、做好，以提升专业合作小组的专业水平，扩大知名度，成为学校发展的品牌。随着学习型小组建设向纵深方向发展，教师之间的凝聚力得到增强，求真合作的教育理念和学校精神也不断得到强化，学校文化对学校发展的积极成效也逐步加以体现，学校教育教学工作不断跨上新台阶。

理念变为实践，并且被学校全体成员所接受，就会慢慢延续和推广开来，成为学校文化、成为学校发展的动力、成为学校在社会上的无形品牌，它对全校师生的行为和价值取向的影响将是根本性、长期性和广泛性的，对学校发展有着巨大的作用。嘉兴高级中学努力建设的“合作”文化，通过不断的总结和思考，逐渐成熟起来，这种文化将全校师生形成一种共识与合力，使学校真正成为从事文化传承、积累和创新的诗意家园。学校浓郁的合作文化氛围，同时将提高学校的核心竞争力，极大促进学校的可持续发展。

2008年5月25日

立德树人　嘉高教育的使命

/徐新泉

党的十八大报告提出“努力办好人民满意的教育”，并把教育放在改善民生和加强社会建设之首，充分体现了党对教育的高度重视和优先发展教育的坚定决心。报告从立德树人、教育公平等方面提出了新的要求，为教育改革发展指明了方向。其中，第一次在党的全国代表大会报告出现“把立德树人作为教育的根本任务”这样的提法。将党的十七大报告中的“坚持育人为本，德育为先”进一步深化为党的十八大报告中的“把立德树人作为教育的根本任务”。这种深化，抓住了教育的本质和核心，明确了教育的任务和目的，指明了教育改革发展的方向，有其特别重大的战略意义及深远的指导作用。

立德树人，德育为先。教育不仅要向学生传授学科知识，培养学生能力，更要注重人文教育、道德教育、科学教育，在重视基本道德规范的基础上，把社会主义核心价值体系融入教育的过程，注重理想信念教育，注重以爱国主义为核心的民族精神和以改革创新为核心的时代精神教育，在嘉高要弘扬“爱校爱人爱学习，真诚真心真负责”的校园价值观。“太上有立德，其次有立功，其次有立言，虽久不废，此之谓不朽”（《左传·襄公二十四年》）说的就是这个道理，在人生不朽的三个境界中，“立德”排在第一位。

立德树人，以人（生）为本。以生为本就是促进学生全面发展，培育学生健全人格，关注每一个学生的成长。在坚持德育为先培养学生品格力的同时，加强和促进学生学习力、审美力、健康力的全面和谐和持续发展，并积极培养学生的特长力。要关注学生的内心世界，加强学生心理辅导，培养学生积极的心理品质和乐观向上的品格，学会创造幸福，分享快乐。要心怀“让每个学生都能成为有用之才”的教育理想，脚踏实地，满足每个学生的学习需要，促进每个学生的主动成长。

立德树人，师德为务。对学生而言，教师是重要的教育资源，这种资源是任何其他教材、教法所不可替代的。因此，加强教师队伍建设，促进教师专业化发展，首先必须要加强教师师德修养，立德先立师，树人先正己，培养和造就学高身正的教师队伍，是立德树人成败的关键。

领会精神，贯彻要求，嘉高践行。首先加强以提升师德修养为主要内容的教师队伍建设。开展“师德细节日自省”活动，开展读书评比活动，用嘉高优秀教师主持的“嘉兴市级班主任工作室”，引领德育队伍建设，开展党员亮诺、结对等措施，切实加强教师的师德修养。其次，从课程德育、社会实践和学校文化三方面，创新德育形式，丰富德育内容，不断提高德育工作的吸引力和感染力，增强德育工作的针对性和实效性。把德育融进学校的“求真”课程体系。通过社会实践类课程、人格类课程，培养学生的品格力。比如开设“生涯规划”选修课程，让学生根据自己的兴趣爱好和潜质，做好人生规划，以尽早确立人生奋斗目标。比如开设“让每个生命都很精彩”的生命教育选修课程，唤醒学生的生命活力，滋养与涵育学生的健全人格。继续丰富“三自”德育模式，让嘉高学子在自治中自律，在自律自治中自理，达到自主成功全面发展。坚持并深化“尊重教育”的研究和实践，实施《嘉兴高级中学校园之星培养计划》。开展多渠道的社会实践活动，比如组织义工社志愿者活动、实施以研究性学习为载体的社会实践活动。完善创新以科技文化节、悦读文化节、体育文化节、艺术文化节为载体的校园文化活动，构建以“真”为内涵的校园文化。积极开展“关爱学生发展特长幸福成长行动”，走近学生，提升德育的实效性。落实全员德育的措施，用机制和制度来加强班主任队伍建设，完善助理班主任制度。围绕课程和课堂开展教学改革、教学科研，紧扣有效教学和有效方法积极探索、积极实践，抓住教学常规，致力提高教学质量，发展学生特长，努力培养德正才优的嘉高学子。

立德树人，学校任重道远；学科是载体，育人是根本。嘉高人心怀理想，牢记使命，脚踏实地，努力办好学生、家长、社会满意的学校。

2013年1月3日

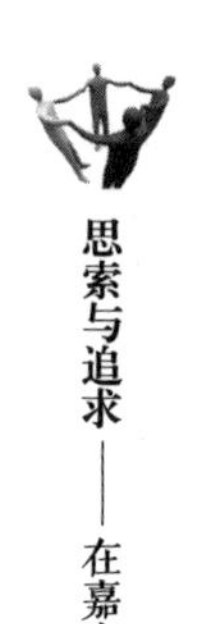

国旗下讲话选录

/徐新泉

做大力弘扬和培育民族精神的嘉高人

金秋九月，中华人民共和国即将喜迎五十华诞，我们怀着激动的心情迎来了全国第一个“中小学弘扬和培育民族精神月”。为了五千年生生不息的民族精神，五千年绵延不绝的中华文明，我们嘉高学子衷心呼唤：为了中华之崛起，我们将努力弘扬民族精神，传承中华文明，发扬革命传统，立志报效祖国。

同学们，以爱国主义为核心的团结统一、爱好和平、勤劳勇敢、自强不息的伟大的民族精神，是中华民族赖以生存和发展的精神支柱。几千年来，正是依靠这种精神，中华民族始终保持着强大的生命力、创造力和凝聚力，中华民族才能久经磨难而不衰，饱尝艰辛而兴盛，昂首屹立于世界民族之林。我们是祖国的未来，民族的希望，肩负着传承民族精神、弘扬民族精神、建设祖国、振兴中华的历史重任。我们的道德修养、文化素质关系着祖国发展的兴衰，民族复兴的成败。祖国和民族赋予了我们神圣的使命，让民族精神的火炬代代相传，让伟大的民族精神在我们身上发扬光大。

同学们，为了中华之崛起，我们要继承中华民族的传统美德，养成尊重诚实守信的品质，勇敢顽强恒心的意志，不断增强民族自信心、自尊心和自豪感，自觉维护祖国的尊严和利益，做一个具有现代文明热爱祖国的中国人。

同学们，为了中华之崛起，我们要发扬民族的优良传统，学习民族先贤志士为了民族不怕牺牲敢于奉献的大无畏精神和人民利益高于一切的高尚品质，艰苦奋斗，奋发图强，学好本领，报效祖国，今天我们要努力学好科学文化知识，做一个创造现代文明志向远大的中国人。

同学们，为了中华之崛起，我们要树立中华民族的创新精神，努力培养自己的创新意识，提高自己的创新能力，善于吸收世界一切优秀的文明成果，大胆开拓，积极进取，与时俱进，做一个适应现代竞争不断创新的中国人。

同学们，中华民族精神深刻而伟大。爱国主义是她永恒的主题，先进文化是她高扬的旗帜，与时俱进是她不朽的精魂。我们21世纪的嘉高人要感悟她、继承她、弘扬她，既需要青春和活力，也需要热情和汗水。我们必须努力学习、强健身体、提高素质、培养强烈的责任感和使命感，无愧于祖国和民族对我们的殷殷期望。

嘉高的同学们，让我们面对伟大的祖国庄严宣誓：为了中华之崛起，弘扬民族精神，传承中华文明，立志报效祖国，努力做实现中华民族伟大复兴的一代新人。

1999年9月6日

嘉高人要进一步讲认真

我今天向全校师生提一个今年下半年我们共同努力的话题，嘉高人要进一步讲认真。毛主席有句名言：“世界上怕就怕认真二字，共产党就最讲认真。”话虽只有十余字，却提出“认真”在世上的重要性，也指出了一个人素质的重点，表述得入木三分。重温此言，我觉得在今天提出“嘉高人要进一步讲认真”仍是很有必要的。

认真是人生真、诚、信的基础。词典解释，认真为“当真，严肃对待，不马虎”；真为“真实，的确，确实”；诚为“真实，实在，诚恳”；信为“确实，信用，相信”。可见“认真”之于真、诚、信有着内在联系：一个真诚实在、诚实守信的人，必须是一个能够凡事严肃对待决不马虎的人。一个人能够事事严肃认真不马虎，待人接物真实诚恳讲信用，就能够

成为一个高尚纯粹、受人尊重、值得信赖的人；倘若干什么都是马马虎虎不认真，则真实、诚恳、守信也就无从谈起。换言之，遇事严肃不马虎，不仅是每个人在社会上为人处世所必须坚持的基本原则，更是营造真实、诚信的社会环境的基本要求。古人言，真乃诚之基，诚乃政之本，言无信不立。今天，在全社会重真诚、讲信用的时候，我们在学校生活中更应当遇事不马虎，一言一行都以“认真”求“真实”、以“真实”求“诚恳”、以“诚恳”求“守信”，因此我们要努力培养自己讲认真的素质。

认真是学习不断进取的前提。人们在学习与工作中，不同的态度会产生不同的结果，这已成为世人皆知的公理。一个在学习上严肃认真的人，必然会孜孜不倦、一丝不苟、刻苦钻研以求甚解和精通。一个对待工作严肃认真的人，必然会敬业爱岗、兢兢业业、精益求精以求尽善尽美，而后有所作为、有所贡献。古今中外的各界精英名流，以及有所成就者，无一不是凭认真拼搏得以不断进取而功成名就，而那些在学习和工作上马马虎虎、敷衍了事者，大都平平庸庸，难有建树，因此我们要努力培养自己讲认真素质。

认真促使事业成就卓越。追求卓越需要有“打破砂锅问到底”的认真精神，如果缺乏这种精神就难以达到新的境界。因为有了认真探索，才有可能得到科学的真谛，才有可能达到创新的境界，才有可能创造我们最佳的事业，如果我们做人学习马马虎虎则不要说追求卓越，就是小事也不可能做成。因此我们要努力培养自己讲认真素质。

老师们，同学们，想想我们的社会需要讲认真，想想我们的学习需要讲认真，想想我们的人生需要讲认真，然而我们在现实生活中还有没有不讲认真的现象，我希望每个同学都反思一下，大家行动起来——进一步讲认真，做好我们嘉高的事情，完成好我们的学习任务，创造嘉高的辉煌，提高我们的成绩，为自己灿烂的明天奠基。

2000年9月4日

行动起来，为改革学习方式而努力

同学们，人类已经迈入了一个以智力资源为依托的新世纪，这是一个以知识经济为特征的新时代，知识信息在社会进步、经济发展中起着越来越突出，甚至是主要的作用，世界科技创新的步伐越来越快，影响和推进着人类社会的发展进程。这一切不仅改变了人们的生产和生活方式，而且也改变着人们的思维和学习方式。21世纪是一个知识化、学习化的时代的观念已经越来越被人们广泛接受，同学们原来常用的接受性学习方式来学习知识，已经很难使自己具有可持续发展的能力，因此必须要改革自己的学习方式，开展研究性学习，这是社会发展要求的必由之路。

研究性学习是一种积极的、探究的学习方式，强调创设一种情景，让同学们进行主动探索、自我体验、自我发现，从中学会对大量信息的收集、分析和判断，从而适应急剧变化的时代。研究性学习强调学习过程，关键在于同学们对所学知识和积累的经验有所选择、判断、解释、运用，从而有所发现，有所创造。也就是说，在老师的指导下，由同学们自己选择和确定研究的课题或项目的设计，由同学们自己收集和分析并选择信息资料，由同学们自己应用知识去验证课题和项目设计的一种学习方式。

因此，同学们首先要从思想上充分认识研究性学习，它是我们学习方式上的一场革命，必将给我们的思维方式带来探究性和创造性的转变，为我们今后认识社会、发展社会积累不竭的智力资源。其次同学们要积极参与研究性学习的实践，今年学校将在高一年级开设研究性学习的课程，并且在周末尽可能开放学习场所、组织各种活动小组，尽可能给同学们创设良好的学习环境，希望同学们能踊跃而用心参加，同时在各学科学习中能运用研究性学习的方式，在学习的过程中，提高自己的学习能力、创造能力。

同学们，21世纪的伟大事业在呼唤着我们，我们要积极行动起来，改革学习方式，提升自身素质，为祖国的强盛、民族的伟大而培养锻炼我们的创新思维和精神。

2001年9月3日

尊重自己首要的是培养自己的诚信

尊重自己最主要的是尊重自己的人格，而人格的重要内容是培养自己的诚信品质。诚信保证着人类的正常相处。从治国之道的意义上说，诚信是建设和谐社会的基本道德；从处世之道的层面上说，诚信是一个人立身之本，也是一个人建功立业的根本保证。

所谓“诚”，就是要诚实，说老实话，办老实事，不弄虚作假，不隐瞒欺骗，不自欺欺人，表里如一；所谓“信”，就是要守信，讲信用，守诺言，言而有信，不出尔反尔，不阳奉阴违。因此培养自己的“诚信”，是人的道德品质和道德信念需要，也是每个人的道德责任需要，更是建树人的人格大厦需要；人人都讲诚信，就能使我们的集体、我们的学校成为一种品牌、一种形象、一种信誉，成为和谐的精神家园；从而成功我们的理想，成就我们的事业。

诚信是做人的道德底线。做人就是要真诚待人、守信与人。如果一个人说了假话脸不红，做了假事、错事心不跳，世上就再没有比丢掉自尊更可怕的事了。人生须以品德为本，做人须以诚信为本，人生才有真正的成就和满足，因此尊重自己要从诚信做起。古往今来，成就大业者都是非常注重恪守诚信的，也留下了许许多多诚信的佳话。进入世界500强的海尔则向世人庄严承诺“真诚到永远”，他们都因自尊而得到了人们的尊重。反之，不守诚信，言而无信，教训是何其惨痛。我们小时候熟知的“狼来了”的故事，明朝《郁离子》中富商食言“救人给百金”的承诺，结果都付出了生命的代价，哪里还有自尊可言。

诚信是道德品质的基础，因此我们自己的道德基础要从平常的生活中培养。诚信是我们嘉高人优良的传统。1999年6·30洪灾时，嘉禾大地一片汪洋，而处于创办初期的学校没有围墙、没有大门，四面敞开，为了安全，学校要求同学们不能擅自离校，嘉高第一届、第二届几百名同学，信守要求，没有一个人出校园，诚信让同学们获得了安全。然而，我们也看到了今天有极少数同学在诚信乐章中有不和谐的音符，不诚实不守信，如果久而久之便会成为人生悲剧的开始。

我们的校训是“真”。嘉高人永远追求真理，嘉高人永远追求真知，嘉高人永远追求真诚，嘉高人永远追求真情，嘉高人永远追求真实。我们要用自己的行动来丰富我们的校训，用我们的行动来实践诚信，从小事做起，从今天做起，从自己做起，时时事事尊重自己，养成自己的诚信品质，从而使我们成为高尚的人，成为被人尊重的人。

2004年3月1日

嘉高人要有责任感

责任感是一种高尚的道德情感，是一个人对自己认真负责、对他人认真负责、对社会认真负责，这是一个人成人成事的最重要的素质，因此我们嘉高人要讲担当、讲责任感。

责任感是我们素质的一个重要内容。一个国家的公民有无责任感或责任感强弱，将会影响这个国家的强盛与否。伟大的民族往往具有高远志向、进取精神、严明纪律和一丝不苟的工作态度，当这个国家或民族遇到困难和风险的时候，就会有千千万万人站出来，以奉献和牺牲担当困难，排除风险，这样的民族是不可战胜的。中华民族一向崇尚“国家兴亡、匹夫有责”，这正是我们国家历经磨难而不断奋斗崛起的最宝贵的精神财富。

责任感反映了一个人的精神境界。有责任感的人，突出的优点是他们绝不是个人中心主义者，他人的、集体的、国家的利益总是记在心中。在家庭生活中，他们孝敬父母，呵护家人，毫无怨言地挑起最重的担子；在社会生活中，他们总是努力做好每一件事情，“国事家事天下事，事事关心”。责任感之所以可贵，是因为这种伟大的情怀往往同奉献乃至牺牲精神联系在一起，紧要关头，危急时刻，挺身而出的正是那些富有责任感的人。我们绝大多数人的工作和生活是平凡的，但只要自觉承担责任，就会受到人们的尊敬。

责任感反映了一个人的思想品德。在“天下熙熙，皆为利来；天下攘攘，皆为利往”的喧嚣中，有责任感的人却淡泊名利。他们的价值观是在帮助别人获得幸福中得到满足，而他们自己却少有索求，因而责任感总是

和顾全大局、忍辱负重、任劳任怨、助人为乐、谦逊礼让等等优良品德联系在一起。他们表里如一，心境澄明，人前人后一个样，有无名利一个样。他们不追名逐利，而对于失误和不足，不推诿、不塞责。现实告诉我们：凡是那些为他人、为社会、为国家做了好事而又不期望得到回报的人，通常也是乐于以高度负责精神投入工作的人。

责任感落实到日常工作中就是责任心。人们都熟悉的白衣天使南丁格尔，她的伟大来自平凡，她把护理工作看成是一种关乎人的尊严乃至人类文明的神圣事业，而这些恰恰是通过做好采光、通风、消毒、伙食、卧具等等细致小事中体现出来。反之，很多低级错误，包括一些本不该发生的重大事故，就是因为缺少那么一点点责任心而酿成。因此责任感的体现就是要从小事开始、从细节入手。

今天我们老师和同学的侧重点各有不同，能力和作用也不同，但无论是老师还是学生，系于责任就没有不同。因此，我们每一个嘉高的同学一定要培养自己学习的责任感，学生的天职就是学习，特别是中学阶段的学习，是未来更高层次学习的基础，对自己现在的学习负责，就是对将来的学习负责；我们每一个嘉高的同学一定要培养自己的责任感，养成自己高尚的品德，使自己的人生更富有意义；我们每一个嘉高的同学一定要培养自己自觉维护集体利益的责任感，对集体尽责任，就要不惜从小事做起，如值日、买饭排队、遵守纪律等等，看似很小的事，但正是这些小事形成了一个人的集体责任感；我们每一个嘉高的老师一定要有对学生负责的责任感，学生的健康成长是我们的不懈追求；我们每一个嘉高的老师一定要有对学校负责的责任感，学校是我们事业的乐园、精神的家园；我们每一个嘉高的老师一定要有对教育负责的责任感，教育是服务，教育更是享受。

让我们每一个嘉高人都做有担当有责任感的人。

2005年3月7日

“八荣八耻”，从身边小事做起

胡锦涛总书记在今年3月4日提出了要树立社会主义荣辱观，以热爱祖国为荣、以危害祖国为耻，以服务人民为荣、以背离人民为耻，以崇尚科学为荣、以愚昧无知为耻，以辛勤劳动为荣、以好逸恶劳为耻，以团结互助为荣、以损人利己为耻，以诚实守信为荣、以见利忘义为耻，以遵纪守法为荣、以违法乱纪为耻，以艰苦奋斗为荣、以骄奢淫逸为耻。胡锦涛总书记用凝练质朴的语言，提出了作为一个合格的国家公民，在社会转型期应遵守的八条准则，是在新的时代背景条件下在荣辱观上的正确定位。在我们学校教育中，让青少年学生树立社会主义荣辱观，让青少年学生明辨是非，分清善恶，识别美丑，具有非常重要的意义。

落实胡锦涛总书记“八荣八耻”社会主义荣辱观的思想，在我们嘉兴高级中学这样一所浙江省文明单位、浙江省一级重点中学的学校，要使每位师生关注自己的理想道德、文明行为和人文素养。所以我们坚持以德处世、以德树人、以德立校，让每个学生文明诚信、和谐尊重，使每个学生内铸气质、外树形象，倡导每个学生做“谦谦君子，大家闺秀”，因此重点就是要我们关注身边的细节，关注身边的小事，从我做起，从小事做起，正如古人所说“尽小者大，慎微者著”，把“八荣”变成优良的习惯。

社会主义荣辱观的第一条就是要热爱祖国，因为我们的祖国有着五千年光辉而悠久的历史，蕴藏着无尽的宝藏，孕育着千千万万的华夏儿女，培育了许许多多德才兼备的人才，是我们共同的家、共同的母亲。热爱祖国，我们要从身边做起。今天我们在嘉高学习，就要深情地爱护学校，爱护学校的品质，做一个道德高尚的人；爱护学校的品位，做一个努力学习成绩优秀的人；爱护学校的一草一木，做一个关心班级、关心他人的人；爱护学校的荣誉，做一个一言一行、每件小事都认真做起的人！

我们要寻找校园的道德细节，从养成自己的优良习惯入手。社会主义荣辱观倡导的价值观，都可以从我们身边的小事做起，从我们的每个习惯要求做起。我们平时的生活和学习中有许许多多的习惯，而实际上优良的习惯就是一个人道德水准的表现。生活中的细节小事是“平凡”的，是

“简单”的，但是平凡的事做好了就是不平凡，简单的事做好了就是不简单，平凡的事、简单的事中蕴含了崇高的道德，就能构筑起一个人的道德大厦。

把“八荣”变成优良的习惯，我们人人是嘉高的形象！

2006年9月4日

做一个自己的事自己完成的人

今天是毛主席发出“向雷锋同志学习”伟大号召44周年的日子。雷锋同志短暂的生命，全心全意为人民服务，把他人的事情当作自己的事情，把别人的困难当作自己的困难，这是何等高尚的道德；而我今天要说的并不是要大家在纪念雷锋同志的日子里去突击做好事，而是要强调：自己的事自己完成，不给别人添麻烦，做一个自己的事自己完成的人。

可能有人说，校长你这个要求太低了，有必要吗？但同学们仔细检视一下：在我们的生活中，在我们的学习中，在我们的校园中，只要稍稍留意一下，就会发现许许多多属于自己的事情，但我们没有去做，而是要麻烦别人帮助我们去做。可见自己的事自己完成，这不是小题大做，而是很有必要，因为既关系到自己素质的养成、学习的效果，又关系到他人的学习和生活，以及学校的校风。要知道“不积跬步，无以至千里”，“一屋不扫，何以扫天下”，连自己的事也不做的人怎能去做天下事，连自己的责任也不愿负的人怎能去负天下的责任。

我们学校提倡每个学生都要全面发展，自主成功，就是希望同学们各方面的素质都能在主动动起来中得到最大的提高，从而享受成功的乐趣。同学们，这里的关键词是“自己主动动起来”，其一个意义也就是——自己的事自己完成，不给别人添麻烦，做一个自己的事自己完成的人。

我去过新加坡，那里的街道很整洁，风景优美，景色宜人，为什么呢？因为每一个公民都把保护环境的事当作自己的事情来完成，不给别人添麻烦。而我们为什么会有那么多不尽如人意的事情呢？造成这不尽如人意事情的责任该谁负呢？当然是我们，是自己——不去做。

我去过韩国，与韩国的中学生共餐，饭后韩国的中学生的餐桌上没有一点点杂物，离开餐桌时随手把椅子推到餐桌下，把餐具拿到规定的地方，为什么呢？因为每一个学生都把这些事情作为自己的事去完成，而不给别人添麻烦。可我们为什么会饭后嘴巴一抹、两手一甩走了呢？造成这损害自己人格品位的责任是谁呢？当然是我们，是自己——不去做。

其实我们每天并不需要做出关系到生死的重大选择，而是更多地面对生活中的琐事小事，可别小看这些琐事小事，恰恰是这些琐事小事体现出一个人的道德水准。好事虽小，其精神却是伟大；坏事虽不起眼，其后果却是危害无穷。在我们的生活中，这个道理也是存在的，不要乱丢垃圾，不要随地吐痰，尊重他人，这些在我们身边的琐事小事，我们都能自己完成，做一个自己的事自己完成的人，久而久之，就会构筑起自己的素质大厦，人格高楼。

在当代，素质、人格、道德已经成为衡量人才的重要标准，我们很难发现世界上哪位名人、伟人是不具备高尚道德品质的。居里夫人在她声名显赫时，十分尊重自己的老师；周恩来总理是那么珍惜每一分钟，夜以继日地操劳国家大事。他们不因为自己的地位多高、权力多大而忘记自己的事情，而是时刻谨记。可见素质、人格、道德就是从琐事小事中培养出来的，是从自己的事自己完成中培养出来的；而那些放纵自己，连自己的事也不愿意做的人，就会不断麻烦别人，久而久之，必然会逐渐恶化自己的素质，乃至道德沦殇，受到社会的谴责，人们的唾骂。我们只有有了素质、人格、道德，才能做一个高尚的人，受人尊敬的人，社会才会变得更加文明，人与人之间才会更加真诚、和谐。

所以，同学们，让我们每一个嘉高人都从自己做起，从身边的小事做起，爱校守纪，诚信负责，明礼友善，勤奋自强，自己的事自己完成，多想一点别人而不给别人添麻烦，做一个自己的事自己完成的人，从而使我们每一个嘉高人都能成为素质、人格、道德的巨人，让社会因为有了我们这些有素质、人格、道德的人而更加文明！

2007年3月5日

常怀感恩之心

我今天谈的主题是“常怀感恩之心”，这是有感于我们学校以656高分考上中国科技大学的高三毕业生王建林同学的事情。王建林同学是我校2006年毕业的一位寒门学子，品学兼优，家庭贫困，高考后《南湖晚报》绿荫行动报道了他感人而艰苦的情况，之后嘉兴华侨幼儿园的裴老师表示资助王建林4年的学费。王建林同学满怀感恩之情地说，自从晚报报道了我的情况后，很多人找到我，一方面表示资助我上学，一方面希望我帮助他们的孩子好好学习；此时我都会告诉那些好心人，我已经有裴老师帮助我了，让那些好心人去帮助别的困难同学完成大学梦，但我还是会义务去辅导他们的孩子，因为他们都是好心人，我是在为所有的寒门学子感谢他们。王建林同学还说，我高中的化学老师也是我一生要感谢的人，我在嘉高期间，她无数次地帮助了我，当时我的生活费非常有限，所以平时都非常节约，常常用食堂最便宜的菜来打发一天的生活，我的化学老师经常悄悄地往我的饭卡里加钱，到放假的时候还把我带到她家，给我做两个好菜；我永远不忘我的化学老师和嘉高的老师们，我将用自己的实际行动报答所有的好心人，我将做一个负责任于社会的人。

这就是发生在我们嘉高人身边的事情。常听人说，“谁言寸草心，报得三春晖”“受人滴水之恩，当以涌泉相报”“一日为师，终身为父”，这些格言讲的就是要感恩；衔环结草，以报恩德，中国绵延多少年的古老成语，也告诉我们要感恩。今天我讲这个主题，是觉得常怀感恩之心是我们值得大力弘扬的高尚的道德修养，能使我们开阔心胸，完善人格，是一种值得弘扬的人文精神。

有的人活在这个世上，一味地抱怨生活，抱怨人生，抱怨父母，抱怨学校，抱怨老师，抱怨他人，抱怨自己的前途和命运。这个世界对他来说好像永远没有快乐的事情，心中经常记住的是不顺心、不公平、不快乐，把属于自己幸福和快乐的事情抛于脑后，时时刻刻都是沉浸在怨天尤人的旋涡里，这些怨恨多于爱的人，那是缺乏感恩之情。道理很简单，他们唯我独尊，心中无人，别人给予他的帮助都是应该的，而他从来没有想过也要付出，他自己都没有错，一切都是他的对。我们要知道没有阳光，就没有日子的温暖；没有雨露，就没有五谷的丰登；没有水源，就没有生命；没有父母，就没有我们的生命；没有老师，就没有我们的成长；没有亲情友情，世界就会是一片孤独和黑暗。如果我们不知道感恩地活着，即使我们得到我们想要的，我们也不会享受到真正的乐趣。

我们生活在这个世上，要感谢祖先给我们留下许多精神财富；感谢大自然给了我们阳光空气和水；感谢父母给了我们生命；感谢老师和母校给了我们知识。懂得感恩的人，是有谦虚之德的人，对待比自己弱小而给予自己一点一滴帮助的人，也是不敢轻视、不能忘记。虽说大恩不言谢，但是，感恩一定不要仅发于心而止于口，对你需要感谢的人，一定要把感恩之意说出来，把感恩之情用各种方式的行动表达出来，连世上最不求回报的母亲都渴望听到感谢的回声，那么我们对待别人给予自己的帮助和恩情，就更需要把感恩的话说出来，用自己的行动表现出来。那不仅是为了表示感谢，更是一种内心的交流。在这样的交流中，我们会感到世界因这样的息息相通而变得格外美好。

常怀感恩之心地生活着。我们虽然常会品尝生活的艰辛，但人生也因这一路风雨跋涉变得丰富而充实。有了感恩的心，荣辱、贫富、得失都将不会影响我们的生活，我们将拥有更多的满足，少了怨天尤人命运不公的感叹。学会感恩地生活，幸福将伴随在我们左右，人人服务他人报答社会，我们的世界将更加美好。我说这些，就是要大家十分珍惜今天的学习环境，常怀感恩之心，以坚强的意志来克服学习和成长过程中的一切困难，要以主人翁的态度维护学校的荣誉，在积极的人生实践中，努力追求自我完善，真心诚意关爱他人，全心全意负责社会，用高尚的生命去创造社会的进步和实现幸福的人生。

2007年9月3日

优秀是一种习惯

好的习惯需要慢慢培养。问问自己，离开教室、寝室时会随手关上门吗？在吃完手中的冷饮后会去寻找垃圾箱扔掉手中的包装吗？在看到陌生人掉了某样东西时，会马上提醒他东西掉了吗？习惯就在这些小事中被放大，产生意想不到的力量。

每天多做一道习题，多记一个单词，多写一段文字，当这些都成为一种习惯，属于自己的优秀就会一点一点地积累起来。“积土成山，风雨兴焉，积水成渊，蛟龙生焉。”因为有好习惯，很多看起来难解的问题也会渐渐变得容易。良好的学习习惯是成为学习高手的必要条件之一。不要再懒于多写一行笔记了，它也是好习惯的一部分。

除了学习习惯，生活一样需要好习惯做后盾。每天都要有固定的作息时间，必要时排个时间表，学会把自己的生活打理得井井有条，这些都是说来容易做来难的事。但当你开始习惯，生活就会变成另外一个样子，对此我想一定有人会问：这样的生活是否太过死板？我们是人不是机器，这么做不累吗？其实会这么问只是因为你还没有习惯，所谓“习惯成自然”，好习惯养成后，受益远大于受罪。

当然，好的习惯表现在生活的方方面面，不仅仅是按时作息那么简单。在这里，我特别想说一个习惯——节约。在整个国家都在倡导建设“节约型社会”的今天，你我也应该贡献自己的一分力量。离开教室时记得关灯，洗完手后记得拧紧水龙头，在食堂吃饭时不随便倒剩，用过草稿纸翻过来再用一面，把它们变成你的习惯，它们就拥有了“滴水穿石”的力量。“节约”因为习惯而不再是一个空洞的词语。

播下一个行动，你将收获一种习惯；

播下一种习惯，你将收获一种性格；

播下一种性格，你将收获一种命运。

从一个行动开始，给自己一个强烈的信念，你也许就会收获一生的精彩。

养成好习惯就是素质教育！

2009年3月2日

育才嘉高

人人成功，

每一个嘉高学子的特长

在校园都能得到最大的发展！

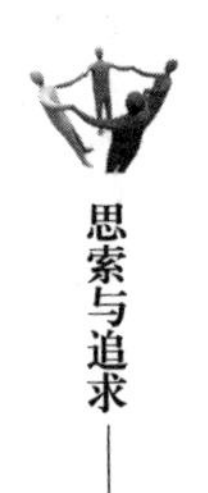

以“三加强”为重点构建课堂教学

/徐新泉

深入推进素质教育，全面提高学生素质，关键在于教育观念，主阵地在课堂教学。现代教育观十分强调以学生为本、以学生的发展为本的思想。因此，课堂教学必须充分尊重学生，要以学生为中心，发展学生的个性，培养学生的特长，让每个学生自由地、最充分地发展潜力，愉快而热情地吸取知识和形成人格。为此，我们很有必要以加强情感意识、加强主体意识、加强创新意识为重点突破口，构建新的课堂教学。

一、加强情感意识

这首先是要求教师要有现代教育观和学生观。课堂教学不能只局限于学习知识，而应着眼于人的发展。教师要相信学生学习的潜能，尊重学生的人格，发扬教学民主，爱护学生的求知欲望。其次要求教师把自己的情感充分地体现在课堂教学的过程中，使学生在学习过程中获得情感的愉悦，并利用情感的力量促进教学目标的达成。在课堂教学的过程中，师生间亲切的问候语、鼓励性的评语，能形成一种尊重、理解、和谐的人际关系和情感氛围，也只有在这样的氛围中，学生才可能以极大的兴趣、全身心地参与、积极地思维而学，以达到思乐俱得的最佳效果。再次要求教师不仅知识渊博，而且要有高尚的情操和道德修养。教师本身便是一本内容丰富的教科书，教师在精神人格上应该是学生的楷模与榜样。课堂教学不仅是一种知识传递的过程，更应是师生间在知识、智慧、情感、心灵、人格上的交流的过程。

二、加强主体意识

在课堂中强调教师主体的同时，要把学生放在突出的位置，要尊重学生、信任学生，更充分地体现学生在课堂上的主体地位。这首先要求教师在教育学生时要有积极的人生态度，在一堂堂课堂教学中，使学生积淀起对国家、对民族高度的责任感，对人生、对社会积极乐观的态度，用自己进取的人生价值创造积极的社会价值。其次要求教师在课堂教学的每个环节上精心设计。课堂不只是教师的讲台，更是学生参与学习的广阔天地；课堂也不只是教给学生知识的地方，更是升华学生的思维和能力的场所。因此，教师在课堂上必须从主演转换成主导，学生从听众转换成主演，以学生的参与度和思维的兴奋度为标准来设计问题和情景。再次要求教师发展学生的个性，培养学生的特长，在学生确立为国家效力，为民族服务，认同社会规范，肯定其生活的社会，明确自己的社会责任、权利和义务的基础上，提供和创设课堂教学环境，让学生充分发展自己的个性，使其在各学科及艺术、科技、体育等领域形成特长。

三、加强创新意识

创新是一个民族的希望所在。课堂教学不仅负有继承人类文明的使命，还承担着发展人类文明的重任。因此，要求教师努力探索和研究课堂教学的组织和结构。我们可以通过导读定向、设疑交流、解疑飞跃、内化存储、延伸创新的课堂教学过程，实现学生创新意识和创新能力的培养。其中导读定向是“粗吞”，设疑交流和解疑飞跃是“细嚼”，内化存储和延伸创新是“化为养料”。导读定向是教师发出前馈信息，引导学生围绕教材的重点难点，抓住主攻方向去阅读研讨；设疑交流就是让学生在钻研问题的过程中，通过议论和讨论，尝试去发现有价值的问题；解疑飞跃是教师在学生群体信息交流中，点拨和提升信息的精华，达到知识的飞跃；内化存储是学生将学到的知识内化成能力，实现纵向迁移——用旧的知识去认识新的知识，理解新知识的意义，并将它与旧知识比较，区别新旧知识

意义的异同、结构的顺序、难度的高低，从而纳入自己的知识结构；延伸创新是让学生对学得的知识和技能重组和扩大，培养学生分析、判断、类推的能力，举一反三，触类旁通，创造出新的思想。

总之，课堂教学中加强老师学生情感交流是前提，加强学生主体参与是核心，加强学生创新能力培养是目标。我们的课堂教学只有充满情感，突出师生交流，创设民主氛围，强化学生主体，激发创造思维，培养创新能力，才能更快更好地提高学生各方面的素质，扎扎实实地推进素质教育。

1999年9月1日

加强情感交流，加强主体参与，加强创新意识

——“情—知”互动课堂模式的实践与研究

/徐新泉　薛万霖　潘新华　严　涛

一、课题研究的背景

课堂教学研究是一个古老而热门的话题。我们注意到在课堂教学素质化研究中，有人注重主体问题，从教师中心到教师主导、学生主体，再到学生中心，比较一致的观点是：实施素质教学必须增强学生的主体参与意识，强化学生的主体行为。并强调在教学过程中，教师的主体地位和作用与学生的主体地位和作用不是对立的，而是统一的。师生主体的统一体现在两个方面，一是“统一到学生的认识过程上，即师生双方的主体作用都是促进学生知识的内化活动、能力和品德的培养活动以及个性的形成活动上”，二是“统一到教学的总体目标上，即教师如何教，学生如何学都围绕培养全面发展的人而展开”。我们也注意到在课堂教学素质化研究中，有人注重情感问题。首先，教师的人格魅力作为情感教学的重要依托具有重要的教育价值，所谓教书育人，落实到课堂教学中，就是教师以自身对事物的态度、观点、体验等感染学生；其次，教学情感是课堂教学的润滑油、催化剂，所谓以情优教、情境教学等等都突出了教学情感在完成课堂教学任务中的作用；再次，情感培养是课堂教学的目标，所谓开发学生的情商，就是要让学生获得丰富的情感、发展情感机智。我们还注意到在课堂教学素质化研究中，有很多人注重创新问题。课堂教学中的创新主要体现在学生的学习创新上，是指学生个体对已有知识体系的自主延拓，其价

值在于创新意识的培养和创新方法的学习并获得。

但不能回避的现实是：课堂教学的确很难消除长期以来因应试教育而遗留下来的印记。据权威机构近年调查，目前中学生对高中教学现状的满意率仅为1.6%，有50%左右的学生对学习感到厌倦，而厌学的原因也就是厌倦教师的教学方式，几乎所有的教师都觉得有改变这种现状的必要但绝非易事。面对年龄不同、层次不一的庞大授课群体对象，课程结构显得相对单一，课堂实际操作中忽视学生学习方法、学习习惯和人生态度的培养，忽视学生实践和经验的现象依然存在。课堂教学模式总体上还是以教师、课堂、书本为中心，缺少学生主动参与、主动合作、互相交流、大胆实践、勇于尝试的宽松氛围和情感激励机制；课堂教学方法依旧注重讲授知识点以面对考试的需要，教学上灌输多于启发，学习上被动多于主动，许多学科的教学仍然处于低层次的繁复训练之中，沉重的课业负担占用了大量的业余时间，学生对学习的热情随着时间的推移而消失殆尽，学生的学习主体性得不到真正的体现，这种现状不利于学生的人格发展以及独立人格意识的形成。从某种意义上来说，我们的课堂教学实际上是“应付考试的教学”。

我们研究课堂教学首先是出于改革的需要，改革就是扬长避短。在对传统课堂教学的反思中，我们认为，传统的课堂教学，在学生的主体行为、师生的情感交流和学生的学习创新方面做得不够，需要加强。其次，我们思考现代课堂教学的特征，认为课堂教学系统的要素是教师、学生和教学媒体，三要素的协调运动是提高课堂教学效率的前提。教学的本质是实现教育价值，课堂教学不只是传授课本知识、培养解题能力，而是要在广义范围内传授知识、培养能力和提高素质。基于这两点，我们提出课堂教学的三个“加强”，即“加强情感意识、加强主体意识、加强创新意识”。

“三加强”既可以作为一种理念，又可以作为一种实践来对待。课堂教学实践中的师生情感交流，学生主体参与，培养学生的创新意识和能力，是每所学校、每个教师正在做而且力求做到的。所要说明的是，我校则把情感交流、主体参与、创新能力培养三者糅在一起，融为一个有机的整体，作为一种理念，自始至终贯穿于学校课堂教学之中。课堂教学中的情感交流、主体参与、创新能力培养是一种整合，一种交互，一种渗透。且这三者关系不是并列的、对等的，而是有所侧重的。教师自身的人格魅力就是一种教育力量。只有在情感畅通的基础上，学生主体发展才有可能，也就可能培养学生的创新能力。我们在课堂教学中，以情感交融为抓手，要求教师将教育视为一种点灯的事业，将学生当作是“生物”，让他们自由发展，营造民主的氛围，有意识渗透民主意识，并培养学生的学术民主精神。在此基础上加强学生的主体意识，强化学生的主体参与行为，最终达到学生个体创新意识的培养和创新能力的获得与提高。

二、情—智互动模式的界说

前面已经提及，“三加强”既可以作为一种理念，又可以作为一种实践来对待。在具体的课堂教学实践中，我们将加强情感交流、主体参与、创新能力培养，三者加以整合，形成了“三加强”理念下的“情感启智—探究认知”互动教学模式，概约地说就是“情—智”互动模式。其中“情感启智”对应于“加强情感意识”，“探究认知”则对应于“加强主体意识”和“加强创新意识”。

“情感启智”，即取其“以情感来开启学生个体智慧灵性之门”之意，其理论基础就是人本主义心理学，学生个体作为一个有思维、有情感的统一体，其认知行为和情感是紧密相连、不可分割的，每个学生头脑里的认知结构与情感意向的状态互为学习的前提并互相促进。真正的学习是需要学生个体全部的情感心理活动参与的，学生的潜能只有在积极的情感交流中才能得到更好的发挥，而师生之间良好的合作关系和学生情感主体的积极投入，更是将学生带入自由的探究中，进而升华到创新的境界里。

“探究认知”就是在“情感启智”的基础上，充分发挥学生个体的主体能动性，使其在一种宽松自由的氛围中打开探究思维，触发创新意识，最终凝聚成集智慧与经验于一体的创新能力。我们认为，教学过程是师生之间进行的一种生命活动，是一个动态发展着的教与学统一的交互影响的活动过程。在肯定教师作用的同时，将学生个体作为教学的中心注意点，突出学生的作用。将教师和学生视为课堂教学中不可分割的两个要素。它

们相互联系，课堂教学的全过程由师生共同构建；它们相互作用，教师的教是为了学生的学，学生的学体现了教师的教；它们也相互区别、不可替代，教师主要在教学的主导活动中发挥其应有的作用，学生主要在教学的主体活动中尽其所能。课堂教学中，师生的这种相互依存、相互作用的关系，如同椭圆的两个焦点，只有保持一定的距离，方能构建起一个完美的椭圆。如图示：

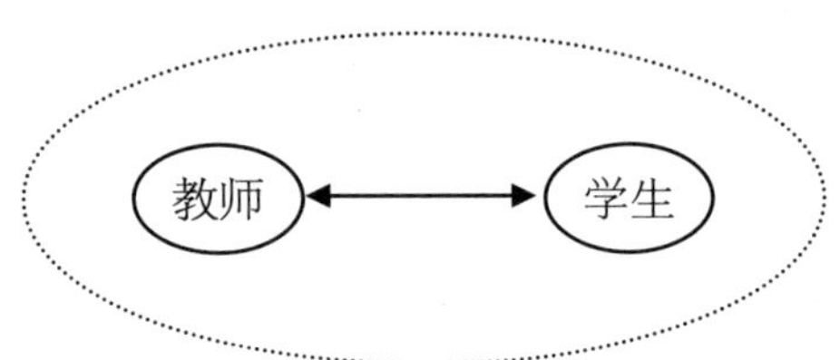

影响教学的因素固然很多，但教学并非可以任意塑造。当教师、学生、教材、要求、手段等课堂教学要素基本确定以后，课堂教学的有效性是有限度的。这种限度可称为教学的“到达度”。“到达度”既是教学客观因素的反映，它受学生的身心发展水平、知识水平、能力水平的限制，受教学内容、教学要求、教学时间、教学条件的限制，受教师的品德修养、教学水平的限制；也是教学主观因素的体现，学生的学习态度、学习兴趣、学习方法，教师的教学组织、教学手段、教学方法等都对教学的“到达度”产生影响。只有将教学的程度（内容的多少、要求的高低、问题的难易、时间的长短等）控制在一定的范围内，才能获得教学的高效率。这种受“到达度”制约而形成的适度的教学，如同椭圆，围绕两个焦点而变化，看似任意弯曲，却有不变的距离常数在其中。如图示：

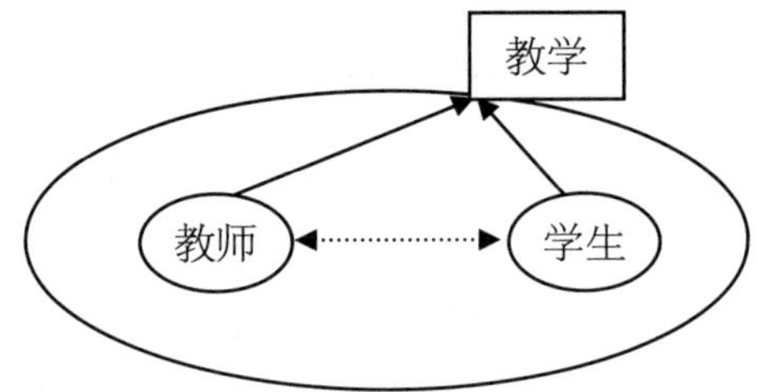

师生之间因情感而架设起教学生命活动的通道，在一定的范围内，形成的主体之间的适度的教学，促进了学生个体内在学习能力的发挥，为其

收集处理信息的能力和分析以及解决问题能力的培养与获得提供了前提条件；通过采用假设、联想、引申、拓宽、融汇等方法培养学生的发散思维能力，采用集中—扩散—再集中—再扩散的思维循环，去训练学生学会交替运用发散思维与集中思维，最终达到学生个体创新意识的培养和创新能力的获得与提高的目的。

三、课堂教学“三加强”之间的基本关系

1. 加强情感交融是“三加强”课堂教学的纽带

素质教育的根本出发点是为人的终身发展奠定基础。为此，我们提出不仅要研究情感因素对课堂教学质量的影响，还要把培养学生的情感素质作为课堂教学的目标之一。学习情感既是学生认识活动中的“能源”和“发动机”，又是培养学生良好心理品质的必由之路。从这一意义上来说，学习情感既是教学的手段，也是教学的目的。“加强情感意识”可从相关的三个方面来理解：一是教师要努力提高教育的亲和力。教师的亲和力以民主平等思想为核心，以多元智能为理论基础，以学生个性发展为目标，其本质是一种源于对教育、对学生爱的情感；二是注重提高学生的情感素质，其中包括积极的学习态度和良好的学习品质两个方面；三是把情感作为中介，以促进高层次的认知过程，通过情感教学把学生培养成高理想与高情感相互平衡、相互发展的人才。

2. 加强主体参与是“三加强”课堂教学的关键

学生的主体地位，主要体现在课堂上学生能否在教学情境中学习，在活动中感受，在学习中总结方法，在充满兴趣的气氛中积极参与学习的全过程，使学生感受到在乐中学，在学中乐，感觉课堂不是一个苦恼的场所，而是一个师生平等的、民主的、和谐的、生动活泼的乐园，使学生沿着“我想学—我要学—我能学—我会学—我会创新”的路子走下去。因此，首先是让学习者要善于选择学习内容、学习途径、学习形式。通往目标的道路有千万条，要尽快达到目标，就在选择走哪条路的问题，合理的方法就是选择达到目标的最佳路径。选择合理的学习方法，必须遵循有效、省力、省时的原则，即花较少的时间能取得较好的学习效果。其次应

帮助学生充分了解自己的个性特点，认识自己的长处和不足。如果学生对自身的个性特点都不清楚，那么就不可能去选择和寻找与它相符的学习方法了，所谓“知己知彼、百战不殆”便是这个道理。要特别重视让学生认清自身在学习中的长处和不足，因为对于学生本身在学习中的长处和不足，常常是对诸多学习方法进行选择和取舍的标准。那么，主体参与的标准是什么？

课堂是否体现学生学习的主动性？

课堂是否体现学生参与的全体性？

课堂是否体现师生、生生的合作性？

课堂是否体现开放性？

课堂是否体现实践性？

课堂是否体现创新性？

课堂是否关注学生的差异性？

3. 加强创新能力培养是“三加强”课堂教学的目的

创造性的显要特征是独特性，因而课堂教学中必须提倡学生具有自主意识，有独立见解，敢想敢说，敢问敢做，不人云亦云；积极实行启发式和讨论式教学，要让学生感受、理解知识产生和发展的过程，并能从前人的发现创造中获得借鉴，重视培养学生收集处理信息的能力、获得新知识的能力、分析和解决问题的能力；要激发学生独立思考和创新的意识，培养学生善于提出探究问题的习惯以及勇于探索的精神；通过采用假设、联想、引申、拓宽、融汇等方法培养学生的发散思维能力，以及采用集中—扩散—再集中—再扩散的思维循环，去训练学生学会交替运用发散思维与集中思维，从而提高思维活动的发散性和独创性。

四、课题研究的内容及实施的方法

情感和认知对于学习者，互为因果，互相促进。乐意学习是善于学习的动力和升华，善于学习是乐意学习的基础和延伸。学生在轻松愉快的教育教学环境中，获取知识，陶冶情操。这种情智互动教学模式对于课堂教学有着重要的实践意义。因为情感和认知在学习活动中构成一个有机整体。情感起着推动力的作用，承担学习的定向、维持和调节等任务，情感激发的结果促进大脑的思维，减轻认知难度；认知起操作作用，承担知识的吸收、存储和转化的作用，认知结果促进情感稳定和升华。缺少情感，认知不能正常运行；缺少认知，情感无处依托，发挥不了情感的动力作用。因此任何课堂教学必须创设一种情知互动、和谐发展的环境，通过情感和认知的交互作用，学生的情感得到陶冶和升华，个性得到健康发展，同时学到知识，达到真正的情知交融。

情感活动应该以学生为主体，以主体为线索，以活动为中心，让学生通过做事，通过思考，通过合作来体验语言，体验生活，体验学习的过程和快乐，在“用”中发展创新意识和知识应用能力。

就操作程序而言，“情—智互动”模式在课堂教学的设计上突出了下列环节：一是调整情绪，以备认知。通过调整情绪，排除影响教学的消极心理，使学生心情舒畅，为学习做好准备。二是情境开路，认知相随。根据教学内容的要求和特点，联系生活展开场景，创设有利于促进认知活动的新异性、启发性教学情景，使课堂教学始终在轻松气氛中进行。三是以情启思，以思促情。让学生积极参加对话、表演等多种形式的课堂教学活动，通过创设启发性情景，启迪学生积极思维，通过提出思考性问题，帮助学生从情景中增进对人生、社会和团队精神的理解。四是情知并进，相得益彰。通过变换教学方法，使情知反复交融，促使学生达到情理统一，从情景中学习到科学知识，转化为自己的行为准则，从成功的行为中得到情感的满足。

1.“情—智互动”教学是民主的、平等的教学

实现“情—智互动”的前提，是和学生形成一种新型的人际关系，这需要师生长期培养感情。从智的角度看，教师和学生只是知识的先知者与后知者的关系，并不存在尊卑关系。从情的角度讲，学生与教师一样，在人格上是独立的，每一个学生都有着自己丰富的内心世界和独特的情感表达方式，都需要教师的理解和尊重。

因此，从教师方面看，我们遵循了以下几个方面的基本要求：

（1）加强与学生的交往，建立密切的师生关系。教师明确地认识到，师生之间不仅仅是教与学、授与受的关系，而是人与人、你与我的关系，

并在行动上主动地加强与学生的交往，与学生打成一片。

（2）尊重学生人格、权利，坚持师生之间的民主、平等。教师表现出对学生人格的尊重，教师站在社会学的角度，充分认识并尊重学生作为一个社会的人所应有的权利，尊重其个性特长、思维方法和发展方向，以让每一个学生都能受到适合于自身条件的教育，让每一个学生都能展示自己的个性特长。

（3）把教学的舞台让给学生，让学生担任主角，让每一个学生都能享受成功的乐趣。青少年学生往往有很强的表现欲，而这种要求展现自我的情感冲动是一种促其走向成功的自我激励机制，是一种张力。所谓“成功教育”就是学生在这种机制、这种张力激励下，获取成功的情感体验。

（4）关心爱护学生，热心地帮助学生。这种关心和帮助是无私的、博爱的。教师对全体学生的态度是公正无私的，尽最大努力做到不偏爱某一个或某一部分学生。

2.“情—智互动”教学是沟通的、合作的、互动的教学

课堂教学是师生的共同活动。从教师出发的“教”，通过教学活动反射作用于学生；同样，从学生出发的“学”，也通过教学活动反射作用于教师。沟通与合作是课堂教学的生态条件。在教和学双方的沟通与合作中，情感渗透的精神才得以体现。如图示：

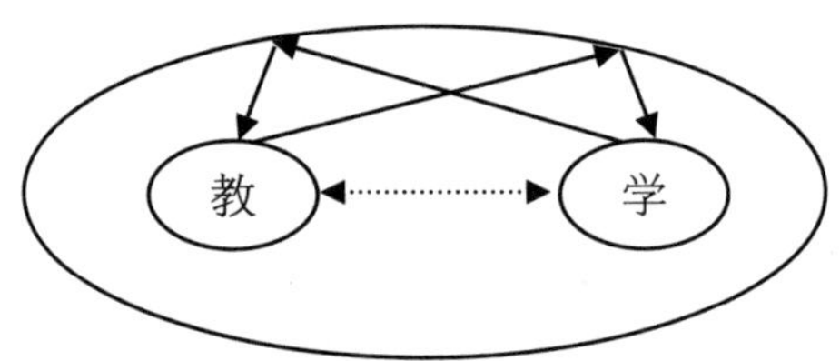

（1）教师与学生：和谐相处。

教师主动把自己的地位“降”下来，把学生的地位“升”上去。努力做到以下三点：

① 做一个忠实的听众，学会倾听。课堂教学中，教师做学生忠实的听众，认真地倾听他们发表自己的独特见解，营造一个自由、轻松的学习环境，让学生如痴如醉地探究、体验、交流，或发表自己的见解，或补充同学的发言，或互相启发，或自由组合朗读……教师要以欣赏的眼光看、

听，适当地做些点拨。

② 做一个友好的伙伴。课堂教学中，师生之间在感情、兴趣、个性、思维、人格等多方面进行交流和互动，教师和学生成了合作的伙伴。这样，教师关注的不再是学生学习的结果，而是每个学生学习和发展过程中的即时状态。

③ 做一个出色的主持。课堂教学中，教师要做“节目主持人”，以自己的智慧启迪学生的思维，更多地让学生走向前台，展现他们的思想。在多向交流中发展学生的思维能力。

（2）学生与学生：交流互动。

课堂教学离不开学生与学生的交流互动。这是因为学生之间年龄、心理、水平相近，交往中最放松；而且，在交往中碰撞，在争论中启发，最能激发创新。为此，“情—智互动”教学提倡以下交流互动方式：

① 互相讨论。要让学生有独立的人格，就要从小培养学生的交流互动能力。萧伯纳说过：“你有一个苹果，我有一个苹果，互相交换，各自得到一个苹果；你有一种思想，我有一种思想，互相交换，各自都得到两种思想。”

② 共同体验。课堂教学，是一次次生命的对话，是学生内心情感的真切流露，是他们个人见解和智慧的展现。因此，应该重视教学的熏陶感染作用，注意教学内容的价值取向，同时尊重学生在学习过程中的独特体验。

（3）师生与教材：自我超越。

传统的课堂教学往往忽略对师生“自我效能感”以及学生的主体意识和成败归因的分析。为此，教师既要学好教材，又要超越教材，从而实现教师与教材的平等对话，并引导学生实现自我超越。

① 让学生融入教材情境。为了不断地让学生对教材有新鲜感，教师树立由“教师带着教材走向学生”向“教师带着学生走进教材”的观念转变，运用多种方法，巧妙地激发学生对教材产生强烈的探究欲望，形成浓郁的学习气氛。发挥学生自己学习知识的巨大潜能，以提高课堂教学效率。

② 让学生发现教材的疑点。“唯书、唯上、唯权威”是传统教学对思

想和精神的禁锢。创新教学、现代课程理念提倡的是“不唯书、不唯上、不唯权，只唯实”。因此，在探究教材中，教师尽力激发和培养学生敢于怀疑、敢于质问、敢于批判的品质。

③ 让学生探究教材的特点。让学生自由自在地探究他们认为有趣的知识。自主探究，重在信任每个学生的主体思维能力，尊重学生个性化行为，尊重学生独特的感受、体验和理解。

④ 让学生评价教师的教学。每学期末，我们都让学生对任课教师的课堂教学行为作评判。一般说来，教学质量高，尊重学生人格的，学生对他的评价就高。

学生评教方案见下：

序号	指标体系	权重	评定标准			
			4	3	2	1
1	课堂上设置问题激励学生思考方面					
2	培养学生提高自学能力方面					
3	对本课程内容熟悉程度					
4	你对这门课听懂和掌握的程度					
5	重视分析教学难点和突出重点方面					
6	上课的条理性和连贯性方面					
7	指导学生把握学习规律和总结学习经验					
8	讲课时的语言表述清楚方面					
9	创造课堂学习气氛方面					
10	作业量合适和批改作业认真程度方面					
11	板书设计的合理性方面					
12	重视学生对教学效果的反映程度					
13	教学方法、手段的多样化和现代化方面					
14	倡导正确思想教育和维持课堂纪律方面					

3.“情—智互动”教学是生成的、创造的、以人为本的教学

“情—智互动”教学超越了单纯意义的传递，具有重新建构意义、生成意义的功能。来自他人的信息为自己所吸收，自己的既有知识被他人的视点唤起了，这样就可能产生新的思想。正是出现了与自己完全不同的见解，才会促成新的意义的创造。

（1）明确目标，激发兴趣——情智互动的开始。这是新课的起始环节，即教师提出统率全课的认知目标和与之相对应的动机、兴趣、态度等情意目标，并以此调动学生的学习主动性、自觉性、积极性和创造性。这一环节的发展目标是为“情—智互动”创设良好的课堂教学氛围。

操作要求：教师精心设计教学导入策略，采用精当的导入方法，让学生明确目标，激发兴趣，生发情感。具体方法有：① 语言描绘。用生动、形象的语言描绘情境，明确目标，感染情绪，唤起学生的心理共鸣。② 问题导入。通过精心设计的问题，启迪学生思维，激发学生求知的欲望。③ 故事引路。用典型的、生动的故事活跃学生情绪，激发学生的学习兴趣。④ 实例启示。以浅显、通俗、贴近生活实际的事例引导学生探究事物，激发学生的学习动机。⑤ 情景渲染。提供鲜明、形象、生动、富有情趣的场景和教材情景，将学生带入教课所需要的氛围，丰富学生的感官，吸引学生的知觉，提高学生学习的兴趣。⑥ 巧设悬念。用反常的话题，激起学生刨根问底的热情，吸引学生的注意力，进入特写的情境之中。

（2）全面感知，主动介入——情智互动的发展。这是教学活动的中心环节，即教师引导学生根据自身经验和心理发展水平，自觉主动地重新组合和演绎教材内容，全面感知、理解教学内容，并把自己的主观情感介入认知过程，深层次地获得知识，再以认知的获得升华情感，使情感和认知交替向上发展。这一环节的发展目标是不断调整学生的学习心态，使学生情感体验随着认知活动的深入由兴奋到参与再到愉悦，渐次递增，使师生处于最佳共鸣状态，使情知在教学中得到不断的互动。

操作要求：① 创设问题情境。根据教学内容，采用相应的精当的提问，启发学生积极思考，全面感知理解教材，引导学生主动介入学习。主要提问策略有复述型、分析型、发散型、评价型、想象型等。教学中，教师综合加以运用，并以发散型和想象型提问为主。② 合理组织学习活动。利用现代教育技术和设备进行教学，呈现直观形象，展现教材情境，如语文课结合朗读指导、课本剧表演、问题讨论、情景观察、实习操作等学习活动，调动学生多种感官参与学习，使学生情感体验和认知能力不断交织、提升。③ 调控情感。运用生动的语言和体态，给教学内容赋予情感色彩，并以情激情、以情促智，使学生从教师的言行举止体味到教材中内含的强烈的情感，激发起强烈的共鸣，促使情感的萌发和升华，吸引学生的

认知活动向纵深发展。④ 运用想象的作用。教师给学生提供想象的机会和条件，让学生的思维充分发散，情感充分舒展，以此促进形象思维的发展。通过对教材内容细节处的雕琢、空白处的填补、结尾处的扩展等方式的想象运用，学生思接千载，视通万里，进一步产生乐学情绪，把小小课堂变成神思飞跃的天地、情感澎湃的舞台。

（3）巩固内化，积极评价——情智互动的持续。这是教学活动的中继环节，即教师对学生的情智活动给予肯定、积极的评价，使学生的认知活动始终处于热情饱满、充满信心的状态，并适度地总结评价，促进知识的内化，形成技能技巧。这一环节的发展目标是构建通畅的信息反馈网络，检测课堂教学效果，督促情智互动的持续发展，再次完成情智的交互促进和协调统一。

操作策略：① 设计巩固性练习，进行即时反馈。教师采用灵活多样的巩固性练习，如让学生当堂板演、背诵、默写、操作演示、书面作业等检测课堂教学效果，促进知识的内化。同时及时反馈学生练习的情况，为后继教学做准备。② 根据检测情况，进行矫正性教学。教师针对反馈情况，采取必要的补正措施，促使绝大多数学生达到教学目标的要求。③ 抓住契机，适时表扬、鼓励。在教学中，教师运用积极的、赞美性的语言，提高学生的参与意识，促使学生情感的持续、稳定发展。特别是抓住情感激发的有利时机，适时夸奖，给予热情洋溢的评价，使学生体验到获取知识的乐趣，感受到教师的亲切，领悟到教师的期望，从而激发学习的主动性和创造性，营造出生动、活泼的课堂气氛。

（4）运用迁移，实行转化——情智互动的扩展。这是教学活动的总结、深化环节，即教师结合本课情智发展目标作课堂小结，并恰当运用迁移进行扩展练习，实行知识的转化，情感的深化。这一环节的发展目标是构建一个承上启下的知识结构，为新一轮的学习活动、学习内容做好必要的铺垫和准备，并使“情—智互动”得以延伸和扩展，引导学生再次实行情知互动。

操作要求：① 总结归纳。教师引导学生简明扼要地对教学作总结归纳。总结根据课始的情意、认知目标展开。梳理知识体系，揭示知识结构，突出知识重点，指导掌握方法，加深学生对知识的理解和巩固，并进一步肯定学生的学习情感。② 进行扩展训练。设计精当的练习作业，实行学习迁移。作业设计根据学生该课的学习状况而定，有一定难度，并体现层次性，呈现一定的梯度，不同层次的学生都能通过努力获取成功，以实行知识的迁移、能力的转化、情感的持续深化。

学生主体参与教学是指学生作为学习和自我发展的主体，在教育教学全过程中能动地、创造性地参与学习活动，并达到一定的质和量的倾向性表现行为。所谓“质”，是指学生主动参与学习的程度。按照学生主体性发展内在逻辑，可分为三个层次：(1) 浅层次参与，是学生感性的参与，虽不够稳定，却是学生从依赖性向主动性转化的起点，是实现后两级“参与”的基础。(2) 中等层次参与，为理性的参与，此时学生的认知动机已具备独立性和自觉性，从感性参与走向思维参与，表现为学生有目的、有意识地去认识世界和改造世界的理性活动。(3) 深层次参与，是创新性参与，也是学习主体参与的最高层次和目的。表现为学生善于思考、求异、创新的思维习惯和敢于探索、勇于实践的综合素质。所谓“量”，指的是教育教学中学生参与的时间和机会，这是“质”的保证和条件。一般来说，课堂教学中学习主体参与的“量”不应少于三分之一。

从教的方面看，学生主体参与教学实质上是在教学中解放学生，使他们在一定的自主性活动中获得主体性的发展。主体参与教学策略的实施，核心问题是学生主体参与状态、参与度问题。课堂教学中我们必须注意培养学生的有效参与，而不是低效参与、无效参与。学生主体参与教学对优化课堂教学，促进学生主体发展具有十分重要的意义。

学生主体参与教学主要表现为：

（一）思维参与

学生参与教学过程，首先是思维的参与。不能激发学生积极思维活动的参与形式，我们认为不是真正的参与。唯有真正实现学生思维的积极参与，学生的潜能、个性才能得到显现，才能真正提高教学效率。

1. 创境

近几年的教学实践使我们认识到，教师对学生的控制越少（一定条件

一定范围内），学生体验的自由度越大，活动的自主性越强，其思维发挥得就越好。因此，我们对学生的想象力和表达力不应该加以过多的限制，使其心理得以宽松、自由、愉悦，为思维发挥打下基础。

2. 设问

爱因斯坦说："提出一个问题，往往比解决一个问题更重要。"思维是从问题开始又深入于问题之中的。人有了问题，就会思考，去想办法解决。课堂教学中，具有导向作用的恰到好处的发问能引起学生思维，因此，我们必须注意课堂教学中的设问问题。

3. 启思

古人云："学而不思则罔。"在教学活动中，我们主张每一步都给学生以思考的机会，学生能思、善思，思有所得，就能架起教学活动的思维桥梁。

（二）情感参与

"感人心者，莫先乎情。"课堂教学不仅是学生认识发展的过程，更是学生情感发展的过程。教师唯有以情唤情，才能碰撞出情感的火花，才能使教与学高潮迭起。

1. 情知交融

课堂教学中若善于将情感性信息交流与知识、技术、技能性信息交流交织起来，必能达到一箭双雕的效果。为此，我们主张以教材为依据，认真分析挖掘教材的情感因素，形成自己的情感体验，然后通过一定的教学艺术手段和一定的表现形式，创设适宜的教学情境，让学生从感知中获得双重效果，从而既受到情感熏陶，又领会相关知识的深刻含义。

2. 情理交融

古希腊教育家贺拉斯认为教育的至境是"寓教于乐"。的确，离开了生动活泼、兴趣盎然的教学形式，学生就会感到索然无味。同时，在实践过程中我们要注意对学生"理"的引导，使学生由感性上升为理性，由简单肤浅的表象美提高到深邃崇高的内在美。

3. 情趣交融

富有情趣的教学不仅缩短了教材与学生之间的距离，也缩小了师生之间的距离，这就要求我们在教学过程中充分挖掘教材中的趣味性因素，唤起学生的情与趣，激起他们探究知识的欲望。

（三）行为参与

这是学生主体参与课堂最直接的方式，是主体参与的外在表露，也是我们调控教学过程、调整教学内容的重要依据。在教学过程中，我们应充分放手，尽可能多给学生动脑、动口、动手的时间，让课堂变成他们学练的空间。

1. 探讨——动口

探讨是师生互动、生生互动，交流、完善探究结果，在交流中求发展，达到优势互补的好形式。探讨应在学生获得一定的感性材料，但尚未得出结论时组织进行。如：在体育课中教做跨栏动作时，教师只要当场画出或出示跨栏的动作技术简图，让学生围在一起探讨，并注意从中点拨，因势利导。通过探讨，教师不时地提出“为什么”或“行不行”，必要时问“能演示一下吗？”等等，引导大家逐一把动作及要求用横向联系的方式研讨出来，这样形成的动作概念比教师一味讲解效果要好得多。

2. 操作——动手

学习是一种参与性的活动，学生仅靠读书与听讲掌握不了知识技能的。因此，我们认为，课堂上应该留给学生必要的自主学练（动手操作）的时间，加强感性认识，使知识技能直观化、经验化，这有助于学生自主能力的培养。

（四）差异参与

由于身心素质的发展参差不齐，学生各有所长、各有所短，而且差别较大。因此，在教学过程中，我们主张从学生的实际出发，对不同的个体制定不同的要求。

1. 分层教学

对于学有差异的不同层次的学生，我们依据大纲、教材的教学要求，

依据学生的认知水平和身心特点分层设标，使每个层次学生都能在最近发展区上积极地参与教学活动，经过努力使其潜在的学习能力得到最大的发展。同时逐渐提出相应的提高目标，不同层次的学生通过自己的主动参与向高一层次的目标迈进，最终达到共同发展的目的。

分层次目标的设置，我们注意到必须具体、明确，且每层之间的跨度必须适当，不宜过大，也不宜过小，要能让学生“跳起来，够得着”。课堂教学中，我们主张通过不同的方式，将不同层次的教学目标展示给学生，让每个层次的学生都能了解其最近发展区及远期目标，做到心中有数，学有目的。每个学生对目标的选择，提倡由教师建议和学生相结合，反对包办规定，否则会伤害学生的自尊心，影响学生学习的兴趣。例如：我们尝试把全班分成三个层次：A层为优等生；B层为一般生；C层为特困生。对于A层学生来说，我们给他们增加一些难度大、技巧性强的拓展性内容，以利于发挥其特长优势，激发他们不断进取的精神；对于C层学生，我们则选择了一些易学易练的内容，以充分展现这些学生的闪光点，调动他们的积极性，使其获得成功和愉快的情感体验，树立信心，不断进步；对于B层学生，我们则以课程标准提供的教材作为主要的教学内容。

2. 分组教学

根据学生的年龄、性别、兴趣爱好、个性特征和需要，我们进行了同质或异质编组。同质，有利于教师重点辅导，使每个学生获得成功；异质，有利于同学间相互帮助，有利于合作精神的培养。在分组教学中，我们充分利用了教学中动态因素间的互动，尤其是学生间的和谐互动，使学生由竞争对手变成合作伙伴，在互动合作中共同达到教学目标。

（五）实践成果

“三加强”指导下的“情—智互动”主体参与型课堂教学经过十多年的实践探索，达到了课题的目标，取得了可喜的成果。

1. 学生的主体性得到较好的发展

“三加强”指导下的“情—智互动”主体参与型课堂教学，由于在教学观念上，视学生为主动认知和自我发展的主体，在教学目的上，强调通过发挥学生主体作用，实现智力与能力发展的统一；在教学方法上，既注意研究教法，又重视研究学生自主学习的方法；在师生关系上，强调民主、平等、和谐。所以，这几年我校广大学生学得轻松、愉快，学习的心理、生理负担轻；学生的自学能力不断提高，各种素质得到了和谐、全面的发展，学生的个性特长也得到了充分发挥。

（1）实验前后学生综合素质变化比较明显。以参与研究的2013年高三（10）班为例，对照结果如下：

		实验前						实验后					
		强		一般		弱		强		一般		弱	
		人数	比例	人数	比例	人数	比例	人数	比例	人数	比例	人数	比例
自主性	自尊自信	4	9.5	13	30.9	25	59.5	21	50	16	38.1	5	11.9
	自我调控			6	14.3	36	85.7	22	52.3	12	28.7	8	19
	自学自理			5	11.9	37	88.1	9	21.4	21	50	12	30.9
	独立判断	1	2.3	3	4.8	38	90.4	10	23.8	20	47.6	12	28.6
主动性	参与能力	4	9.5	16	38.1	22	52.4	16	38.1	17	40.4	9	21.4
	兴趣与求知欲			9	21.4	33	78.6	11	26.1	24	57.1	7	16.7
	社会适应性	2	4.8	10	23.8	30	71.4	10	23.8	19	45.2	13	31
	竞争意识			10	23.8	32	76.2	11	26.2	21	50	10	23.8
创造性	创新意识			7	16.7	35	83.3	11	26.2	16	38.1	15	35.7
	创新思维			5	11.9	37	88.1	4	9.5	15	35.7	23	54.8
	动手实践能力	1	2.3	14	33.3	27	64.3	6	14.3	20	47.6	16	38.1

（2）实验后成绩明显有提升。以2013年高考为例，嘉高重点大学上线率列嘉兴大市第四，综合平均分显著提高，这使本课题研究体现出了真正的价值。

（3）实验班学生具有较强的学习兴趣、较持久的学习动力、较科学的学习方法和较好的创新心态。

学校对部分班级学生进行了关于“情—智互动”主体参与型课堂教学情况的问卷调查，其统计结果如下（百分比）：

实施后对学习感兴趣人数	喜欢探索发现人数	乐于此种教法的人数	乐于与他人讨论的人数
88.9%	90.4%	91.5%	93%

统计结果分析："情—智互动"主体参与型课堂教学实施后，学生对学习感兴趣的人数明显增多；学习方法明显改进；合作意识明显增强，优秀率、及格率大幅度提高。这些都充分表明，实现"情—智互动"，启动学生主体参与，有助于激发学生学习的兴趣，有助于调动学生学习的自主性、主动性和创造性，有助于培养学生分析问题、解决问题的能力，有助于学生掌握科学的学习方法，基本实现了"要我学"向"我要学"的转变，由"学会"向"会学"的转变，密切了师生关系，增强了同学间的相互了解和相互帮助。

（4）全校学生的主体意识、开放意识日益增强，学生的创造才能和个性特长得到了充分发挥，学生的主体人格不断健全。

学校极力彰显学生个性，尽可能地为学生提供形成未来竞争力的土壤。学生社团、综合实践活动、课外兴趣小组活动、心理辅导课、社会实践活动等丰富多彩，校园悦读文化节、科技文化节、艺术文化节、体育文化节红红火火，社团活动课程化，机器人社团、文学社团、辩论社团、体艺社团等40多个社团长盛不衰，运河文化、国际观察、实践创新和生活与健康等课程群应运而生，161门选修课程与必修课程支撑起了较为完备的国家、地方、学校三级课程体系，音体美特长生层出不穷，研究性学习连续10年获省一等奖，学生参与省市乃至全国各类比赛频频摘金夺银，学校成为优秀飞行员基地，学生的综合素质突飞猛进，为学生多元发展奠定了基础。

2. 教师素质得到群体优化

（1）促进了教师教育教学观念的转变。

"情—智互动"主体参与型课堂教学破除了以教师为中心的教育观念，建立起教育民主化思想指导下的以学习者为中心、学生自主学习和教师有效指导相结合的教学过程，使传统的权威式的师生关系让位于平等的、互相尊重的、相互负责的交往方式，学生的人格和权利得到了最充分保护，主体性得到了最充分的发挥。变更了以知识为本位的教育观念，树立以人的主体性发展为目标的教育思想，在教学中广泛采用探究、体验、交往和合作等多种活动方式，从多视角、多侧面、多层次开展学习，满足不同学生的发展需要。通过课题研究，教师初步形成以下理念：教师首先尊重学生的主体地位；其次能为学生创造主动发展的宽松环境；再次注意开发学生的潜能；最后教师积极鼓励学生创新，培养学生的创新能力。教师教育教学理念的转变，为学生创新精神和实践能力的培植提供了宽松的氛围，为学生健全人格品质的培养提供了有利的条件。

（2）培养造就了一支师德师风好、业务水平高、工作能力强的师资队伍。

“情—智互动”主体参与型课堂教学模式体系的构建，提高了教师驾驭课堂能力，促进了教师素质群体优化。课堂教学模式的研究，方便了教师对各种基本的教学活动类型的掌握，使一些教师克服了“只低头拉车，不抬头看路”的传统做法，教学工作的被动局面得到转变。对于青年教师来说，“三加强”课堂教学的研究，帮助他们较快地熟悉和掌握了教学活动的各种类型，为他们提供了课堂教学的具体指导。也就是说，青年教师上岗后，教学有章可循，有法可学，缩短了探索路程，提高了课堂教学的艺术性，增加了教学的“含金量”，为“一年讲坛入门，两年讲坛站稳，三年讲坛站好”创造了良好条件。即使对具有丰富教学经验的老教师来说，通过对各种课型教学模式的学习和研究，也可以使他们克服课堂教学中容易存在的“定势”，不再拘泥于自己过去习惯采用的某种教学方式，因而有利于不断改进课堂教学，使课堂教学活动精益求精，更加丰富充实。全校教师围绕“‘情—智互动’主体参与型课堂教学模式”研究任务，认真学习，深入思考，调查总结，反复实验，随着一个个课堂教学案例的成熟，自身的素质也有了明显的提高，先进的教学思想得到了真正的普及。根据抽样调查，90%以上的教师能够灵活运用“三加强”的理念进行课堂教学，较好地解决了课堂教学中普遍存在的随意性、盲目性和主观性的问题。在这样的教科研环境中，教师队伍群体不断优化，目前，一支业务精湛、勤于教科、努力教学的教师队伍在嘉高已经形成。现在，学校有教育学硕士17名，完成相关专业研究生主干课程进修的有48名；有全国劳动模范1名，全国优秀教师1名，全国农垦系统优秀教师1名，浙江省

中学特级教师1名，浙江省优秀教师1名，浙江省优秀青年教师1名，浙江省“2211”名师名校长培养人选1名，嘉兴市新世纪专业技术带头人培养人选1名，嘉兴市名教师4名，嘉兴市优秀教师2名，嘉兴市优秀教育工作者1名，嘉兴市优秀德育工作者1名，嘉兴市学科带头人13名，嘉兴市十佳班主任1名，嘉兴市教坛新秀2名，秀洲区名教师2名，秀洲区学科带头人21名，秀洲区教学能手13名。

（3）学校的办学品位得到极大提升。

实践的有序推进，“30＋10”课时改革，更好地促进了“三加强”课堂教学，为学校提高教育质量在“课堂”环节打下了坚实的基础。坚持教育教学改革，既使学校具有较高质量的办学成绩，也使学校初步形成鲜明的学校特色：人文性、国际性、创新性。“学生成材、教师成功、社会满意、学校发展”成为嘉高的“绿色”办学之路。几多耕耘，几多收获，嘉高通过课堂教学改革，在短短的十多年里便催开了学生的心灵之花，结成了智慧之果。学生的个性特长得到了充分的拓展，学校教育教学工作不断跨上新台阶，高考成绩始终保持在嘉兴市本级第二名的平台上提升发展，并不断有所突破，2012年、2013年高考重点大学上线率分别列嘉兴大市高中第三、第四位，连续两年被嘉兴市教育局评为“嘉兴市高中教育质量优秀奖”（嘉兴大市仅评四所高中学校）。出成绩的同时出经验，是嘉高的特点，一批具有相当教育学术价值的学校课题被省市立项，课题研究已具备一定的规模和水平，在嘉兴市本级处于领先地位。

2014年8月10日

稳步实施新课程　积极应对新高考

/徐新泉

2006年秋，嘉高和各高中兄弟学校一道，在嘉兴市教育局的领导下，按照浙江省课改精神走进了高中新课程。一年多来，我们从学校实际出发，抓住“教师和课堂”两个关键，在学习中不断认识新课程，在实践中逐步理解新课程，正视并设法克服新课程实施过程中出现的问题和困难，促进了我校课程改革实验工作的稳步推进。新课程实验一年多时间中，我校师生感受着新课程的魅力，也经受了新课程的困惑，但更多的是师生与新课程一同成长的收获。为了进一步发扬我校的优良传统和作风，努力推进新课程，我们要精诚合作、务实求精、再创辉煌。

一、总体思路

按照“加强领导，积极准备，科学实施，稳妥推进，再攀新高”的思路，着力研究重点围绕课程和课堂，凝聚教育智慧、实施全面管理、追求全面质量。为此，我们着力做好三项工作：强化一个理念——“人本立校，和谐发展”；追求一种文化——“制度化，精细化”；彰显一种作风——“敬业合作，勇于探索”。

二、具体措施

1. 强化一个理念——“人本立校，和谐发展”

我们认为，一所高品位的学校，必须以培养具有现代文明、适应现代竞争、对社会负责任的中国人为育人目标，对每一名学生的终身发展负

责，把开发人的潜能、发展人的个性作为学校办学的价值取向。在新课程改革的背景下，要实现这样的目标，学校必须强化“人本立校，和谐发展”的理念，以关注学生的成长、保证学生和谐发展作为出发点和立足点，以促进教师的可持续发展作为提高办学质量的根本保证，推动学校各项教育事业的全面进步和发展。为此，我们做好以下三方面工作：

第一，我们要求教师把学生当成鲜活的，有潜力、有个性、能主动创造的生命，尊重学生的主体地位，遵循学生的身心发展规律，以学生的角度去理解学生，以学生的实际去教育学生，促进所有学生的全面发展。我们学校在原有基础上更加强化让学生“自主动起来”的教育教学策略，让学生全方位的、自觉地“活动”，不仅课内动起来，还要课外动起来，不仅校内动起来，还要校外动起来，不仅在学习上动起来，还要在生活中动起来，让学生在自主的活动中体验生活，探究学习，合作研究，培养能力。为此，学校创造一切条件，搭建多元的展示平台，让学生展示特长，张扬学生个性，激发学生潜能，体验校园生活的成功和快乐，从而让年轻的生命充满创造的热望，构建美好的精神家园。学校将特别注重以下几点：一是培养学生成功信念，激励学生追求成功，帮助学生掌握成功的方法；二是精心组织“四节”，即艺术文化节、科技文化节、悦读文化节、体育文化节；三是积极开展各种学科竞赛，为促进学生个性发展创造条件；四是提供更多选修课资源，培养学生生存技能和动手能力，带给学生美的体验和享受，让学生体验多元的成功。

第二，在对教育者的管理过程中，我们将努力打造以“尊重、关怀、激励、创新”为核心的教师文化，营造“团结紧张、拼搏向上、宽松和谐、温馨愉悦、充满激情”的人文环境，激发内部活力。学校将在遵守法制与规则的前提下，遵循教师的成才与培养规律，尊重教师在工作中的体验与感受，走进教师的心灵，满足教师的合理需要，做到尊重人、理解人、关心人和发展人，让教师在自己的教育工作中实现自己的职业理想，让教师在学生的道德成长、学业进步以及对社会做出的贡献中感受教师生命的意义，在深层次上激活教师自主发展和主动创造的内驱力。

第三，学校将努力调控学校教育场中诸教育要素的关系，积极促进教育各要素的协调运转，不断提升师生对学校的满意度和归属感。为此，我们将着力抓好新课程背景下的学校教育教学和校园文化建设，推动学校的民主决策、科学管理和依法治校的进程，努力实现文化管理、制度管理、民主管理的和谐统一，不断强化学校的责任意识、服务意识和质量意识，追求“真诚、规范、一流”的品牌服务，促进学校的可持续发展。

2. 追求一种文化——“制度化，精细化”

在当今教育改革与发展的浪潮中，在学校管理和教育教学上，我们努力追求文化管理。我们将吸纳现代的先进理念，不断完善管理制度，不断充实教育教学内容，不断创新教育教学形式，以制度创和谐，以道德促和谐，以发展求和谐，把“人本立校，和谐发展”的理念化作具体的管理措施和教育教学行为，用先进文化去引领学校的管理和教育教学工作。我们将着力做好以下三方面工作：

第一，完善制度文化，保障新课程稳步推进。新课程方案对学校管理制度的影响是全方位的，势必对原有的部门职能产生冲击。为此，我们将认真研究新课程下各部门管理职能，并进行优化和整合，明确分工，责任到人，建立健全与新课程相适应的学校教育教学、教研和管理制度。比如，在管理机制上，本学年我们在原来实行的年级组负责教学、德育的“条块整合”管理模式的基础上，强化了学科教学“线性垂直管理”的模式，突出了教学的中心地位，提高了行政效率，加强了校长室对教学的管理和监控。如近几年随着高中段教学的发展，学校规模日益壮大，每个年级的班级数也逐年增加，年级组的功能日显突出；同时，随着学校管理的精化、细化，备课组建设越来越得到重视，相比之下，教研组的地位相对来说有所减弱，教研组功能也逐渐弱化，为了更好地发挥教研组的独特作用，学校进行了归口管理调整，将教研组由原来的教务处管理调整为教科室管理，同时将教研组的功能由原来以学科教学为主转变为以教、研、训一体为主，充分发挥教研组在学科建设中的推动作用。另外，学校重新修订和制定了一系列适应新课程要求的教学、教研与管理制度：《嘉兴高级中学新课程实验工作方案》《嘉兴高级中学学生选课指导制度》《嘉兴高级中学教研组、备课组工作量化考核方案》《嘉兴高级中学学分认定与学籍管理制度》《嘉兴高级中学新课程校本教研制度》《嘉兴高级中学教师培养方案》《嘉兴高级中学听评课方案》等。目前还有一些方案正在陆续制订

和不断完善之中。制度文化的构建，为推进新课改、迎接新高考提供了制度保障，为学校的可持续发展奠定了基础。

第二，重视精神文化建设，努力培养举止文明、品德优良、心理健康且富有创新精神的一代新人。我们在实践中深深认识到，要使学生在今后的工作和生活中，真正成为对社会有用的人，不仅要给他们传播先进的文化知识，更重要的是，要不断地教育他们做个好人，要做一个真正富于爱心的人。为此，学校多年来十分重视精神文化建设，不断地创新教育方式，让学生在“自主动起来”的同时，心灵受到熏陶，使德育成为学生的自觉需要，成为学生的自觉行动。学校在这方面特别注重以具体的形式和内容加强德育的内化作用。学校将继续推行以“尊重教育”为主线的主题递进教育活动，本学年将以“敬”“净”“静”为教育主题，每月有月主题，“阳光精神主题教育月”“阳光心态主题教育月”“阳光习惯专题教育月”“阳光‘环境’主题教育月”等。每月还确定了两个周主题，如“告别不文明用语周”“消灭痰迹、纸屑周”“还自己朴素、整洁、大方、得体的形象宣传周”“爱护公物宣传周”“健康教育周”“拒绝毒品宣传周”“骑车安全教育周”等主题教育活动，坚持“教”与“管”相结合，抓好养成教育，注重培养学生良好的学习和生活习惯，进一步加强全员育人工作，整合学校德育因子，推行“群体型”班级管理。

第三，强调“把常规抓好，把细节抓严，把过程抓实”，坚信细节将成就完美和高效。“天下大事必作于细，天下难事必作于易”。学校今后将按照“抓早争取抢得先机，抓实争取措施得力，抓准争取事半功倍，抓点争取全面突破”的思路，继续实施“从严、过细、到位”的管理模式，努力促进学校教育教学工作走上良性发展的道路。

班级管理是落实常规工作的核心。学校要求各班“以稳定迎高考，以智慧创佳绩”，从严抓好各项常规工作。要求学生从每一件小事做起，树立“素质好，何愁考”“不求赢在起跑线上，只求赢在坚持不懈”的意识，力求通过抓德育促进教学质量的全面提升。同时，学校要求各部门必须在工作细节方面下功夫，特别要关注那些容易被忽略的细节。为了让学生更安心地在校学习，学校将采取“扁平”式管理，充分调动各部门分工落实每一项工作，职责明确到位，做到“点线结合”，形成有效的调控机制，提高毕业班工作的实效性。而年级组的每一位教师要尽可能地陪伴学生身边，全程到位，亲力亲为，共同营造严谨、和谐、团结、上进的学习氛围。同时，学校将切实落实教育网络的建设。通过班主任、任课教师以家访、电访、家庭联系本等形式主动、及时地保持与家长交流，有效关注“尖子生”“提优生”“学困生”的身心发展与学业发展。另外，充分把握家长委员会会议和家长会的契机，帮助、指导家长创建稳定、和谐的家庭环境，也让家长有交流的平台，分享育儿心得，让家长明确教育工作必须依靠家庭与学校的共同协作。教学中，我们特别关注以下工作：

（1）落实考试，以“考”带教。通过定期对学生学习内容的检测（高三年级实施阶段性测试—期中考—期末考，第一学期四考，第二学期三模。文综与理综第一学期实行分科考试，考查的面可以广一些，有利于单科复习到位，第二学期实施综合考），进一步反馈学生的学习情况，及时为教学提供可靠的依据，使教学更加有的放矢，提高效率，并锻炼学生的应试技能。

（2）重视分析，以“质”促教。学校将继续根据“看起点、比进步”的原则，完善质量监控机制，对全校各年级特别是高三的教学工作进行客观准确的质量监控。实践表明，学校加强对教学质量的全程监控，加大对教学质量的考核力度，对大面积提高我校教学质量是十分有益的。新的学年我们必须进一步完善这些质量监控的措施，对教学中存在的问题，要及时反馈、及时矫正。

（3）关注信息，以“联”保考。我们要更加关注高考信息的搜集、整理、分析与研究工作。加强横向联系，挂钩结对学习，要向县内外、市内外、省内外一切先进单位对口学习。重视本省权威部门和出版机构的信息和资料。既要适当组织外出参观学习，也要聘请、邀请外地名家名师来校做讲座、作分析。各年级的学习资料必须精选，强调学生一科一种为主，教师要一科多本，每科都要在精选精编（特别是自编）的基础上建立自己的高考资料库，我们还将实行高中教学资料年级交接制度，使高一、高二的教师也能提前进入状态。

（4）严肃考规，以“纪”保教。平时的每次测试、月考、模拟考及热身测，我们都严格按照高考的要求组织。从考试教室的布置、监考人员的

安排、考纪考风的要求、考务会议的召开等，我们都一丝不苟。目的就是让学生能严守考试的规则，重视、珍惜每一次测试的机会，为高考好好练兵，保证教的质量和学的效果。

3. 彰显一种作风——“敬业合作，勇于探索”

教学始终是学校的中心工作，教学质量是学校发展的生命线。基于这样的认识，我们主张，在新课程改革的背景下，学校要以和谐促进发展，以“精细”铸就“大气”，以精致的教学夯实学生的知识基础，塑造学生健全的人格，涵养学生的智慧，培植学生的创新精神，提高学生的社会实践能力，为学生未来的人生奠定坚实的基础。为此，我们主要抓好以下三方面工作：

第一，敬业与乐业。学校将积极在教师中倡导一种共同的价值观，一种与学校共命运、同发展的价值观，培育教师的归属感和融洽关爱的心灵空间，使学校真正成为教师员工的精神家园和心灵居所。我们提倡广大教师守着一方净土，执着一份恬淡，奉上一片爱心；在岗一天拼搏一天，优秀一天，要求教师“静下心来教书，潜下心来育人”，要以育人为乐，把自己的快乐融进教育事业之中。只有靠我们今天辛勤的工作，才能有明天的发展和后天的超越。

第二，竞争与合作。现代教育是一种集体协作性很高的职业劳动。教师的工作需要竞争，更需要合作。只有竞争，才能促进教育事业的繁荣；只有竞争，才能为教育增添活力；只有竞争，才能造就大批高素质的人才；但我们更提倡教职工要乐于合作，善于合作，创造合力。因为一所学校的成功是全面的成功，单凭某个教师、某个学科、某个方面的成功，不足以支撑起一所学校的成功。一所学校的长远发展必须靠一支结构合理并能协同合作的教职工团队。具体到一个年级组，一个教研组，甚至一个备课组，这一支支小团队的合作程度、协同工作水平，往往就决定了整所学校的工作绩效。回顾嘉高近几年取得的成绩，无一不是广大教职工团结合作、努力进取的结果。为此，我们学校将在强调尊重教职工个性、挖掘其潜能、激发其内驱力的基础上，通过道之以德、和之以乐、动之以情、齐之以规（制定必要的规章制度、管理措施来督导教职工的言行），进一步倡导合作，强化教职工团队意识，“成功靠自己，完美靠合作”，群策群力面对学校发展的种种挑战。

第三，勇于探索，不断提升。新课改下的教学理念、教学内容、教学模式等都发生了较大变化，为此，学校将不断实践，勇于探索，努力走近课改，更新教育理念；实践课改，丰富教学内涵；收获课改，提升办学品位。学校将进一步加强高中新课程实验研究，聚焦课堂教学，关注研究常态教学，积极探索如何提高课堂教学效益的新途径，组织广大教师研究课堂、评价课堂、改善课堂，努力提高课堂教学实效。在教学过程中，学校还将强化分类指导。在面向全体学生的同时，认真抓好“尖子生”“提优生”的培养。各科学业水平测试抓两头促中间。大力推行“三加强”的课堂教学模式、“做—讲—练—评”的复习课模式，以及“题量少、密度大、反复多、拓展广”的练习策略，努力做到“成功在课堂”。对于高三年级，我们将组织高三教师共同解读新课标、《浙江省学科教学指导意见》和先期收集的新高考方面的资料，关注2009年高考新动向，调整和完善高考备考策略，以研究考试内容为重点，以改进教法、学法为关键，实现共识、行动、导向相统一，近期学校将特别关注ⅠB模块的选课方案。我们希望在新课改探索之路上，能够立足现实，坚持理想，在眼望头顶灿烂星空（教育理想）的同时，走实脚下的每一步路。

三、新课程改革与实践的一些思考

新课程实施一年多来，我校虽然有了一定的认识和探索，但客观地讲，我们还只是刚刚起步，还很不完善，还有很多有待于解决的问题。

（1）怎样把课堂还给学生。新课程有一个课堂理念，即“把课堂还给学生”。我们考虑“还”可以从“时间、空间、提问权、评价权”等方面着手，可对“还”的方式、“度”的把握，在短时间内还没有达成共识。

（2）怎样实现学习资料校本化。目前学生的学习资料校本化还不是十分到位，主动开发的意识也不够，不适合新课程改革的需要。

（3）课堂教学如何关注全体学生。我们提倡面向全体学生，并放手让学生提出问题并解决问题。但课堂上总有一些“看客”存在，怎么办？

新课程改革与实践任重道远，我们要研究的课题还很多，我们要走的

路还很长。我们相信在上级部门的领导下，带上自己的头脑和眼睛上路，带上我们自己的思考，用辩证的眼光去审视我们曾经做的、正在做的一切，然后决定我们行将做的一切，进一步调动全校师生的积极性和创造性，不断改革创新，不断探索实践，各项工作抓紧、抓严、抓细、抓实，化困难为机遇，化压力为动力，全力以赴，为最大程度上实施好新课程教学而努力奋斗！

2007年9月20日

教育需要“让学生主动动起来”

/徐新泉

这几年教育界一直在呼吁推进素质教育，提高学生的整体素质和能力，培养学生创新精神和创造能力，从而真正提高教育质量。每个学生都具有提升自身素质的潜能，但是把学生潜在的积极性和创造能力挖掘出来和培养起来，必须要有一个激发潜能、形成素质的载体平台。只有在有效的教育策略和有利于学生提高的实践中，才能实现对学生整体素质和能力的培养。

我们深切认识到：教学质量和高考成绩对于一所高中学校来说是至关重要的，但它毕竟不是一所高中学校的唯一和全部；让学生的潜质和个性得到最大程度的挖掘，使学生在各方面得到全面的发展，也显得十分重要。因此我们认为：提高教育质量需要采用“让学生主动动起来”的策略，要以学生的发展为本，即以学生的实际为出发点，从德育上、教学上以及教育科研上寻求让学生主动参与的教育途径，促进学生全面发展主动成功，让学生在思想意识上树立一个发展自我的远大目标，在实践中能够真正认识到自己的实际，以自己的内在需要去激发自己全身心地投入实现自我的行为中，去体验生活学会做人，去探究合作学会学习，去创造创新丰满自己的思想和学识。

让学生主动动起来，就是要让学生不断发挥自己的潜能去实现自我素质的提升。人的自我实现是人的潜能不断得到发挥的一种动态的形成过程。教育的主要功能是创造最好的条件促使每个人达到他所能及的最佳状态，帮助个体发现与他真正的自我更协调的学习内容和方法，提供一种良好的促进学习和成长的气氛。因此，我们必须调整学习方式，依靠作为促进者而不是权威者的优秀教师的指导，通过学生主体自己的体验和努力，

来实现自我的提升。所以，我们今天应该打造的是开放高效、宽松和谐、健康有序、激励上进的“民主、自主、创新”的新型课堂；各学科积极合作、增进交流，共同转变学生的学习方式，培养学生自主学习的能力，使学生学会学习，使学生真正做学习的主人，学会发现问题、积极探求，学会敏锐观察、适应环境，学会发展特长、发挥潜力，学会追求卓越、追求成功。

让学生主动动起来，“活动”是让学生主动动起来的逻辑起点。主体参与和“活动”有着非常密切的联系，“活动”是主体参加的对象与内容，离开了“活动”就谈不上主体参与，更谈不上“让学生动起来”；主体参与是对“活动”的创造，它决定着“活动”的方向、性质以及结果，使“活动”具有较强的建构性。从这个意义上说，“活动”是“让学生动起来”的逻辑起点。为此，我们提出以下针对“活动”的具体策略：(1) 重视“活动”的设计。(2) 把学生个体的活动和小组活动、班级活动结合起来，要处理好内部活动和外部活动的关系。(3) 使“活动”对学生有一定的吸引力，从而增强学生参与活动的兴趣。

让学生主动动起来，“需要”是让学生主动动起来的内在动力。学生主体参与是在内心“发展需要”的驱动下对“活动”的一种表现，学生的各种需要和需要层次的不断提升是“让学生动起来”主体参与教学活动的内部动力。为此，我们提出以下针对学生需要的具体策略：(1) 教师要多与没有明确需要的学生进行个别交流，帮助他们确定目标，从而激起他们的学习欲望。(2) 要了解学生的需要类型，尽可能地创造条件满足他们的不同需要。(3) 要培养学生学习的兴趣，激发他们的学习动机，使他们的学习需要不断得到提升。

让学生主动动起来，“自由”是让学生主动动起来的最佳境界。有活动不等于就有自由，人的自由是人的活动中的自主性状态，学生的自由表现是对活动的主体参与，是“让学生主动动起来”的最高境界，只有这样，教师的主导地位才能真正被定位于促进者、引导者的位置，“以学生发展为本”的教学理念得到真正落实。正如教育家刘国正先生所说：“就课堂教学来说，不是我教你学，也不是你启我发，而是教与学双方做到和谐的交流，教师引导学生，学生也推动教师，教师得心应手，学生如坐春风，双方都欲罢不能，其乐融融。”为此，我们提出以下释放身心自由的具体策略：（1）让学生有自由支配的“空白时间带”。既要相信学生有能力支配自己的时间，又不能放任自流。（2）给学生提出问题和回答问题的机会。（3）弹性化的课程内容选择。教师应根据学生的个别差异提供具有不同层次的课程内容，以便于学生自主选择。

让学生主动动起来，“民主”是让学生主动动起来的重要保证。主体教育理念下的师生关系应该是一种客观上不对等，但主观上平等民主的关系。即在客观学识上两者不对等，但在主观上教师要视学生为与自己地位平等的社会成员，要视他们为真正的主体。现代教育理论指出：民主、平等、宽松、和谐、鼓励的教学情境是促进学生学习意识的重要因素。新型的师生关系本质上不再是一种知识的传授过程，而是一种人与人之间的平等的精神上的交流，是教师的价值引导和学生的自主学习相统一的对话过程。民主、平等旨在表明教师与学生之间不是一种简单的给予和被动接受的关系，而是一种互相尊重、互相影响、互相促进的平等民主的交往关系。为此，我们提出以下具体策略：（1）教师把自己外在的权威转化成内在的权威。（2）建立一种资源分享的伙伴性师生关系。（3）要诚心诚意地信任和鼓励学生。

要让学生主动动起来，我们认为无论是德育还是智育都需要重在实践；在实践活动中让学生感到民主和平等，从而激发起学生的内在需求，在自由的境界中实现个人潜能的体现和升华。因此，构建“活动”是让学生主动动起来的前提。

嘉高近年来在德育上积极体现学生是道德教育的主体，让学生在参与德育中体验道德、学会做人，作为提高教育质量、推进素质教育的目标，同时也作为提高教学质量的策略，因为只有自尊自觉了才会自立自强。因此我们积极倡导“自律、自治、自理”的三自教育和“尊重自己、尊重他人、尊重社会、尊重科学、尊重环境”的尊重教育，在具体的教育实践中以人为中心，突出人的发展，发掘人的潜能，使学生作为主体来体验道德，促进人的道德发展和道德人格的提升，实现学生的全面和谐发展的育人目标，使每个学生懂得尊重，努力实践尊重。

嘉高近年来在教学上努力实践“三加强”的教学，通过营造课堂情感

教学的氛围，展开师生间有效的交流，“引导—探究—启发—交流”的教学流程，进一步引发了学生的参与兴趣和求知欲望，启迪与开发学生的思维，改变学生的学习方式，即变被动学习为主动获取，把“探究性学习”融于“接受性学习”之中，努力做到堂堂清、日日清、周周清。在这种学习方式下，学生不再作为知识的接受者，被动地学习，而是带着自己的兴趣、问题、需要直接地参与课堂的讨论，不迷信教师，敢于向书本挑战；同学之间、学生与老师之间直接对话，充分体现学生的自主性和能动性。

嘉高近年来积极开展课程改革，大力组织学生社团活动，开展研究性学习，开发多样性的可供学生选择的、注重学生主动参与的、满足学生个性发展需要的活动。因此我们不论是培养学生创新意识和创新能力的研究性学习活动，还是作为文科社团的秀苑文学社、青铜史学社、求是论坛、星河天文社，或是学校辩论队、合唱团、足球队、篮球队、美术社等，都以其独特的魅力吸引着学生动起来。嘉高秀苑文学社通过每周一次的文学社例会，校外采风，组织观看世界经典影片，邀请嘉兴籍作家来校讲学，推出了一期又一期的社员佳作，取得了显著成绩。据不完全统计，截止到去年，秀苑文学社在《美文》《中国校园文学》《语文报》《作文通讯》《语文月刊》等全国各级报刊发表作品120余篇，获“华东六省一市中学生作文竞赛”二、三等奖，“圣陶杯”全国作文比赛一、二等奖，“语文报杯”全国作文竞赛一、二、三等奖等多人，由新疆青少年出版社出版了《文心秀苑》一书。特别值得一提的是刚成立不久的我校辩论队，在强手如林的浙江省第二届科普节嘉兴市中学生辩论比赛中以出色的辩才连克数支强队，捧得团体季军，两名队员获得优秀辩手的称号。嘉高开展了丰富多彩的研究性学习活动，真正让学生主动动起来，培养学生积极的探索精神。继《锐意创新，势在必行——嘉兴市区大型中西快餐店情况的调查》获2003年浙江省研究性学习成果评比二等奖之后，《嘉兴城市雕塑的文化研究》在浙江省首届政治研究性学习成果展示活动中获一等奖，并作为四个示范课题之一在大会交流，获得了来自北京和省内有关专家的好评。2005年8月19日和26日，《嘉兴日报》（江南周末版）分别用了一个半版面报道了“‘小鬼当家’，高中生对嘉兴城雕有话要说”和“嘉兴书店：‘红色与灰色之剖析’”两个学生研究性学习课题，并专门做了编者按：“这些处于豆蔻年华的高中生对家乡人文现象如此关注，折射着嘉兴建设文化大市的过程中，有着蓬勃的民间力量在支撑。”此事在社会上引起了较大的反响。2004年，学校专门出刊了《嘉高教育——研究性学习专刊》，目前学生的研究性学习课题成果集《来自大课堂的报告》由研究出版社出版，2005、2006、2007年连续在浙江省中学生研究性学习成果展示活动中获一等奖。在研究性学习活动中，学生的学习发生了质的变化，从被动学习变成主动探索，产生了保持独立的持续性探究的兴趣，获得了亲身参与研究探索的体验，发展了提出问题和分析问题的能力，学会了分享、尊重与合作，培养起关注社会的责任心和使命感。

嘉高近年来积极在成长的细节上让学生去参与去感悟。细节出成绩。只有使我们的学生既有远大的目标又严密细致，才能更好地进步，更有效地提高学习质量。我们组织学生实践礼仪，以平和心情来高雅情操；我们鼓励学生规范作业，作业书写规范，作业格式规范，作业过程规范，来严密思维扎实基础；我们让学生汇编“错题集”，以自觉错误纠正错误。

这一切塑造着学生良好的精神风貌，发掘着学生的潜能，提高了学生的人文素质及科学素养，逐步形成了和谐文明、真诚尊重、勤奋自强的校园文化。我们始终认为：基础教育不仅仅只是为高一级学校输送优秀毕业生打下良好的发展基础，更应为学生以后漫长的人生打下一个坚实的发展基础；教育不仅仅是将人引向一种现实的生活，更重要的是将人引向一种可能的生活：这种可能的生活就是当他独自面对一个不可知的未来时，能表现出一种勇气和战胜挑战的自信；因此离不开这样一种“让学生主动动起来”促使其品行学问根深蒂固地向上延伸的生态环境，最大限度地使学生成为学习的主人，生活的主人，精神个性的主宰，最终在全体师生的共同努力下实现学业与精神品行双跨越的境界。

放眼未来，在新时期的教育改革大潮中，我们相信，嘉高教育工作者不断务实求新，深入探索符合时代教育教学特征的全新理念，必将取得令全社会瞩目的成绩，从而在整体上推动学校素质教育的深入。

2008年10月23日

建设校本课程　形成办学特色

——嘉高校本课程建设与学校特色创建的思考

/徐新泉

特色学校创建是时代发展和教育改革深入的必然要求，特色学校的创建要充分凭借校本课程这一重要载体。学校建设校本课程，可以促进学校教育的改革与深化，提升学校文化和教育理念；有特色的校本课程体系让学生发展了特长，分享了学校独特的文化和传统，同时成就了特色学校的更好发展。

一、校本课程建设和特色学校创建的认识

1. 校本课程建设与特色学校创建的共同特点

两者追求的目标一致：促进学生全面发展和个性健康成长。校本课程是提升学校内涵，建设学校特色，补充国家课程和地方课程，以满足学生兴趣、发展学生个性，其最终目标是充分发掘学生的个性潜能优势，促进学生全面而又个性地和谐发展。这和《国家中长期教育改革和发展规划纲要（2010—2020年）》对特色学校创建的阐述（推动普通高中多样化发展，推进培养模式多样化，满足不同潜质学生的发展需要，鼓励普通高中办出特色）是一致的。同时，两者都呈现出在德智体美劳全面发展基础上的教育个性化、教育多元化的特点。

2. 校本课程建设的立足点是发展学生特长

从校本课程建设的工作路径来说，学校必须从分析已经被积淀的办学特色入手，凝练出属于自己学校的独特的办学文化，然后去建设体现办学文化的校本课程体系，从而促进学生在全面发展基础上发展自己的特长。

3. 校本课程建设使学校形成特色成为可能

校本课程建设这一概念，应该是指“校本的课程建设”，而不是“校本课程的建设”。这种认识使校本课程开发具有了更丰富的内涵与外延：校本课程建设不仅可以是学校对国家的预留课程空间进行建设的过程，也可以是学校“校本化”实施国家课程和地方课程的过程。“校本的课程建设”强调“以校为本”的理念，确立了校本课程建设中学校办学特色的空间，突出了校本课程建设中学校的特色性，这既保障了校本课程建设符合本校学生特长的需求，又使特色学校的形成成为可能。

二、校本课程建设与学校特色创建的实践

1. 发挥优势校本课程的引领作用，形成特色

富有特色的校本课程体系是普通高中学校办学特色的集中体现，它必须满足学生多样化发展的需求。嘉兴高级中学的研究性学习课程是从2001学年起开设的，以“积极探索，努力创新，稳步推进，形成特色”为指导，实施研究性学习课程。2004年以来，几乎年年有课题获得浙江省高中生研究性学习成果展示一等奖或其他奖项。嘉兴电视台、《嘉兴日报》《南湖晚报》等媒体多次报道我校的研究性学习活动，研究出版社出版了我校《来自大课堂的报告》学生研究性学习成果专集，研究性学习课程已成为嘉高课程建设的一张名片。在体育教学中，我们从2002年以来在上好体育基础课的同时，开展体育特长课程的教学，使我校的篮球、足球走出嘉兴，走向浙江。在德育中，我们近十年来，积极开展“尊重教育”，让嘉高学生都能够尊重自己、尊重他人、尊重科学、尊重社会、尊重环境，建设了为社会赞誉的校风，有效提升了嘉高学生做人的品位。另外，我们又开发了机器人课程、国际化教育课程（中德合作的DSD课程）等，到2011年我们已在使用的校本课程有30多个，这些校本课程逐步形成了嘉兴高级中学多样化的课程，逐步满足了本校学生创新特长、人文特长以及国际视野发展的需要，并形成了有别于兄弟学校的课程体系，学校“发展特长”的办学特色在渐渐形成中，学生成长从“单一”的文化学科向文化学科+特长的“多元优质”方向发展。

2. 加强文化引领下的校本课程建设，涵养特色

特色学校建设的核心在于具有特色的学校文化。从学校的育人理想来看，课程文化是学校核心文化的反映。因为课程承载着学校的育人功能，课程所承载的核心理念是学校的核心文化的体现，所以，校本的课程建设需要有校园文化特色的引领。校本的课程建设重视“以校为本”，这要求作为文化主体的学校具有充分的“文化自觉”精神，努力使嘉高人对嘉高文化有自知之明，明白它的来历、形成过程、所具有的特色和发展方向。嘉兴高级中学在校本课程建设的过程中，始终把学生“发展特长，幸福成长”这一校园文化主旋律贯穿其中，确立了“学生发展为本、课程设置多元、特色课程引领”的课程建设理念，致力于知识拓展课程校本化、职业技术课程专业化、兴趣特长课程多元化、社会实践课程特色化，从而进一步推动学校文化的形成、发展和自觉，不仅形成了具有特色的学校课程体系，更促进了学校文化更新，实现学校的特色发展。再比如，校本课程建设的选题也呈现出“文化自觉”的特征。嘉高的国际化DSD教育课程就是在学校现有生源基础上按照学生需求开设的、嘉高校本课程的选题，很多来自校学生会、校社团总部、校学生研究院、校学生科学院等学生自主管理、自主学习的组织、这些组织在关注什么，在探究什么，恰恰就是学生的兴趣点，比如嘉高特色的机器人课程就是基于学生兴趣点而开发的。

3. 探索校本课程建设形成学校特色的内在机制，发展特色

校本的课程建设中重视校本管理体制建立，是构建特色学校的保障与支撑。“特色学校创建的实质是学校有特色的自主发展，需要以校本管理体制的建立作为保障与支撑，这是学校特色发展的内在需求。校本的课程建设作为一种‘以校为本’的课程建设模式，强调对教师自主决策权利的赋予和对学校自身教育现状的观照，有利于通过学校全体成员的共同参与，来制定符合本校实际的各项制度，形成具有‘立足本校、服务本校、全员参与、上下沟通’特征的校本管理体制。”受企业项目管理的启示，学校将项目管理机制引入校本课程建设的管理。校本课程建设小组在明确学生需求后申报项目；然后校本课程审定委员会根据学校特色建设需要进行项目论证，审定课程名称、目标、任务和时间跨度；接着小组负责人进行项目策划，制订项目计划书，起草项目工作实施方案；按照项目规划方案，选取课程具体教学内容；学校审定校本课程建设小组的课程；同时奖励体现学校特色的优秀课程；最后实施校本课程内容。嘉高的机器人课程就是严格按照这样的流程来实施的，学生多次在全国青少年机器人竞赛中获得一等奖或其他奖项，就是对机器人课程实施质量的检验。项目化管理机制，充分保障了教师在校本课程建设中的主体地位，使学校的课程建设与特色创建有了制度推动。

三、校本课程建设和学校特色创建的思考

校本课程的建设，考量着课程对学校教育价值的诠释，对学校文化的认知，对社会发展轨迹的解读，对学生发展需要的了解，对学校课程的统整能力。从分析办学特色入手，凝聚出属于自己学校的独特的办学核心文化，然后去建设体现办学核心文化的校本课程体系，是值得在课程建设中思考的问题。我们嘉兴高级中学自2011年下半年开始，再一次进行了校本课程建设和学校特色创建的讨论，分析了学生中蕴藏着各种各样可以发展的特长，因此提出了努力建设让嘉高学生“发展特长幸福成长”的课程和建设多元优质高级中学的学校特色，开展了新一轮校本课程建设活动。目前围绕人文教育、创新教育和国际教育等方面，在知识拓展、职业技术、兴趣特长、社会实践四大领域向学校申报了近100个校本课程课题。以下几点思考是嘉兴高级中学在接下来的一个阶段实践的重点。

1. 尝试国家课程的校本化改造

学校的课程是按学科来组织课程的，然而个体面临的日常情境以及面对日常情境所采取的行动与分类的学科知识不是一一对应关系，更重要的是个体通过行动所形成的经验不是按学科分类来存储的。这可能就是基础型课程在帮助学生建构系统的知识的同时所存在的不足。要让学生获得完整一贯的经验，就必须利用校本课程改造国家课程，建设跨学科致力于学生对学科知识的融会贯通与综合运用的校本课程。

2. 建设源于学生特长的校本课程

校本课程的目的之一是要发展学生的特长，因此要发现本校学生相对共同的特长，努力形成课程，促进学生特长的成长。

3. 建设基于社区资源的校本课程

对学校和社区所具有的独特资源进行充分的开发与配置，是构建特色学校的基础与条件。现状是，我们充分考虑了学校的特色、利用了学校的资源，但学校所处社区的资源没有得到充分的开发和利用。要尝试发掘嘉兴特色，建设有嘉兴特色的校本课程，进一步充实学校的校本课程内容，完善校本课程体系。

4. 实现优势校本课程的精品化发展

优势校本课程的精品化发展是彰显办学特色的重要途径。学校要建立精品化校本课程的培育机制，建设在全省有一定影响力的精品校本课程，以此来凸显课程特色、办学特色。

5. 建立校本课程建设的管理体系

校本课程建设和特色学校创建要健康发展持久发展，必须有行之有效的管理制度。我们将继续完善校本课程建设的申报和评定制度，校本课程建设的规范制度，校本课程建设的奖励制度，校本课程建设的管理部门，校本课程实施的管理部门，等等，推进校本课程建设和特色学校创建。

总之，在进一步深化高中课程改革中，我们将努力重视课程体系特别是校本课程的丰富和实施，凸显学校努力发展学生特长的教育追求，从而使学生全面发展的同时个性潜质得到最大程度的提高，努力使学生发展特长、幸福成长，真正形成嘉兴高级中学多元优质的办学特色。

2012年3月22日

课程体系建设：推动学校可持续发展

——嘉高校本课程体系建设的思考

/徐新泉　潘新华　严　涛

随着教育改革的深入，人们越来越认识到：一所有特色的学校必定是具有“个性”的学校；学校“个性”首先应该表现为独特的文化氛围；而这种氛围的核心是具有学校特色的课程体系。课程是学校实现教育理想，培养各类人才的载体和手段。一所学校的课程体系要以培养完整的“人”和具有特长的“人”为出发点，为学生和谐发展和个性发展服务。只有当学校能够根据本校的办学目标、教育特色对国家课程和地方课程进行再开发，在有效实施国家课程和地方课程的同时，又形成适合学校特色的校本课程，从而把国家课程、地方课程和校本课程整合成体现本校办学目标教育特色的课程体系，才算是实现了课改提出的目标：形成以人的发展为理念，重建促进学生全面发展的、适应不同学生个人差异的课程结构。由此可见，以学校为本的课程体系建设，是推动学校可持续发展的核心。

面对新时期的教育改革大潮，嘉兴高级中学以浙江省深化高中课程改革为契机，结合学校办学特点与当前社会发展趋势，将改革与创新的落点放在“课程体系建设”上，以课程体系的建设促进创新人才的培养，进而促进学校特色的形成。

一、嘉兴高级中学校本课程体系建设的基本途径

嘉兴高级中学以“德正才优，追求卓越”为育人目标，以“嘉木扬长，高德归真”为教育理念，因此需要建设满足学生发展需要的课程体系，着眼于学生的素质成长，培育学生的个性，发展学生的特长，塑造学

生健全人格，浓郁人文精神、现代公民意识，促进学生和谐发展；培养学生的学习力、科学素养和创新能力，以及国际视野。我们的育人目标是德正才优，追求卓越。也就是说，立人需要更好地正好德、育好才。正德就是要陶冶学生的品格力：尊重自我、尊重他人、尊重社会、尊重科学、尊重环境，真诚真心真负责，爱校爱人爱学习。育才就是要培养学生的学习力、健康力：自主学习、合作学习、探究学习，开阔国际视野、兼容世界文明，发展特长、养育创新品质，健康身体、具有一项终身健体技能，心理豁达、乐观向上。努力使嘉高学子多元优质发展，努力使嘉高学子“高境界做人、高水平学习、高品质生活”，做一个优秀的嘉高人、优秀的中国人、优秀的世界人。因此，嘉高的校本课程建设，我们从以下几方面入手开展。

1. 国家课程校本化

学校在严格执行国家课程计划，保证所有基础型课程“开齐、开足”的前提下，积极尝试国家课程校本化实施。根据学生的实际情况，围绕数学、物理、化学、生物学科运用“有机整合基础性与拓展性教学”策略，围绕语文、历史、地理、政治学科运用“有机整合基础性与研究性教学”策略，针对英语学科运用“加强英语课程训练系统”策略，围绕体育、艺术、信息学科的“充分开发与运用本校教育资源”策略，围绕高考学科运用“校本化作业”策略，在课程实施中从知识体系对国家课程进行校本开发，缩短时间、优化体系、提高质量，在限定的时间内完成共同的基础内容教学，尽可能多地给学生提供讨论、动手思考的机会，培养学生科学的态度和独立思考的能力。

2. 拓展课程多元化

拓展类课程是在共同基础上促进学生个性特长发展和创新能力形成的重要途径。拓展课程力求体现学校办学特色和学生发展需求，强调多元性。从内容上讲涉及知识、技能和体艺三大类。从要求上说分为两类，即限定性拓展课程和自主性拓展课程。限定性拓展课程主要是嘉高学生必选的校本课程，比如嘉高研究性学习、生命教育、国际交往中的礼仪课程。自主性拓展课程分为加深提高和拓展视野两类，比如为满足资优学生的特殊需求，在拓展型课程中突出部分学科的先导学习和提高学习，开设大学层次的课程。

3. 国际课程深入化

2009年9月，嘉高与德国教育部合作开设中德DSD课程，与德国黑森州阿尔伯特·爱因斯坦一级文理中学结为友好学校，开展互访活动；2012年9月与加拿大BC省合作开设课程。在此背景之下，嘉高开始建设具有学校特色的“国际课程”。“中德DSD课程”“加拿大BC省高中课程”在扩展学生国际视野的同时，也为学生成长开拓出了国际通道。为了更好地加强国际理解，学校还建设了介绍中国文化的国学课堂、嘉兴文化掠影课程和礼仪与国际交流课程。

4. 社团活动课程化

社团活动课程化，就是按照课程建设要求，将学校的社团活动，从有利于促进学生发展的要求出发，编写为课程，从而使社团活动成为有目标、有过程的教学活动。从操作层面讲，社团活动课程化要求在设计活动时，摆脱过去那种“随意化”的做法，力求做到有目的要求、有内容安排，用程序和规范来提高社团活动实施的有效性。比如，“机器人俱乐部”的社团活动，学校着手编写了“简易机器人制作与操作”校本课程，促进了“机器人俱乐部”的规范发展。

5. 创新课程多样化

创新课程，旨在培养学生的创新意识、创意思维、创作才能、创造技能、表演才艺、审美情趣。学校的创新课程源于研究性学习活动，不管是调查类研究性学习成果，还是发明类研究性学习成果，都可以培养学生的创新能力，我校学生已连续11年获得研究性学习成果浙江省一等奖。这让学校认识到，每门学科都可以创新。语文学科可以开展文学创作指导课程，艺术学科可以开设音乐剧创作与表演课程，等等。在基础课程中夯实创新的文化科学基础、渗透创新意识，在创新课程中培养创新的谋略和技能。

6. 德育课程完善化

德育课程完善化就是要丰富德育的内涵和内容，并将德育活动专题化、课程化、序列化。政治素养、道德修养、民族精神、公民意识、全球意识、领导能力都融入其中，这样一来，德育课程就升格为人格类课程。

比如学校尊重教育的“生命教育”课程，让学生在学习中养成尊重自己，尊重他人。

二、嘉兴高级中学校本课程体系建设的基本思路

嘉高课程体系的总体思路是：建设具有嘉高特色的“求真课程体系”，在保证国家课程的同时，结合地方课程，整合为校本的运河文化课程、实践创新课程、国际理解课程、身心健康课程。因此，学校校本课程体系将紧紧围绕“嘉高求真课程”开展建设，以突出嘉高人文教育、国际教育、创新教育的特色，按照发展学生特长、建设多元优质学校的要求，在实施好国家课程的前提下，结合地方课程，建设基础型、拓展型、探究型三个层次的校本课程，努力使嘉高学子品德优情趣雅、有视野会思考、学业优特长凸，努力使嘉高在多元优质办学中特色更突出。

三、嘉兴高级中学校本课程体系建设的实践思考

1. 关于课程评价

一所学校的课程体系、课程门类、课程实施、课程评价，都是展示办学特色和育人特点的最主要的“名片”。建设了课程体系，接下来就是课程评价。课程评价包括两个方面：对教师课程实施的评价，对学生课程学习的评价。对教师课程实施的评价，设想建立简易可行的星级评价体系，通过采集教师、学生的反馈信息，综合课程管理者的意见，采用量化评分的形式进行。对学生学习的评价，除传统的评价手段，拟采用制定评价手册的方法开展。

2. 关于教师的课程建设力和执行力

要出精品课程，就必须提升教师的课程建设力。要进一步提升教师在校本课程实施中的执行能力，没有教师相应的执行能力，落实校本课程可能会成为空话。解决问题的根本在于调动教师的积极性，辅以各类培训，制定必要的管理制度，切实提高课程建设力和执行力。

一个成熟的、有特色的课程体系，不但能够促进学生全面而有个性的

发展，而且能够促进教师的专业发展，并最终促进学校的特色发展和风格形成。课程体系的建设绝非一次成型，而需要不断改进与不断完善。我们学校的课程体系建设仅仅是起步。而在此过程中，我们面临着课程体系建设中，学校特色的清晰性，学校特色和课程的一致性，以及课程体系的优质化，课程体系效能的最大化等诸多问题。回答这些问题的过程，既是课程建设的过程，也是不断推进学校特色发展的过程。

2013年2月28日

2015年1月30日（修改）

构建“活力课堂” 促进学生发展

/徐新泉　潘新华　严　涛

21世纪是一个知识经济迅猛发展的时代，是一个人类思维方式和行为方式大调整的时代。21世纪培养的人才，不仅需要掌握扎实的基础知识和技能，更重要的是必须具备较强的主体意识、合作意识、竞争意识、创新意识以及较强的实践能力、创造能力和社会适应能力。这种高素质人才的培养，要求我们必须十分关注课堂教学。课堂教学是实施学校教育的基本途径。从一定意义上说，改革的中心在课堂，学校改革倘若不以课堂改革为中心，就不可能有丰硕的成果。嘉兴高级中学于1997年建校以来，十分关注课堂教学，一直没有停下践行以人为本的课堂教学观的步伐。从建校之初确立的“三加强”（“加强情感交流、加强主体参与、加强创新意识”）课堂教学，到后来的“30＋10”课时制改革，再到正在构建的“活力课堂”，嘉高一直行走在以学生为本的课堂教学改革之路上。如果说，“三加强”实践为学校课堂教学改革定下了以学生为本的基调，“30＋10”课时制改革从形式上努力彰显了学生在课堂上的主体地位，那么，“活力课堂”则主张从关注生命的高度来审视课堂，以自主、合作、探究为主要形式，以师生平等的交流为主要特征，以充分释放生命的活动为手段，以提升每一个生命的价值为目的。

嘉高着力打造的“活力课堂”，一定是以学生为主体、学生个性得到培育与发展的课堂，是思维能力、创造能力得到最大限度提高的课堂，也必将是有利于学生素质的全面提高、终身幸福的课堂。对于“活力课堂”的构建，我们有如下认识。

一、以生为中心

“以生为中心”就是主张在课堂教学中，要以学生为学习活动的主体，以学情分析为教学的依据，以任务为学习活动的基本组成单元，以促进有意义的思维为教学活动的目的，以主动而有质量的参与为有效学习的标志。“以生为中心”主要包括两层含义：第一层含义是“以学生的学为中心”；第二层含义是“以学生的发展为中心”。其中“以学生的学为中心”是基础和前提，“以学生的发展为中心”是归宿和目的。“以生为中心”是打造嘉高活力课堂的基础。

“以生为中心”体现了新课程改革中“以人为本”的重要理念。在新的理念下，师生间已不是领导与被领导、知识的“授”“受”关系，而是能动的、平等的合作者关系。教师是教学活动的组织者、引导者、实施者、参与者，其直接作用就在于促成学生的主动；学生作为主体，在学习活动中具有主动性，是自我发展的探索者、建设者和参与者。其实，在《论语》和《学记》中，我们的祖先就已经明确了“学”是主体，教是为“学”服务的。嘉高努力追求的“活力课堂”，强调“以生为中心”，主张热爱生命，关爱生命，敬畏生命，感悟生命；同时，在课堂学习过程中享受幸福。这实际上是返璞归真，回归教育的原点。教育的真谛，绝不应仅仅是奉上一张令人满意的成绩单，而应是捧出一个个鲜明而富有个性的活生生的人，应是追求每个学生生动、活泼、主动的发展。

强调“以生为中心”，需要教育智慧的引领。首先要做到尊重学生。教师要放下“师”架子，视自己为普通一员置身于“主体”之中。要知道，在整个教学过程中，无论是知识经验的获得，还是智力、能力的发展，教师既无法代替学生读书，也无法代替学生分析思考，既不能把知识生硬地灌输到学生的头脑里，也不能把思想观点移植到学生的头脑中。因此，学生才是学习活动的主人，是学习的主体。其次，要具有科学的态度，从实际出发，按照学习认知规律组织教学，让学生在学习实践中体验到进步和成功的快乐。比如，课堂教学内容的深度不能离学生太远，难度、宽度要与学生当前知识存量与知识容量保持一定的张力。教师还要照

顾好后进生，课堂不要有“被遗忘的角落”。其次做到多向交流。教学中要变教师讲学生听的单向结构为教师讲学生听、学生讲教师听和学生之间相互交流的多向结构。再次做到环境宽松。教师在课堂上要交换角色，使学生产生平和心理，从而形成一个无拘无束、和谐融洽的教学环境，为学生学习营造一个最佳氛围。最后，要强调学生由学会到会学。在教学过程中教师要注重培养学生的学习方法、学习技能，注重学生获取知识的过程而不是获得知识的结果，让学生学会学习，掌握科学的学习方法，着眼长远，培养学生各方面的能力，让学生的潜能得到最大发挥。

二、以疑为重心

“以疑为重心”就是指在课堂教学中，教师要把培养学生的问题意识和质疑精神、提高设疑解疑水平、拓展思维能力作为工作的着力点。因为没有问题的教学，不会在学生的脑海中留下多少痕迹。有了“问题意识”的学习，不再是一个灌输的过程，而是学生主动建构的过程，学习的能动性和主动性得到充分的发挥，主体性得到充分的体现和锻炼。“以疑为重心”是打造嘉高活力课堂的保证。

众所周知，“学起于思、思源于疑”。通过设疑问难，能有效地引起学生认知的不平衡，使其产生“心求通而未得，口欲言而不能”的愤悱状态，从而激发学生强烈的探究欲望。这样学生主动参与的教学过程才是丰富的，他们的学习才是有效的。古希腊哲学家苏格拉底形象比喻：“问题是接生婆，它能帮助新思维诞生。”近代教育家陶行知的几句话颇风趣生动：“发明千千万，起点是一问。禽兽不如人，过在不会问。人力胜天工，只在每事问。”当代著名华裔科学家李政道教授也曾说过：“最重要的是要学生会提出问题，否则将来就做不了第一流的工作。”

主张“以疑为重心”，要求教师把课堂还给学生，以“问题”作为课堂教学突破口，在“问题”上下功夫，在“问题”上求创新、求发展，让“问题”成为熔科学性与艺术性为一炉的课堂教学不可缺少的组成部分。为此，教师在课堂教学过程中，要根据学生已有的知识结构、认知水平和思维能力，有意识、有技巧地创设问题情境，巧妙地设疑、激疑和质疑，并在师生、生生互动交流、合作探究的过程中，不断提升学生提出问题、分析问题和解决问题的能力，让学生在不断生疑、质疑和释疑的过程中获得知识，锻炼思维，提升素质，让教学收到更好的效果。

三、以思为核心

“以思为核心”就是指在课堂教学中，教师要把提升学生的思维品质和思维能力作为课堂教学的核心。思维品质是思维主体在思维活动中表现出来的具有稳固心理意识倾向的某种思维性质；思维能力是指人们在工作、学习、生活中每逢遇到问题，总要“想一想”的能力，这种“想”，就是思维。思维是智力的核心，也是非智力因素发展的基础。“以思为核心”是嘉高活力课堂追求的目标。

新课程要求培养具有全面素养的学生，其中一个重要方面就是培养他们的思维品质和思维能力。思维品质反映了每个个体智力或思维水平的差异，主要包括思维的深刻性、灵活性、批判性、独创性和敏捷性五个方面，实质是人的思维的个性特征。思维能力包括理解力、分析力、综合力、比较力、概括力、抽象力、推理力、论证力、判断力等能力。如何立足于课堂教学，培养学生的思维品质和思维能力，提升学生的思维高度，应该是每一个嘉高教师必须思考的一个重要课题。古人云：“心之官则思，思则得之，不思则不得。”学习贵在思索探究，教学的过程就是让学生从无疑到有疑，再从有疑到无疑的反复递进、不断深化的思维过程。课堂教学的重要任务就是在这个探究过程中，培养学生的思维品质和思维能力。

强调“以思为核心”，要求在课堂教学中培养学生的主体意识，变被动的“要我学”为主动的“我要学”，从单纯的学知识到主动自觉地掌握知识。课堂教学不仅面向学生的现在，更注重学生的未来。要完成这一任务，就必须关注学生思维品质和思维能力的培养。比如，我们可以沟通知识间的内在联系，巧抓本质，培养思维的深刻性；以多角度思考问题为基础，善于变通，培养思维的灵活性；以强化技能训练为载体，力求快速准确，培养思维的敏捷性；以提高错解诊断能力为前提，大胆质疑，培养思维的批判性；以突破常规思维为核心，勇于探索，培养思维的创造性。

2014年9月12日

让学生体验更有活力的课程

——嘉高进一步优化求真课程的思考

/徐新泉　严　涛

《国家中长期教育改革和发展规划纲要（2010—2020年）》的出台，进一步激活了嘉高以课程建设为抓手，在现有基础上，坚持优质化、国际化、人文性、创新性的特色化办学方向，致力于嘉高求真校本课程建设，重视学生人文素养、创新能力、国际视野、实践能力的培养。

在嘉兴高级中学新一轮三年发展规划制订中，我们曾产生过疑惑：如何在新的历史起点上腾飞，践行“嘉木扬长，高德归真”的办学理念，着眼于“德正才优，追求卓越”的育人目标，使每一个学生的终身发展，铸求真品格、扬实践精神、拓国际视野、育创新精神？如何围绕新高考方案做优做强校本选修课程？如何让校本选修课程支撑并彰显办学特色？如何进一步丰富课程内容，为学生提供多样化的课程选择空间？如何借助数字化技术打造共享课程资源平台？为此，我们在课程建设中经过反复校本化整体设计，初步形成了富有学校特色的课程体系，建构了基于国家课程、地方课程、校本课程三种课程互为一体的三型（基础型、拓展型和研究型）、四类（知识拓展类、职业技能类、兴趣特长类、社会实践类）、四群（运河文化课程群、实践创新课程群、国际理解课程群、身心健康课程群）的“求真”课程体系，建设了一大批校本选修课程，引进和自主建设了两百多门校本选修课程，受到很多专家的首肯。

一、继承创新，清晰课程体系

围绕“基础型课程校本化、拓展型课程多元化、研究型课程自主化”

的目标进行校本化整体设计，使基础型、拓展型和研究型三个层次、“四类”“四群”的嘉高求真课程体系互为一体，构建特色更为清晰的课程体系。

1. 打造核心课程，支撑特色发展

在“嘉高求真课程”体系中，首先实施好国家课程，同时在运河文化课程、实践创新课程、国际理解课程，以及身心健康课程中，重点打造现场应急救护培训、南湖名人故居文化体验、阅读沙龙、基础德语、高中学生怎样做微课题研究、公民正在行动、微电影等十多门核心校本选修课程，对其进行精细化“雕琢”和深层次挖掘，使课程的内涵更能体现学校办学特色；对其做科学的设计，使课程更具系统性、规范性。

2. 开展课程调查，满足学生需求

为了完善运河文化课程、实践创新课程、国际理解课程，以及身心健康课程，系统开展校本选修课程调查，适当淘汰或增补部分校本选修课程。学期结束前，进行本学期的选修课程学生调查，下发问卷，调查学生对校本选修课程的满意度；高三毕业后，学生回校领取档案时，在毕业生中进行综合调查，了解学生对课程的评价、选修课程对学生专业选择的影响、学生喜欢什么课程。对学生满意度低的课程及时淘汰，增补部分学生喜爱的课程，尽量做到根据学生的需求开设校本选修课程。

3. 打磨拓展课程，主动接轨新高考

为了完善运河文化课程、实践创新课程、国际理解课程，以及身心健康课程，对部分与学科知识接轨的知识拓展类选修课程进行打磨，主动接轨新高考。根据新高考方案，部分选修课程变为限定选修。以语文为例，传统文化经典（包括《〈论语〉选读》）、外国小说欣赏进入高考考试范围，必修课时不够，只有利用选修课。可以在三年中有系统地开设传统文化经典、小说欣赏选修课，主动接轨新高考。再比如，理化生学科可以开设实验类选修课，既可以弥补必修课的不足，又可以提高学生的学习兴趣。根据嘉高学生的基础、特点和学科特点，科学整合必修课程和知识拓展类选修课程；根据年段特点，合理调整知识序列；根据课程思想，科学设计教学方式，力求课程贴近生活、贴近学生，要让教师乐意教、学生乐意学，突出学生综合能力和创新能力的培养。

4. 建设国际课程，彰显国际特色

为了完善运河文化课程、实践创新课程、国际理解课程，以及身心健康课程，以嘉高国际课程的建设为抓手，在凸显实践性、本土性和选择性的基础上，为学生提供具有嘉高特征的国际课程。目前，学校主要有中德DSD项目和加拿大BC省课程项目的国际课程；但是，这两种国际课程的受众面较小，学校拟借助国际项目的课程资源、外教资源，打造面向全体学生选择的国际课程，比如基础德语、法语入门；建设一批与国际课程相融合的本土课程，如生活中的国际政治学、礼仪与国际交流等课程，提供选择性，突出实践性，为开阔学生的国际视野打下基础。

5. 开发运河文化课程，培育人文精神

为了完善运河文化课程、实践创新课程、国际理解课程，以及身心健康课程，组织德育课程研究小组，制定学校德育课程建设规划；整合现有的公民正在行动、义工社——走进志愿服务、生命教育、品格修养等近十门德育课程，引进建设一批德育实践课程，形成序列化的德育课程；走近嘉兴，开设嘉兴名人美文欣赏课程，陶冶学生的人文素养。

二、优化实施，激发课程活力

课程实施质量的高低，直接影响这门课程的生命力。在完善运河文化课程、实践创新课程、国际理解课程，以及身心健康课程的内容体系基础上，在突出实施好国家课程的同时，大力优化校本课程的有机实施。

1. 拓宽教学思路，激活学生思维

打造数字化环境下的交互式课程和互动课堂，拓宽教学思路，改变教学方式。与相关部门积极合作，引入新的教育教学资源，探索建立深层次、高效率、多维度的课堂互动。引入“翻转课堂”“微课”等教学形式，改变教师的教学方式，构建智慧课堂，努力实现学校的教育信息化和现代化。借助基于平板的“多点触控”技术，根据学校的实际情况，争取首先在政治、历史、物理、语文等学科中开发一批基于“多点触控”技术背景下的高中互动课程，并利用政治学科专用教室进行教学。通过互动课程管理平台，实现对学习过程、作业反馈的即时追踪与查询；针对教师，实现课堂互动授课、监控学习进度以及管理日程计划和教学资料。逐步建成全数字化背景下的“移动的学习空间”，满足学生的科学探究兴趣发展，让学生体验创意谋略，培养创意技能，开阔视野，激活思维。

2. 优化课堂教学方式，提高教学实效

发挥师训课程处的专业优势，当好学校特色课程建设的策划者。做好挖掘提升型的策划，以期培育特色课程开发的新想法，培养特色课程建设的新力量。比如为了推动特色课程精品化，师训课程处协助课程建设老师，组成特色课程项目小组，每个小组两到三人，小组成员负责开设这门课程，并在开设过程中不断修改完善，使之精品化。做好引导方向性的策划，以期有序引导教师关注特色课程建设不同阶段的不同重点。同时开展课程的实施研究、课程的评价研究，引导教师以课题研究的形式展开。利用每周一次的教研活动和备课组活动构建“教研共同体”推行同伴互助，搭建平台让教师体验课程实践，组织必修课程校本化案例评比、选修课程课堂教学评比。

3. 促进学习评价，检验课程实施

寻找评价载体，检验课程实施效果。学校大力推进“10个‘百分百’”的检验标准，用以检验在嘉高学习三年的学子有没有获得真正的成长。三年高中学习中100%的嘉高学子要注重培养一生享用的文明习惯、要阅读学校推荐的20本中外经典书籍、要走访10个嘉兴历史名人故居、能写一手端正钢笔字，以厚实学生的人文底蕴，努力把嘉高学子培养成仁爱奉献、务实诚信、责任担当的现代文明人，充分展现嘉高教育的人文性特色；在三年高中学习中100%的嘉高学子要参与1个及以上学生微课题、要参与10个课外实验、要学会1项应急救护技能，以切实培养学生的科学创新精神和动手能力，彰显嘉高教育的创新性特色。“10个‘百分百’”中的每条标准都会有具体负责的部门或教研组，都要制定切实可行的操作方案，每学期都要组织学生认证。

严格学分认定的评价。每门选修课程的课时安排中都要有一节考查课，考查形式可以是学习成果的展示，也可以是测试，但要把考查成绩作为学分认定的重要依据。考查课时间由教务招生处统一安排，考查相关材料由教务招生处存档。

4. 开展课程活动，丰富课程体验

继续全力推动社团活动课程化，建设社团网，组织集中和分散相结合的社团课程展示活动，使学生社团活动变成学生奇思妙想的实验平台。坚持让学生自主组织体育文化节、悦读文化节、科技文化节和艺术文化节等各种学生的校园“节日”，以丰富学生的课余生活，锻炼其能力，提高其创新素质，张扬其青春个性。学生研究性学习课题研究倡导实境研究、情境研究以引导其思维，在原有基础上，启动寒暑假职业体验课题研究项目和学生海外课题研究项目。积极拓展课外实践领域，满足学生多元需求，继续实施嘉高中加班的暑期英语支教项目，义工社结对城南敬老院项目，并由团委负责，不断拓展新的实践领域。开设模联社课程，建设“模拟政协”课程，以“模联比赛”引导学生在体验中升华思想、激活思维，促进学生研究技能、写作技能、公众演讲技能、解决问题技能、建立共识技能、解决冲突技能以及妥协和合作技能的发展。

三、建设平台，丰富学习资源

推进创新实验室建设，打造“机器人实验室”“新能源科学实验室”“微影视实验室”“无土栽培实验室”等六个创新实验室，作为相关课程的实验室，组织学生开展研究，以此培养学生的动手能力和创新能力。建设并利用好浙江省政治学科专用教室——“思想者之家”，并以此为蓝本，建设学科专用教室和录播教室。搭建嘉高云平台和数字化学习平台，开发、上传并存储学习资源。校园内公共场所放置学习电脑，学生可直接登录平台，在学校网站建立接入口，让学生在家也能随时进入数字化学习平台，积极开设借助网络的学科“空中课堂”，进行直播教学。

2015年9月26日

努力开展嘉高的“教育国际化”

/徐新泉

《国家中长期教育改革和发展规划纲要（2010—2020年）》指出：“坚持以开放促改革、促发展；开展多层次、宽领域的教育交流与合作，提高我国教育国际化水平；借鉴国际上先进的教育理念和教育经验，促进我国教育改革发展，探索多种方式利用国外优质教育资源。”教育是借鉴各民族优秀文化共享世界文明的重要途径，要在相互依存日益加深的世界中实现可持续发展，就应该将教育和知识视为全球共同利益。可见，我们基础教育开展教育国际化是十分必要而又有着十分重要的意义。

嘉高在认真开展与德国阿尔伯特·爱因斯坦一级文理学校等友好学校交流工作的同时，努力做强三个国际教育项目，形成嘉兴高中高端国际教育的特色品牌，成为嘉兴高中国际教育的“领头羊”。

2009年2月，在嘉兴市南湖国际教育集团的支持下，我与全国5位重点中学校长一起受德国外交部的邀请，赴德国汉诺威参加国际教育展，展会期间我跟德方洽谈了DSD项目，当年4月德国政府便确定嘉兴高级中学为德语证书DSD学校，随即项目也得到了嘉兴市教育局、浙江省教育厅的批准。2009年秋季，嘉高便开始招收首批DSD学生，同年招聘了德语朱兰青老师，之后连续两年分别招聘了毛丽佳老师、吕欣老师，目前学校各个年级都有DSD学生，至今已有4届70余名学生毕业，均以优秀的成绩取得了DSD证书，其中50多名同学申请后被德国柏林工业大学、法兰克福大学、马堡大学等著名高校录取，并赴德公费留学，遥遥领先国内其他DSD学校。

德国语言证书（Deutsches sprachdiplom，简称“DSD”）是世界范围内的国外高中学生进入德国大学留学的语言证书；2004年，经我国外交

部、教育部同意，开始在中国开展德语（DSD）教学。德语“DSD”项目在全球有400余个教学点，分布在50多个国家；目前在中国重点中学已建立30多个“DSD”项目学校。嘉高每年从录取的新生中根据学生和家长的书面申请，经面试结合理科基础择优选拔20名学生，实施“DSD”课程教学。嘉高“DSD”班学生与普通高中学生一样需完成浙江省高中课程。德语课程由德国教育部委派的德语教师和我校的德语教师共同教授。

2010年下半年，我们又开始考察其他的国际教育合作项目。经过各种因素的比较，本着规范建设中外合作教育项目，我校从众多的中外合作项目中选择了对国际学校的课程教学有着严谨规范管理的加拿大BC省“中加高中课程合作项目”。2011年初开始，我们在浙江省教育厅的指导下开展了一年多的审批过程。2012年5月终于得到了教育部同意备案浙江省教育厅的批准，同时也获得加拿大不列颠哥伦比亚省（加拿大BC省）教育厅同意，因此学校专门成立“嘉兴高级中学国际部”，周菊明老师、吴正奇老师先后担任主任、副主任，负责中外合作项目及国际交流的日常具体工作。2012年5月“嘉高中加班”开始招生，于9月正式开始教学，目前学校各个年级近100名在校学生，今年首届学生已经毕业，100%赴加拿大等英语国家的著名大学留学，其中45%左右的毕业生被世界排名前50的高校录取。

我们在实施中加高中课程项目的过程中，积极借鉴其他已开展中外合作项目学校课程设置的经验，又认真听取省教育厅课程专家对中外课程设置的建议，对课程设置方案进行了认真的研究和整合，对加方及所使用的教材进行严格的审核，使课程设置既能保证学生接受国内高中的教育，又能使学生较好完成加拿大高中的学习。为保证加方课程教学的开展，加方派出具有资质的一名校长和一支满足高中各学科教学需求的教师队伍到我校进行加拿大课程的管理和教学，并保证加方教师队伍的稳定，更保证加方课程的教学质量。同时学校安排专任教师负责中方课程的教学。中加课程整合，双方教师相互配合，共同合作，取长补短，逐步实现中外课程、教育观念和教育方法的融合。

回望嘉高在开展国际教育的过程中，我们深刻认识并一直坚持做好以下三方面的工作。

一是坚持国际理解，共享世界文明。教育是实现各国人民全面互联互通的纽带，促进跨文化对话，尊重文化多样性，了解世界各民族文明，为人类和平和人类发展夯实基础。国际理解教育首先是由近及远，要从家庭到地区，从国家再到世界。其次是由浅入深，从了解到尊重，到共同生存、共同发展。最后是由表及里，不仅要谈知识，要谈能力，更要谈情感，要谈境界，谈世界文明各民族文明。

嘉高中加高中合作课程项目的建立，加方的教育理念和办学经验、课程内容和教学手段，在一定程度上推动了我校教学理念、教学内容、教育方式和人才培养模式的调整，促进学校的课程建设和师资队伍建设，并在一定程度上满足了人民群众对教育多样化的需求。许多学生家长看到了促使他们孩子成功的因素：因材施教、发挥学生主体积极作用、激发学生的学习兴趣、开拓学生探索的眼界的教育方法。中加班的学生则感觉到，在嘉兴高级中学中加班课程项目中，我们开展更多的活动、实验和研究，这些都是建立在我们的理解力基础上的；老师务实、讲规则，每当和他们交谈的时候，总会给我们留下深刻的印象；我们也有很多机会在各种社团和竞赛中展现自己的才能，这有助于我们各种能力的形成。同时学校有大量的外教，教育理念、教育经验相互探讨、开展研究，使我们学校的老师的教育视野更加拓展，也使加方、德方老师感受到中国教育和中国文化的魅力。

二是坚持民族情怀，播撒中华基因。我们以承中华基因，铸中国灵魂，育世界眼光为主线，为国际教育合作项目的学生提供中华文化课程，让学生在双语的环境中熏陶，面向全球的视域去探索，所以我们做了三件事，第一是让学生体验，第二是让学生实践，第三是让学生树立文化自信。

嘉高在开展中外课程合作项目中把中华文化的真实体验带给学生，滋养学生的价值观，在活动中努力增强学生的文化自信。首先开展大量的按日历、年历的中国节日体验活动，让学生从中了解、探索、理解中华文化内涵。其次是开展“家乡之旅”活动，让学生走一走看一看，寻找中华之魂，使学生自信地面向世界。最后是坚持开设国家规定的所有课程，让学生在中国课程中吸取中华文化的养分，坚定中华文化的自信。嘉高中德DSD课程班的同学每年都要与德国阿尔伯特·爱因斯坦一级文理学校师生

互访，嘉高中加班的学生每年也要去加拿大温哥华的学校访问，在嘉高学生了解德国、加拿大文化的同时，德国学生及加拿大同学也感受了民乐、太极拳。我们播撒了中华文化，增强了民族文化自信。

三是坚持国际视野，依靠课程资源。培养学生具有国际视野，我们感到第一是国际交流，第二是广泛阅读，第三是先进课程。对学校来说，先进课程是十分重要的资源。

嘉兴高级中学中加高中课程项目在完成中方高中课程的同时，根据加拿大高中学业要求，引进加拿大的高中课程设置，英语、数学、科学、艺术、体育与健康、信息技术、职业规划、学习方法等课程，以及加方活动类（选修）课程。我们渐渐体验到，在教学方法上，与我们传统教学不同的是，加方教师更注重学生的实践能力培养，采用活动任务型教学方法，先给学生任务让他们实践研究，在实践研究基础上引导学生积极参与分组讨论、进行案例分析、完成专业课题作业，然后是回归理论，最后用理论指导实践。在这个过程中，培养学生的独立思维能力、创新能力、解决问题的能力和与人协作的能力等基本技能。在对待学生上，加方教师把学生的差异看成丰富的教育资源，因材施教，选择适合学生的教育和适合学生的课程，让各种层次的学生都能得到成长。在学生评价上，加方教师对学生的评价更注重学生的学习过程，通过评价给学生指引；除学期考试成绩，学生学习中的每个阶段教师都有记载，课堂参与、实践讨论、作业等都是评价的依据。评价结果采用模糊的等第而非具体的分值，并在评价中关注学生的发展趋势，如在及格之下，不是一个简单的不及格，而是给一个能让学生知道存在问题、明确发展方向的评价。通过课程的感受，学生开阔视野，展望世界，了解世界。

在高中国际合作教育上，嘉高努力开展对教育国际化的探索，并把国际上教育的先进理念、教学经验引入嘉高的教育，引导嘉高学生了解和理解世界文明，“努力开拓国际视野，真情深蕴民族情怀，积极锻炼健康身心，潜心培养素质能力，从嘉高出发走向世界”，培养真正具有“中国情怀和国际竞争力”的复合型人才。

2015年12月16日

积极培养嘉高人的创意品质

/徐新泉　严　涛

嘉高的校训是“真”，也就是要激励嘉高人努力树立探求规律的精神，鼓励嘉高人要有探究未知的行动。嘉高的校训孕育了嘉高的教育理念：“嘉木扬长，高德归真。”也就是希望嘉高人德才兼备，品德高尚，特长突出，具有创新意识，陶冶创意品质，在创新中自主发展。

嘉高办学以来，嘉高人的创意在成长。从2005年至今的学生研究性学习成果展评连续获得浙江省一等奖，全国机器人大赛青少年组一等奖，到2016年学生研究成果获16项国家实用专利（另有一批成果正在申报）；从学生的科技社团的活动，到2016年组队代表浙江省高中学校赴东南大学科学营；从教科书的教学，到校本创新课程和创新实验室的探究：一路走来，嘉高人努力追求创意，积极培养创意品质，逐渐形成自己“创新自主发展”的教育风格。

嘉高人要有更多更优秀的创意，需要嘉高人具有创意的品质。一是要有好奇心和兴趣，好奇心是科学研究的驱动力，是创新人才最重要的素质，因此我们要观察丰富多彩的自然现象，亲手做实验。二是需要直觉和洞察力，培养学生创新能力的一个要素就是学生通过学到的知识逐步形成自己最爱好的直觉，爱因斯坦能够取得如此大的成功，原因之一就是他在年轻时就懂得直觉的重要，选择了他具有最好直觉的领域——物理学，因此能找到一个具有重大意义、取得突破的条件已成熟、可以大发展的课题方向，因此这些素质是创新能力成长中最重要的问题，最好的办法是自己在实践和浓厚的创新气氛中“悟”出来。三是需要勤奋刻苦和集中注意力，华罗庚说天才出于勤奋，聪明在于积累，勤奋刻苦必须以身体条件和能集中注意力为前提，注意力集中的程度决定着思维的深度和广度。四是

要努力涵养高尚人文素养，有志在各领域成大器的人才必须具备优秀的人文素质，“海纳百川，有容乃大”，保持自己的风格和特点的同时，相互学习、鼓励、支持、合作，因为能不断获得新思想，同时也能有“团队支撑”；同时要有自信心，创新在初期往往难以被人理解，有自信心的人才能不怕风险，勇于创新，才能领风气之先；反之，缺乏自信心，就只能去跟潮流。

为了让嘉高人拥有创意品质，我们引导学生关注生活。因为生活的才是有价值的。走进生活，大胆想象，是学校开展创新教育的重要理念。学校一直鼓励学生跳出课本，不能只关注课本知识；跳出教师，不迷信权威、不轻信已有结论；跳出课堂，关注自然、社会、人生，关注生活科技，在生活中应用知识，在生活中发现。这已成为嘉高人的共识。

利用太阳能的“新型公交车站”、解决提重物时手被勒疼问题的“购物袋手柄”、方便两片蚊香分离的“蚊香分离器”、解决蚊香灰问题的“多功能蚊香盒”、不用戴耳塞直接无线遥控的“太阳能蓝牙音响”……嘉高学子的这些专利，说穿了都挺简单。虽然没有那么“高科技”，却能让我们的生活变得更加方便，而且这样的小发明人人都有可能做出来，只要你愿意成为生活中的有心人。简易脱水器的灵感来自住校生活。住校，晾晒衣服相对麻烦，遇上连续阴雨天，衣服干起来的速度就慢，要换校服了，可校服还没有干，这个问题每一个住校生都碰到过。同学们就想，脱过水的衣服干得快一点，我们能不能发明个简单一点的手动脱水器。借助物理知识，在老师的帮助下，一个手动脱水器就诞生了。改良公交车站的专利人宋子健同学这样解释他的创意：一般公交车站都没有灯光，所以晚上不显眼，等公交车时会害怕，嘉兴的光伏发电产业很发达，我就想，能不能利用太阳能，白天发电储电，晚上用于照明，不挺好吗；后来我又想，夏天等车太热，能不能加个像世博会时用的雾化装置来降温。“发明就是要大胆想象”，这是宋子健同学强调好几遍的一句话。的确，发明来源于生活，并且要实实在在地应用于生活，有些现象，我们每个人都看到了，只是没有去想怎么解决，大胆想象，才能有所创造。和学生一起申报专利的胡元旭老师说：“创意，虽然说是一瞬间的灵感爆发，但背后还是有不少小窍门的，只有好习惯的长年积累，才能爆发瞬间的创意。要用随手记、随手画的习惯，念想往往就在一瞬间。观察身边的各种物品，看它们有什么缺点或不方便之处。这时，就要开动大脑，你有什么办法能对它进行改良。所以，老师要引导学生走进生活，观察生活。”

为了激发嘉高人的创意品质，我们坚持引领。因为引领的才是有效的。激发创新意识、掌握创造发现的方法、培养创新的能力，这都需要学校的教育引领。

利用“嘉高讲堂”的平台，举办创新讲座，以打破创新的神秘感，让学生敢于创新。鼓励科技社团的建设，让更多的同学参与创新实践。在讲座引领、社团活动引领的同时，学校还积极开展平台引领——建设创新实验室。从2007年开始，学校建设了第一个具备雏形的创新实验室：擎天机器人实验室。2009年，工作室成员获得了第九届中国青少年机器人竞赛全国一等奖。之后，逐步更新设备后的机器人实验室成为嘉高学子进行发明创造的摇篮。工作室负责人胡元旭老师说：“实验室是平台，我们提供设备，帮助学生完成设计实验，目的是潜移默化地激发学生边做边学的兴趣。”随着深化课程改革步伐的推进，建设与传统意义上的基础教学实验室（物理、化学、生物实验室）不同的创新实验室，成为嘉兴高级中学从拓展课程内涵着手，为培养创新人才提供平台的好尝试。学校积极筹备、精心规划，先后建设了政治学科教室、新能源科学与工程实验室、无土栽培实验室、微电影工作室、精工实验室等多个创新实验室，同时，升级改造了擎天机器人实验室。

寻求科技企业、大专院校的支持，开展智力引领。秀洲区光伏企业提供了技术支持、设备支持、实践支持，企业淘汰的设备可以成为学生实验的平台。太阳能电池设备、高精度的光强传感器、电学传感器设备，都已进入学校新能源科学与工程实验室；同时，企业也为学生学习实践从课内走向课外提供了条件。从大专院校引进的机械基础、数控编程等课程，请大学老师根据高中生的特点，进行修改，由大学老师授课，智力引领进入更高的层级。

学生在专注于开拓思维，增强自我实践与创新能力时，学校积极开展宣传引领。通过制作展板，组织专利权知识讲座，普及专利知识，让学生充分了解专利价值，形成专利申报意识。

为了激发嘉高人的创意品质，我们始终呵护学生的创意。因为学生的才是特色的。学校特色何来？是依据学校顶层设计刻意而为，还是依据学生需要，在原有基础上顺势而为？结论毋庸置疑，顺势而为。嘉高培养创新人才，形成科技创新特色，就是顺势而为的结果。

喜爱小制作、小发明是嘉高学子的传统，这从嘉高历年来获奖的研究性学习成果中就可以看出。简易吸尘器的制作、简易脱水机、防近视儿童坐垫、蚊香分离器、自动浇花装置等二十多个获省市一等奖课题大多是发明类的成果。每年科技类社团招新成员时，往往也是最火爆的。有研究的欲望，有探究的能力，再加上适合创新的环境，学生的创新能力普遍提高。有创新成果，更激起了学生创新的欲望。

学校的特色亮点和原有的基础是开展创新教育的重要保障。机器人、研究性学习基础扎实，这些优良的传统，为创新人才培养营造了良好氛围。高中时期，是学生创新能力培养的最佳阶段之一。在这个阶段，我们要引导学生寻找自己感兴趣的领域，为他们提供尽可能多的机会，让学生学会运用知识，学会研究的方法，积极培养学生的创意品质。嘉高学生的创新欲望，是嘉高开展创新教育的肥沃土壤。

在建设特色高中的过程中，嘉高人顺势而为，“创新性”成了嘉高的特色教学，在这肥沃的土壤上播撒种子，细心耕耘，耐心期待收获，逐步形成了创新特色。

为了保证创意品质的培养，我们不断创新研究性学习管理。因为创新的才是长远的。学校创新成果频出，离不开全员参与研究性学习。连续十年获得综合实践成果全省评比一等奖，让研究性学习成为嘉高的一张金名片。运转顺畅的培养机制为学生开展研究提供了保障。学校为每个班级配备了研究性学习负责老师，由指导老师负责班级研究性学习项目的日常管理工作，如选题指导、统计，研究成果的收集。学生根据兴趣自由组合，可以在全校范围内寻找自己的研究项目指导老师，在指导老师的帮助下，借助学校的创新实验资源，完成研究。学校还设置了科技创新教研组，专人负责每学年各班研究选题的汇总以及校级评比展示等工作，不定期编辑研究性学习成果专刊。但是，研究性学习要持续长远地发展，也需要创新。既要保持研究性学习的研究性和实践性特点，更要突出引导学生运用创新思维、创新方法研究解决问题，鼓励学生超常规思维，发表独到见解的特点。

基于创新的研究性学习要求学生具备一种创新的思维方法。学校尝试将苏联科学家根里奇·阿奇舒勒的“发明问题解决理论”基本原理教给学生，使难以捕捉的创新思维与创新发明过程有了可操控的现实路径。学习这一理论后，夏怡澜等几个高三的同学做了“关于推动特色小镇特色成长”的研究课题，在由12所全省名校参加的2016年“浙江省首届高中生模拟政协会议”上大放异彩。“浙江新闻”记者对此的评价是“关注校园之外，选题大胆”。

基于创新的研究性学习还鼓励学生开展立足学科教学的实践性学习。各学科都有大量值得探究的点，这给学生提供了丰厚的创新土壤。立足学科教学的实践性学习，为学生研究性学习提供了更广阔的选题范围。

为了把创意品质植入每个嘉高人的细胞，我们坚持用课程引领。因为我们知道普惠的才是真正的。真正的创新教育，不是只为少数尖子生服务，培养一批小发明家，而是发掘每个学生身上都存在的天赋，激发每个人的主体性和创造性。普惠的创新教育，才是真正的创新教育，才是符合教育的本质和价值的。把创新精神内化到嘉高人的血脉，最重要的是给予创新教育的相应课程地位。抓住深化课程改革增加选修课程这一契机，嘉高着力课程建设，把创新教育确定为基础选修课程，每学期开设，鼓励全体学生在不同学期进行选修。开设了高中生怎样进行微课题研究、物理与生活、小发明基本方法等创新教育选修课程，让创新教育进课表、进课堂，将创新教育规范、深入、持久地开展下去。

全员性创新教育的课程化，是嘉兴高级中学实施素质教育的前瞻性探索的选择。它以研究性学习为基，机器人项目为突破口，在积累了一定经验，全校形成了创新教育的氛围，师资资源和社会资源有了充分准备的基础上，继而进行的一系列探索，从已有兴趣的学生和个别辅导教师的参与为主，到学生和教师的全体参与，从开设创新教育讲座，到规范的创新课程，从一门研究性学习指导课程，到多样的创新教育课程，从单一的机器人项目，到基于学科教学的实践性学习，再到引领学生主动学习的课内课外一体化教学，从小发明、小制作的浅层尝试到基于创新的研究性学习，

嘉高形成了人人接受创新教育，人人参加创新实践活动，人人学会创新思维，人人具有初步创新能力的新局面。

普惠的也要是可测的。如何检验学生的创新能力，除了申请专利、参加各类竞赛，学校还有一个“10个‘百分百’”的检验标准。其中的两条——在三年高中学习中100%的同学要参与1个及以上学生微课题、在三年高中学习中100%的同学要参与10个课外实验，既让学生的收获和改变的检验有了标准，也无形中推动了创新实验在嘉高的普及。

嘉高人坚信，创新能为学生的终身成长奠基。所以，嘉高人会在创新教育的道路上一直走下去，积极培养并成长嘉高人的创意品质。嘉每一株良木以扬其长，高每一位学子之德以归璞真！

2017年1月15日

说说嘉高的特色教育

/徐新泉

随着12月8日的临近，嘉高21周年校庆纪念日的各类庆祝活动又丰富起来了。在这有意义的日子里，我很想给学校写点文字。我觉得嘉高教育有很多可圈可点之处，除了教育质量，还有嘉高的“特色教育”。

嘉高创办于1997年，作为一所新办的高级中学，是嘉兴市区、嘉兴市最年轻的高中之一，师资、生源、校园文化都是从零开始积淀，教育特色也是无从谈起。因此，嘉高要在名校众多的嘉兴有自己的影响力，必须在全面贯彻党的教育方针，引导学生德智体美劳全面发展，扎实学生的基础知识提高教育质量的同时，大力培育并形成嘉高的特色教育。

面对千军万马过独木桥式的高考竞争，嘉高一方面努力提高教育质量，一方面努力发展特色教育。嘉高人把自己的教育理念凝练为嘉木扬长、高德归真，并且坚持进行了扎实的实践。

积极开展创新教育，培养学生创新能力。2000年以来坚持不懈开展学生的研究性学习，设立科技创新教研组，开展小创造小发明活动，学生特长也在自主发展，这为学生从事科技与创新类工作，奠定了扎实的基础。

积极开展人文教育，培养学生国民素养。嘉高校园自2001年以来一直坚持开展“尊重教育”，尊重自己，尊重他人，尊重社会，尊重科学，尊重环境，积极开发“运河文化课程群”，努力实践自律、自理、自立“三自”管理模式，建设求真校园文化，努力陶冶学生高雅品质。认真组织学生赴国内外研学，了解国情民情，由浙江教育出版社出版了《岁月永恒》，这是一本学生调研和专访的专著，开展了高中生模拟政协的社会实践，嘉高学生代表队在全国第四届各省著名高中的模拟政协大赛中进入“全国十强”；许卓清同学被评为2018年全国“最美中学生”；另有一批学生被评为

浙江省优秀学生干部、浙江省三好学生。

积极开展国际教育，培养的学生既有中国情怀又有国际竞争力。开办经浙江省教育厅批准、德国政府“德语DSD语言证书”指定合作学校的“嘉高中德DSD班”。从2009年至今，嘉高已招收了9届德语（DSD）学生。9年来，德语DSD项目学生学习成绩优秀，在德语奥林匹克竞赛中获全国初赛第三名。开办经教育部备案浙江省教育厅批准、加拿大BC省教育厅授权合作的“嘉高中加合作课程班”。2012年9月，“中加合作课程”在嘉高正式开班，中方高中课程、加方高中课程同时实施，中方加方均注册高中学籍，中方课程由嘉高教师教学，加方课程按加拿大教学大纲和课程设置要求，由具有加拿大教师资质、富有经验的优秀外籍教师全英语授课，实施“全加拿大环境”的教育。经过6年的努力，目前中加合作课程已经进入规范发展的快车道，学生成绩全面提升。加拿大BC省教育督导官员在督导评估后认为，嘉高中加班在加拿大BC海外学校中是最优秀的项目。

积极开展学生社团活动，培养学生多元优质发展。嘉高校园自创办以来，春有悦读文化节、夏有科技文化节、秋有体育文化节、冬有艺术文化节，几十个学生社团丰富多彩：嘉高机器人俱乐部、嘉高秀苑文学社、嘉高义工社、嘉高汉文化社、嘉高化学社、嘉高魅影社、嘉高辩论队、嘉高篮球队、嘉高足球队、嘉高乒乓队……。学生自主学习，多元发展，硕果累累，出版了文学社优秀作品集《文心秀苑》《足迹》《心语嘉高》，获嘉兴市高中生辩论赛银奖、嘉兴市健美操比赛金奖、嘉兴市乒乓球比赛银奖，嘉高足球队、篮球队在浙江省中学生足球、篮球联赛中打入八强，获浙江省中学生书法大赛二等奖、全国青少年机器人大赛一等奖……

当下中国的高中，需要开拓创新，勇于实践，破解普通高中千校一面、同质化竞争的顽疾。我们大胆探索，努力化解教育难题！

最后，从嘉高获得的20多项浙江省级和国家级称号和荣誉中摘几个学校的头衔：浙江省一级重点中学，浙江省文明单位，浙江省普通高中特色示范学校、全国青少年校园足球特色学校、国家级国防教育特色学校、全国家庭教育指导研究实验基地……

衷心祝愿嘉高的教育质量更优，特色教育更突出！

2018年12月5日

毕业典礼致辞选录

/徐新泉

在牢记和发扬“求真”精神中前行
——嘉高2017届毕业典礼致辞

同学们、老师们、家长们：

大家好！

今天，是一个特殊的日子，也是一个令人难忘的日子，我们在这里为2017届全体高三毕业生，举行隆重的毕业典礼。请允许我代表学校向经过三年努力学习，圆满完成高中学业的415名同学表示热烈的祝贺，向辛勤培育同学们健康成长的老师们致以崇高的敬意！向支持学校教育的各位家长表示衷心的感谢！

高中三年紧张而有意义的学习生活即将结束，在这所朝气蓬勃的校园里，在“嘉木扬长、高德归真”教育理念的感染下，在老师的耐心指导下，同学们勤奋、刻苦、进取、向上，德正才优做真人，从少年走向青年，从天真走向成熟。在三年的校园里，留下了同学们青春的风采、追求的脚印、拼搏的精神、收获的喜乐和难忘的友情。在三年的校园里，同学们讲自信、讲自觉、讲自尊、讲自立、讲自强，体悟做人的道理，锻炼生活的能力，学习读书的方法，培养健身的习惯，描绘绚丽的青春梦想，为嘉高“人文科学并举、中西教育兼容、创新自主发展”的办学特色锦上添花。在三年的校园里，同学们取得了优良的综合素质的评定，以优良的成绩通过了高中学业水平考试。2017届嘉高中德班同学已全部被德国精英大学预录取。2017届“嘉高中加班”毕业生100%被加拿大等其他国家的著名大学预录取，平均每名同学收到了5所优秀大学的预录取书，有7名同

学被世界排名前20的加拿大多伦多大学、加拿大麦吉尔大学预录取，占比达30%，同时获得预录取大学颁发的奖学金。嘉高中法合作项目2017届已有5名同学被法国大学科技学院及商学院预录取。我们这一届同学坚持做人第一，追求真理，渴求进步，品德高尚，有254名同学被评为文明学生、三好学生、优秀学生干部、绅士淑女。成绩的取得，凝聚着老师的汗水、家长们的爱心，更凝聚着同学们的勤奋和努力，高中三年的学习生活将给同学们留下永恒而美好的记忆。

同学们，高中学习生活即将结束了，我们今天典礼的主题是“情系母校——梦想辉煌”，也就是说我们要感恩母校、感恩老师、感恩同学，梦想高考辉煌、梦想人生辉煌、梦想母校辉煌。因此同学们要积极面对即将到来的高考。高考是国家每年一度选拔人才的考试，是一次知识、能力、心理、体能的综合测试，是一场激烈的竞争，祝愿同学们以坚定的信心、顽强的毅力、百折不挠的精神全力应考、奋力拼搏。只要同学们尽最大努力，家长、老师都能理解你们，预祝同学们高考顺利、成功!

同学们，今天以后我们很快就要分别了，三年间同学们与学校一起参与了浙江省的深化课改，与学校一起创建了浙江省特色示范高中，与老师们一起走过了浙江省新课改的三年，我们一路同行，风雨兼程，因此对2017届的同学有着深厚的情感，想寄语的话很多，今天作为母校校长的我，有三点希望特别想说，也是嘉高校训告诉我们的：

第一，每名同学不管今后学习生活在何方，都要永远追求真理和真诚，坚持正确的方向不动摇，时刻不能忘记人民的培养和国家的使命，要争取把所有智慧和才华奉献给自己的国家和民族，做一名真正有社会责任感的中国人。今天的中国，经济发展、政治稳定、民族团结、社会文明、人民安居乐业、综合国力显著增强，“一带一路”更彰显中国地位；我们在为祖国自豪和骄傲的同时，更要把个人的命运与国家的命运联系起来，通过我们艰苦奋斗，踏踏实实为中华民族伟大复兴的“中国梦”做出实实在在的贡献。

第二，每名同学不管今后遇到什么诱惑和挫折，都要永远追求真知和真才，要不断进取，自强不息。在现代社会里，面临着激烈的竞争，不努力、不学习就意味着残酷的淘汰。因此，两个星期后的高考，就是我们人生的一次历练和发展；大家高中毕业后，并不意味着学习的终止，而是新的学习的开始，到了大学要继续弘扬嘉高的文明勤奋学风，千万不要60分万岁，我们学校教学大楼的博士廊等待着每一名同学！同学们，生活的道路绝不是一帆风顺的，我们今后还会遇到许多意想不到的诱惑与挫折，因此我想与大家共勉：不是在于我们遇到什么困难，而是在于我们怎样对待困难，也就是要有百折不挠的顽强精神，始终保持昂扬的斗志，旺盛的热情，在爱校奉献、务实责任、科学创新、追求卓越的精神中永远追求自己的梦想。

第三，每名同学不管今后间隔多久相距多远，同学们都要永远追求真情和真实，铭记母校的培育之恩，铭记老师的教育之情，铭记同学的纯真友谊。也许你今天还体会不深，也许我们在昨天还有不愉快，但是再过几年，十几年，特别是几十年，就会想起同桌的你、同班的你，就会深深领悟到母校的深情、老师的期盼、同学的友谊。我们也深深感到，母校灵魂的实质，就是你们身上所体现的品格与精神；学校价值的体现，就是培养了千千万万的学子；学校旺盛的生命力，就是一代代来去匆匆的学子永不停息注入的青春。每一届同学都传承着：学校昨天的辉煌和永恒的精神，每一届同学都以自己的真情挚爱赋予母校新的生机、新的光彩。所以，我们要爱自己的母校，不忘自己的老师，怀念自己同学的珍贵友谊，让高中生活的每一次欢乐、每一次流泪、每一次争论都成为永久而美丽的回忆。今天你以母校为荣，明天母校以你为荣。作为嘉高的老师，我们真诚地希望你们在今后的人生道路上能走实、走好，真诚地希望经常听到或收到你们的喜讯，真诚地希望你们的照片能挂在学校教学楼的博士廊中，你们的每一点进步永远是母校的骄傲，也是对我们母校老师最大的安慰。今天我想再一次重复每年毕业典礼都要说的话，那就是：真诚地希望同学们常回母校看看，特别是毕业20年的时候回母校，让母校欣赏你的发展；毕业40年的时候回母校，让母校欣赏你的贡献；毕业60年的时候回母校，让母校欣赏你的健康！

亲爱的同学们，你们的人生，正在经历一个重要的关口，这里是终点，更是新征程的起点！母校永远是你们的坚强后盾，不论顺境与逆境，成功与失败，正视自己、相信自己，母校永远祝福同学们不断地取得辉煌

的成功和幸福！

最后，祝同学们德正才优，卓越发展，自强不息，鹏程万里！今天你以嘉高为荣，明天嘉高以你为荣！

谢谢！

2017年5月23日

附：2017届嘉高中加班毕业典礼致辞

亲爱的同学们，尊敬的来宾、家长、老师：

大家好！

今天，我们齐聚一堂，在这里隆重举行嘉高中加班2017届同学的毕业典礼。在此，我谨代表学校向全体2017届毕业生致以衷心的祝贺；向精心培育、谆谆教导学生成长的老师，特别是以瑞贝卡校长为首的加方教育团队，以及无私养育、关爱备至的家长们致以诚挚的感谢！

同学们！回首三年，我们在“嘉木扬长，高德归真”教育理念的指导下，共同耕耘，共同收获，德正才优做真人，为嘉高“人文科学并举、中西教育兼容、创新自主发展”锦上添花。三年来，我们欣喜地看到大家的成长：一口流利的英语，一份庄重的两国高中毕业文凭，一串华东片各类球赛的奖章，一批科技机器人浙江省高中生大赛的荣誉，以及名列前茅的滑铁卢大学数学竞赛的成绩，加拿大著名大学近百份、人均5份的预录取通知书，其中7名同学被世界排名前20的加拿大多伦多大学、加拿大麦吉尔大学预录取，占比30%，这一切都是大家努力的成果，都使我们感到无比的高兴和骄傲。这三年是嘉高中加班探索发展的三年，也是你们拼搏奋进的三年；是嘉高中加班变化成长的三年，也是你们成熟长大的三年。三年过去了，嘉高中加班越来越完善了，你们也努力实践着“开拓国际视野、深蕴民族情怀、锻炼健康身心、培养素质能力”，增添了嘉高中加班教育的新辉煌！

同学们，再过几个月你们就要远赴重洋，从嘉高出发走向世界，去国外的高等学府深造了。今天的毕业典礼，见证的不只是高中生涯的结束，而是铸就未来辉煌的开始。作为同学们母校的校长，我衷心地期望，在离开校园走向社会的你们中，能够有成就斐然的科学家，能够有造福人类的政治家，能够有独领风骚的文学家和艺术家；但我最为期待的是，在座的每一名同学都能在成才之时，真正成人。

第一，人之为人，关键在于终生追求真理。

我们既要有民族责任感和国家责任感，也要尊重世界各国各民族的文化；既要勇于为社会、为民族、为国家承担责任，也要为世界文明承担责任。同学们，希望你们今后无论在世界的任何地方，都能拥有“经世济民，福泽万邦”的情怀，拥有“天下兴亡，匹夫有责”的使命感！

第二，人之为人，关键在于终生拥有真诚。

我们需要拥有宽厚平和之心，把虚心从善作为不断完善的人生境界。我们当中并非所有人都有机会名扬万里，但只要拥有一颗充满责任和仁爱从善的真诚心灵，每个人都可以变得伟大。同学们，无论今后你们就读哪所大学、学习何种专业、从事何种职业，希望你们都能够坚守最真诚的学术道德、最真诚的职业操守和最真诚的做人品质。大其心，容天下之物；虚其心，受天下之善。让真诚使你生活得更有尊严、更有价值，更加快乐。

第三，人之为人，关键在于终生富有真情。

我们每名同学今后不管间隔多久相距多远，同学们都要永远铭记民族之根、父母之恩，铭记母校的培育之恩，铭记老师的教育之情，铭记同学的纯真友谊。也许你今天还体会不深，也许我们在昨天还有不愉快，但是再过几年，十几年，特别是几十年，就会想起同桌的你、同班的你，就会深深领悟到母校的深情、老师的期盼、同学的友谊，生你养你的祖国和父母的恩情。所以，我们要深爱自己的母校，不忘自己的老师，怀念自己同学的珍贵友谊，挚爱自己的父母、自己的祖国、自己的民族、人类的文明；同时我更真诚地希望同学们常回母校看看！

同学们，生命的意义不在于它的长度，而在于它的厚度。我相信，嘉高三年的学习生活，为你们成就精彩人生铺就了良好的平台，为你们凌云展翅打下了厚实的基础。今后，嘉高作为你们的母校，将一如既往地关心、关注和支持你们的发展，这里将永远是你们的坚强后盾，是你们的精

神家园，因此，我们真诚地希望经常收到你们的喜讯，真诚地希望你们的照片能挂在母校教学楼的博士廊中，你们的每一个成就永远是母校的骄傲。也希望同学们在展翅高飞的同时，谊联嘉高，当好中华文明的使者，心怀天下，情系祖国，做一个具有世界胸襟、民族情怀有责任的中国人！

最后，祝同学们德正才优，卓越发展，前程似锦，鹏程万里！今天你以嘉高为荣，明天嘉高以你为荣！

谢谢大家！

2017年6月2日

求真嘉高

与时俱进，
嘉高人永远在
求真教育的道路上前行！

文明之花　芬芳校园

——嘉高创建浙江省文明单位的体会

/ 徐新泉

嘉兴高级中学自1997年建校以来，始终把社会主义精神文明建设作为一项重要工作，放在学校工作的首要位置，认真贯彻中共中央《关于社会主义精神文明建设指导方针的决议》、中共中央《关于加强社会主义精神文明建设若干重要问题的决议》，按照《嘉兴市（1996—2010年）社会主义精神文明建设规划》和《嘉兴市文明单位标准》的要求，认真开展了文明单位的建设，六年来取得了喜人的成果，精神文明创建工作不断踏上新的台阶，1999年被命名为嘉兴市秀洲区文明单位，2001年被命名为嘉兴市文明单位，2003年被命名为浙江省文明单位。

一、以校党总支为核心开展创建工作，建设敬业勤奋之风

为更好地发挥党组织的战斗堡垒作用和党员的先锋模范作用，党总支在各年级组、行政组建立了党支部，将支部工作落实到教育教学第一线，坚持定期的组织生活，全体党员立足岗位，自觉实践“三个代表”重要思想，努力成为全校教师的榜样，为实现学校的各项目标和任务做好本职工作；认真开展学习，努力提高自身的思想素质和理论水平，自觉讲政治、讲学习、讲正气，在学校、社会、家庭自觉弘扬社会公德、职业道德、家庭美德。学校党总支连续多年被评为嘉兴市秀洲区先进基层党组织和嘉兴市先进基层党组织，党员中涌现了浙江省优秀教师、秀洲区优秀教师及一大批秀洲区优秀党员。

学校建立了完善的群团组织，并开展切实有效的工作，共青团工作、妇委会工作、工会工作、退协工作得到上级单位的好评，推动了学校的各

项工作，为学校教育教学的发展打下了扎实的基础，学校团组织被评为“浙江省先进团委”。

办好“嘉高业余党校”，积极培养优秀青年学生。建校以来共举办了4期“嘉高业余党校”，先后有500余名学生参加了业余党校的学习，有300余名同学向党支部递交了入党申请书，经过考察先后有70余名同学被确定为入党积极分子考察对象，其中50多名同学已被接纳为中共预备党员。被接纳为中共预备党员或被确定为入党积极分子的学生在各方面都自觉严格要求自己，在同学中起到了较好的模范作用。

以“创办学习型学校，培养研究型教师”为目标，学校把教师队伍的建设作为一项重要的工作，坚持教职工学习制度，加强师德师风教育，开展师德培训。邀请专家举办了“今天我们怎样当教师”“今天我们怎样教学”“今天我们教师怎样发展”等师德专题报告，举行优秀教师报告会，在各类评优工作中，把教师的自荐自评作为师德教育的最佳材料；认真组织全校教师学习党和国家的教育法律法规政策，学习先进的教育理论，学习优秀教师的先进经验和事迹，进一步树立“教好书是为师之本，育好人是为师之德，双向成才是为师之求”的观念，确立教育工作是一项特殊的服务工作的思想。学校被评为嘉兴市校本研修先进集体，潘新华老师家庭、薛万霖老师家庭被评为嘉兴市学习型家庭、秀洲区学习型家庭。

二、以道德教育开展创建工作，建设文明勤奋之风

开展“尊重”教育活动，培养学生优良的道德情操。学校以“尊重自我、尊重他人、尊重社会、尊重科学、尊重环境”为主题，把道德教育与学生的为人教育紧密结合，培养学生良好的习惯，使德育工作较好地内化为学生的自觉要求，深化尊重教育在学校德育、学科教学、班主任工作、学生评价、校园文化建设和教育教学管理等领域的应用与实践。围绕“尊重”教育这一主题，开展“道德教育生活化”“寻找校园道德细节”“常怀感恩之心”“自己的事情自己完成”等系列性的教育活动。深入开展中华传统美德教育等系列教育活动，联系现状，引发学生反思，拓展德育内涵和视角，发扬传统精神，光大传统文化。

开展爱心教育，培养全校学生的社会责任感。帮助贫困学生，既是弘扬中华美德，也是最好的扶贫，我们深感教育扶贫是造血性扶贫，特别是我们高中阶段，让这些贫困孩子能上学、上大学以改变他们的生活轨迹，因此1999年9月我们联合各兄弟单位党组织捐资建立了“嘉高齐心助学金”，坚持不让嘉高的任何一名学生因贫失学。我们为高三毕业因经济困难而上不了大学的严同学想方设法筹集学费，为高二年级身患重症的沈同学爱心捐款，全校师生纷纷伸出援手，共计捐款九万多元；为帮助西部地区的孩子读书，全校师生又开展了爱心捐款。

为培养学生自律、自尊的品德，汇编了《追求卓越——学生管理制度汇编》，在课堂常规、就寝常规、就餐常规诸方面严格管理，强调关心和爱心，努力促使规范教育由他律到自律。学校制定了“星级班级”申报评比办法，开展“星级班级”评比活动，以评比活动作为载体，切实提高学校德育管理的有效性。在实践中不断完善星级班级评比制度，创设班级文化，通过班级文化建设，制定班级文化建设目标，让校园多一点歌声、多一点体育、多一点文明，在活动中培养学生的习惯。同时，实行星级班级考核制度，学校政教部门每月对班主任的班级管理（包括班级文化、班容班貌、寝室卫生、寝室管理、纪律自律、班级特色等方面）工作进行考核，评比达标班、示范班等星级班级，以加强班主任工作的责任心和全校学生的自律意识、集体荣誉感。

以开展系列性的活动为德育载体，开展丰富多彩的校园文化活动，推动校园精神文明建设更上一层楼。举办“体育节”“科技节”“艺术节”活动，积极调动每一名学生参与，在丰富多彩的活动中，培养学生热爱集体、崇尚科学的美德，陶冶学生的审美情操，提高学生的学习热情和生活情趣。

营造校园“学习文化”，鼓励学生学习的自觉性，增强学生自我学习、自我管理的能力，把学生的关注点引到学习上来，让学生在“主动探索、质疑批判、认真作业、提高效率”中获得自身需求的满足，养成学生学习目标和学习习惯“五字诀”，即听——上课专心听，记——笔记用心记，练——作业认真练，问——疑难及时问，看——各类书多看，培养学生勤奋努力的习惯和风气。2000年7月，嘉高首届138名毕业生，高考达到重点大学分数线的占46.8%，达到本科大学分数线的占86.5%，1人被北京大学录取，16人被浙江大学录取，至今已有4届毕业生高考成绩都是嘉兴市本级高中学校第二名。

优化环境，家校同步，促进学生良好行为习惯的养成。充分重视家长资源，积极优化社会环境，努力建设家长学校；通过家长会、告家长书，利用家校通平台资源等形式对家庭教育的内容、方式、方法进行指导，与学校教育形成良好的合力。

三、以健全管理制度开展创建工作，建设优良校风学风

（一）以人为本，建立并不断完善学校各项规章制度。

依据《中华人民共和国教育法》及国家其他有关法律、法规、教育方针和政策并结合实际，制定了一系列切合学校实际的管理制度，汇编成五万多字的《追求卓越——学校管理制度汇编》，对学校各方面工作起到了透明管理、规范行为的作用。同时在学校内部人事制度、分配制度等方面开展了大胆的改革，使教职工“言”有规，“行”有矩，激发了全校教职工的工作积极性，推进了学校各项工作的顺利进行。

（二）维护教职工合法权益，完善落实教职工代表大会制度。

现代学校管理必须要遵循以人为本的原则，发展学校事业要充分依靠全校的教职员工，学校的发展和进步离不开全体教职工的积极参与。学校定期召开教职工代表大会，倾听教职工的心声，为决策学校发展大计、制订学校规章制度、决定学校的改革措施起到了积极的作用。

（三）实行校务公开，坚持民主管理和民主监督。

学校每学期对中层及以上干部履行职责的情况进行述职和民意测评，并将群众的意见及时地反馈给本人。认真、规范地做好校务公开工作，在学校校园网络上及时发布和通报有关部门的信息，做到重要问题让教师知道，重大问题让教师讨论，凡涉及学校规划、每一项重要制度的出台等，都要召开教职工大会或教代会进行民主表决，年度考核、职称评定及各类先进评选的过程公开，为教师创造了一个民主公正的工作环境。

建校以来，我们坚持把以德立校、依法治校、科研兴校贯穿在文明单

位的建设之中，把文明单位建设工作作为促进学校教育教学的重要手段，不断推进与深化。随着文明单位创建工作不断踏上新台阶，学校校风学风得到社会的普遍赞誉，学校精神文明的建设得到社会的高度评价。

2003年7月8日

创建学习型学校　促进可持续发展

/徐新泉　俞佩忠

伴随着教育的快速发展，学习型特色学校的建设已逐渐呈现出规范而又深入的态势，这使我们深切地认识到，一个学校组织建设的质量不仅影响到学校自身的发展，更直接地影响到她的“产品”——学生的终身发展。一个面向未来的学校必然要把自身的组织建设作为首要问题来思考，学校组织要发展必须具备不断创新的能力，而这种能力的获得又必须以学校组织所拥有的学习能力作保障。现代学校竞争实质上是全体成员（师生）学习力和创新力的较量，谁能迅速把学习力转化为创新力，谁就赢得发展的主动和领先的优势，也就获得了可持续发展的动力。因此，我们将构建学习型组织培养和提高全体师生学习力和创新力作为学校组织管理建设的一个重要内容。学校全体成员（师生）所进行的学习不仅是读书求知，而且注重在实践中形成种种能力，同时注重培养每一名师生的责任感、敬业精神、自律自治自信自立能力、正直诚实、遵守社会公德等良好个性品格，在此基础上使自己成为一名符合现代学习化社会需要的合格专业人才，这一切正是办学历史短暂但一贯追求卓越的嘉高所急需和追求的。基于此，我们提出将嘉高创建成一所“高品位校园，高质量教育，高素质队伍，有特色办学”的省内有影响力的学习型高级中学，以加速实现嘉高的可持续性发展的远景目标。

一、我们今天创建学习型学校，有着十分的紧迫和非常的意义

从时代发展社会转型的必然趋势来看，当今教育的发展已处在从高考

提高教育质量求效益转为以教育创新求效益，发展基础从硬件资源转为软件、智力资源并重，从用制度控制转为用学习来激励的大趋势下，对每一位教师而言，学会学习尤为重要，进行终身教育者必先是终身学习者，学习是唯一的桥梁与阶梯，而学习型组织的出现正好给学校提供了一块培育终身学习者的适宜土壤。反观传统的学校，我们发现其往往使人产生惰性，从组织角度看，是工作与学习的分离，导致组织绩效没有因学习而带来改善；从个人角度看，是工作与知识的分离，妨碍了教师个体的成长，这一切必将严重抑制并衰竭学校的学习力，使学校演变为一个僵硬的“运作型组织”。由此，创建学习型学校势在必行。

从学校的可持续发展的必然要求来看，新世纪以知识为基础，注重更新、创新和超越，以人为中心，注重个性、崇尚多元和多样性，学校组织要生存必须具备不断创新的能力，而这种能力的获得又必须以学校组织所拥有的学习能力作保障。只有在学习型学校这个平台上，才能铸造成能够经受住任何考验的名副其实的优质教育品牌，才能满足社会对优质教育的长久需要，才能实现学校自身可持续发展的需要。

从师生自身价值实现和潜能开发的必然需要来看，当今学校对“人才是最重要的资源、一流的学校靠一流的人才”的共识几乎都有，关键是如何落实并真正实现学校的人本化管理理念。我们所理解的“以人为本”是“把师生当成学校最根本的元素，一切靠师生，也一切为了师生”。学校的价值和生命力首先在于对其产品——学生的自身创新能力的培养水平，而师资队伍的建设是学校教育创新的关键所在，学校不仅是培养学生的地方，也是教师获得同步发展的舞台。教育创新是一个对教育发展规律探索与创造的过程，教师作为知识的传播者，作为在教学过程中引导学生进入知识、能力、素质建构和知识创新的探索者，毫无疑问是学校教育创新的关键所在。因此，教育创新能否成功，最终将取决于教育的主体力量——教师及其素质结构的高下。学习型组织的产生满足了学校教师进行终身学习的愿望，为其实现通过持续不断的学习而获得源源不断的创新力进而培养学生的自身创新能力提供了条件。

二、我们今天创建学习型学校，要有基本的认识和结合学校实际的理解

学习型学校的内涵认识。英国教育学者Southworth在1994年发表的一篇名为《学习型学校》的论文中指出，学习型学校应具备下列各项相互关联的特征：一是重视学生的学习活动，二是个别教师应是不断的学习者，三是鼓励教师和其他同人共同合作或相互学习，四是学校为一个学习系统的组织，五是学校领导者应为学习的领导者。因此，我们认为：学习型学校的基础是“团结、协调、和谐”，即班子团结、上下协调、环境和谐；学习型学校的核心是“学习、合作、创新”，即团队学习、系统合作、观念创新；学习型学校一般具有组织精简、层次整齐、效率提高的特征，整所学校就是一个张弛有致、井然有序的学习型组织。教师就是一个不断深入探究学生的学习活动、教学观念创新的研究型群体；学校管理者既是学习型组织的参与者，又是学习型组织的组织者和协调者。在这里，没有上下等级的区分，只有充分人性化、始终充溢着浓浓学习氛围和给人以良好心态的宽松组织的存在。如此氛围，教师们在教育教学问题面前人人有发言权，知无不言，言无不尽，相互尊重，充分民主，以学术争鸣为最高目的，以教学创新为最后目标，师心在不知不觉中大受启发而日益上进，从而促进了教师队伍建设的良性化发展，为学习型学校的形成创造了有利条件。

嘉高创建学习型学校的基本理念：学习与工作是一体的。目前，我们学校已初步具备了学习型学校的相关特征，学校领导不仅是学习的领导者，更是学习的参与者，越来越多的教师正在逐步成为不断的学习者，学校通过建立一系列学习型组织（如青年教师沙龙和非正式专题研讨会等）来保持和鼓励教师进行相互合作与学习，将学生的学习活动作为一项重要内容放到学习型组织中进行探讨和研究，整所学校事实上正逐渐成为一个充满生机的学习型组织。当今时代，唯一“不变”的就是“变”，未来竞争是知识的竞争；一个组织要生存，它学习的进度必须超过或最起码要等于环境变化的速度；一个组织要成功，唯一持久的竞争优势，就是具有比

你竞争对手更快的学习能力。因此，我们在创建学习型学校时，确立了这样的理念：学习与工作是一体的——传统的是先学习，再工作，而知识经济时代是在学习中工作，在工作中学习；知识会愈用愈多——传统的学校是要以时间、汗水等为学生服务，所以时间资源愈用愈少，难怪每个教师都要想尽办法争取时间，而知识资源正好相反，你愈使用它，资源愈多，你愈与别人分享它，它愈丰富。

三、我们今天创建学习型学校，重要的是既要认真地思考又要务实地实践

1. 和谐的群体环境是创建学习型学校的基础

良好的环境也是一种教育，它起着巨大的潜移默化的熏陶作用。和谐的群体环境首先应具有宽松、民主、团结的工作和学习的氛围。我们嘉高的各项管理，坚持以人为本，充分发扬民主，在领导、教师、学生不断的对话、协商中，广泛产生深度思考和有实质内容的交流，积极完成富有挑战性的工作，共同缔造出一个积极向上、团结有力的学校集体。

在学习型特色学校的创建过程中，学校领导扮演的首先是设计师及教师的角色，不仅是学校办学方向的引导者，教育方针政策的贯彻者，师生员工的引领者，人际关系的协调者，学校运转的组织者，更是业务的楷模、管理的能手，使得学校内没有相互猜忌和内讧的现象，师生在快乐学习的体验中，充分体现人人都是学习者又都是实践者的良性互动关系。

在学习型特色学校的创建过程中，全体教职工普及终身学习的理念是环境建设的一个重要方面。在学习过程中嘉高的教师逐步实现了三个转变：学习内容上开始从单一的技能培训向进一步更新观念，提升学习能力和吸收新知识技术转变；学习方式上开始从“缺什么补什么”的被动学习方式向超前跨岗学知识、学本领，提升综合素质转变；学习观念上开始从一纸文凭定终身的传统思维向倡导终身学习的全新理念转变，树立了“知识是资本、人才是财富、科技是生命力”的新观念，在不断的终身学习中，培养了自身对知识的积累能力和更新能力。在处理各项工作时，我们坚持“四先”原则，即学校在制订工作计划时，先制订基于嘉高教育困惑

的教育科研计划；议事或处理问题时，先进行科学论证；在总结学校工作时，先总结教育科研解决了嘉高教育难点的工作；学校在评优时，首先考虑在教育科研和研究成果在教育教学实践方面做出成效的教师，从而使教育科研先行的观念在每位教师的心中牢牢扎根。

2. 健全的学习机制是创建学习型学校的核心

学习型学校的核心是组织内部有完善的学习机制，它能够充分激发群体智慧，并主动转化为群体的良好行为。我们主要从以下几个方面来着手建立和完善学习机制。

调整结构并完善制度。针对教育形势发展迅速、教育管理不断出新、学校之间竞争日趋激烈、学校内部改革不断深化的情况，学校从充分保障教师发展权的角度出发，通过创建学习型学校，实现教职工的心灵转变，开发其智力资本，使每个教职工从内心深处感悟到搞好教育工作离不开学习，改善教职工的心智模式，培育团队精神。使管理模式由“制度＋控制”向“学习＋激励”转变，管理方法由“单向服从”向“双向交流”转变，管理手段由“简单扣罚”向“沟通引导”转变，管理者由“指挥员”向“教练员”转变，被管理者由“被动执行”向“自主管理”转变，以提高教职工的综合素质，从源头上提升其岗位竞争力。

工作学习化和学习工作化。工作学习化是指将每一项工作视为一个学习的机会，把工作过程看成是学习的过程，把工作中的反思看作是最好的学习机会，从工作中学习新技能、新方法并促进专业知识的成长。我们学校积极鼓励教师主动承担工作，人人都能在机会来临时选择挑战而不是逃避，通过每一次的比赛和活动，达到充分的自我超越。学习工作化则是指将学习视为一项必要的工作。我们学校要求教师不但每天能不断地学习，而且对学习也和工作一样，提出要求，进行规划、检查、考核。如让教师每周写一篇教后记或教学心得，或针对一个问题发表自己的看法，每学期交三至五个教育教学案例，听课写出听课反思，教研活动回校后须写出收获心得体会才能报销差旅费等，使教师由逼着写、学着写，逐步发展到自觉写、坚持写，以此提高广大教师的认识能力和总结能力。总之，在工作与学习中，我们特别强调把由学习过程中获得的信息、知识、技能转化为自己教学实践的行为，又能把实际工作中存在的不足当作课题来研究、学

习，体现工作与学习的完美结合。

强调团队学习与群体智慧。团队学习并不是简单的个人智慧的叠加，而是要通过团队学习使集体的智商达到一个新的高度，提高集体战斗力。在团队学习的过程中，我们鼓励每个教师都能有机会表达自己的想法；同时我们也强调要学会倾听，能够互相交心，合理交流，不过分“辩护”，以免给对方造成难以沟通的尴尬。我们为团队学习搭设的舞台主要是从有意识地组织青年教师学习沙龙、非正式专题研讨会、教师论坛等小团组学习方式，逐步发展到学校的大团组学习。在团队学习中，我们采取集思广益、深度会谈、切磋互动的方法，避免专注于个别事件的局限思考和从经验学习的错觉。为把握好这一点，每次在组织沙龙、学习会的时候，都设有主题，强调真实、诚恳的会风，并预先通知使大家有备而来。

其中，我校团队学习最有影响力的两种学习型组织形式分别是：

一是青年教师沙龙。沙龙将视点集中在以下几个方面：课程与教学理论：了解研究型教师的特征与形成过程，了解当代课程理念，发现自己的成功与不足。教育科研方法：了解教学即探究，掌握科研论文写作的基本规范，了解教育实验设计的要素，知道申报课题应注意的事项，写出具有自己风格的教学经验，并尝试分析自己的经验。课程开发策略：掌握反思的要求，了解有效教学的观念与技术，修改与继续分析自身的经验描述，尝试提出自己的概念与模式。课改前沿信息：了解课程改革的最新信息，了解考试改革的方向，了解课程评价体系的建议。

二是非正式专题研讨会。自2000年以来，我们多次组织教师不定期地开展非正式专题研讨会，一起对某个教育教学问题进行非正式专题研讨，大家畅所欲言，提出自己的看法和意见，每位教师把深藏于内心的想法自由地表达出来，同时把支持自己意见的前提假设和条件摆在大家面前，以便接受大家提问或向别人提问。非正式研讨一般分为三个层面展开，第一个层面是“问题—课题”，通过研讨找准自身教育教学中存在的问题并建立有关课题。第二个层面是“经验—实验”，即在实验中形成感性经验加以提炼，通过研讨由一般经验上升为科学经验。第三个层面是“结果—成果”，通过研讨，把个人较浅显的认识，发展到系统的、理性的认识，从而归纳、提炼成科学的研究成果。研讨的内容涵盖了教学、科研、德育等方面，如有关教学学科的作业量问题，对“道德教育生活化”德育命题的大力提倡，开展学生“三自”（自律、自治、自理）德育活动，尊重教育课题的提出和实施，等等。

在这样的学习型团队中，嘉高教师个人的生命空间得以无限拓展，真正成为一个全神贯注于自己喜欢做的事，又兼顾生命中最重要事情的“学习者”。在一定程度上实现了学校创建学习型组织要进一步张扬教师的生命个性，培养更开阔的思维研究方式，实现学校师资人力资源的可持续发展的初衷。

鼓励问题试验和实验总结。试验与解决问题是两种互为补充的学习方式。如果说解决问题主要是为了应付当前困难的话，那么试验主要是面向未来，为了把握机会、拓展空间而展开的创造和检验新知识的活动。课题研究——研究型教师的培养必须引导教师选择并确立自己的科研课题，结合学科教学实际，围绕课题展开教学与研究，将课题研究普遍化、日常化、制度化。我们强化“问题即课题”意识，大力倡导遇事能研究，人人有课题，培养研究的态度的习惯，以提高群体研究的水平，力求“人出课题，课题出人”。据统计，3年来全校已立项或结题的省级课题就有5个，嘉兴市级课题11个，秀洲区（县市级）课题24个，课题研究已具备一定的规模和水平。案例研究——针对教师研究工作的特点和教研室布置的工作任务，我们倡导进行案例研究。案例研究对于教师来说看得见摸得着，贴近教师的课堂教学实际，也有助于教师通过案例将教育理论和实践很好地结合起来。在案例研究中，要综合运用多种方法，教师通过观察、调查收集资料，然后进行“去粗取精，去伪存真，由此及彼，由表及里”的分析概括，并开展讨论，进行思想火花的碰撞，从而加深对案例的认识和理论观点的阐发。

重视从过去的经验中学习——学会反思。“温故而知新”，从自己过去的经验中学习是一种最经济有效的学习方式。著名哲学家乔治·萨塔亚纳（George Santayana）曾经告诫人们：“忘记过去的人必定会受到惩罚，他将重蹈失败的覆辙。”因此，有人将这一学习过程称为“萨塔亚纳反思（Santayana Review）”。

值得注意的是，虽然大多数人都知道“失败是成功之母”的道理，但

实际上，对失败的反思往往要比回顾成功困难得多。一方面，人们都有趋利避害和虚荣的本性，不愿意提及失败的痛苦经历，而比较喜欢回忆成功的辉煌；另一方面，在组织中，对失败的反思还必然会涉及由谁来承担责任这一棘手的问题，因此使得对失败的反思难以有效进行。但不能坦诚地面对失败，往往无法发现人或组织存在的缺陷，为以后的发展埋下了隐患。因此，从某种意义上说，我们认为失败比成功具有更大的学习价值。在嘉高，我们有效地开展反思性教学，要求教师经常反思研究自己的教育教学工作，探究和解决工作所遇到的问题，通过回顾、诊断、自我监控等方式，不断提高教学效能，培养教师的反思能力，并从以下方面入手：

一是撰写教学周记。教学周记是一周教学工作结束后，教师写下自己的感想和体会，及时反思自己的教学实践，总结得与失，并与其他教师共同分析。二是教学案例设计。教学案例设计，就是用具体的问题、事例说明一种观点，使学科思想、方法等通过具体事例这一载体在课堂教学中得到贯彻，它分为小标题、概述、问题（事例）设计或教学实录。三是填写问题手册。教师在开展课题研究时，及时记录有关问题，主动填写问题手册，对自己的教学或课题研究过程中成功之处和不足之处进行剖析，分析原因，不断反思自己的研究过程。四是进行行动研究。行动研究是从教育教学问题出发，按照“问题—计划—行动—观察—反思”的步骤，反思自己的教育教学工作，从中吸取经验教训。

落实系统思考与整体观照。解决问题的过程本身就是一种学习活动，通过发现问题，对问题进行分析，最后把问题圆满解决，不仅可以在这个过程中学习到新的知识、方法、技能，而且可以提高个人处理问题的能力。因此，通过发现问题、解决问题来学习不仅是一条行之有效的学习方法，也成为一项重要的学习活动。系统地解决问题是一种重要的组织学习活动，它能把理论与实践结合起来，把学与用结合起来，在用中学，并学以致用。系统思考是学习型学校的关键，它要求我们整体地思考问题、动态地思考问题、从本质上思考问题，它引导人从复杂的细节中去观照整体、去看变化背后的结构、去掌握动态的均衡搭配，从而由小而有效的杠杆点去产生以小博大的力量。在强调系统思考的过程中认为，我们要不断改变“心智模式”，能够从各个方面、不同的对象中收集信息，尽可能多地掌握第一手资料，把握事物的发展规律。作为教师来说，要整合各种教育因素，发挥集体的巨大力量；要善于把学生作为镜子，以学生为本，以此来修正自己；要以发展的眼光来看待每一个学生，努力提供学生的最佳教育空间；要从“蝴蝶效应”“青蛙现象”中得到启示，认真对待细小的变化，及时做出积极的反应。

3. 持续的学习动力是构建学习型学校的保证

学校是教书育人的场所，学习是自然而然的事。但真正要建立并成为真正意义上的学习型组织，需要一个长期的调整提高过程，关键是保证教师和集体有持续的学习动力。我们是从三个方面保证教师有不间断的学习热情和追求的。

一是树立自觉的终身学习意识。几年来，我们通过听报告、讲实例使教师深刻地感受到：世界上唯一不变的东西就是“变化”，一张文凭甚至几张文凭也不能让人享有终身的优势，只有坚持终身学习，才不会被时代淘汰。老师们也认识到，再也不能用不变的心智模式、教学观念（如大一统的时间、空间、教材下的学生被动接受）来影响不断变化的一届又一届的学生。要适应变化就只有学习。一句话：“你，永远不能休息，否则，你，永远休息。”我们要求教师解决好计划与规划的关系，青年教师都制定了“三年成长计划”和“五一八年发展规划”，长远规划与短期目标相结合，使每个教师能客观地理解环境和自己，能振奋精神不断促进自己的成长与超越。因为，人的行为是由动机激发的，学习型组织下的研究型教师的培养，可使学校内部形成一种强大的动力，激发教师为实现目标而发挥积极性、主动性和创造性。

二是点燃教师的自我发展需求。通常我们把人的需要分成三个层次，即生存需要、享受需要和发展需要。这三种需要是紧密联系在一起的，是不可分割的统一体，只有不断满足人们不同层次的需要，才能使人不断产生行为动力。因此，要构建学习型学校，就要积极创造条件，满足教师的不同层次需要，并逐步向高层次需要引导。我校在教师职业发展中做到分类发展、分层发展、调整发展。根据研究型教师的成长规律，在分化过程中我们按合格教师、知识型教师、经验型教师、研究型教师、教育家型教师等分类发展；在成长过程中我们按新教师适应阶段、分化定型阶段、研

究型教师阶段等提出不同分层发展要求：

自我提升。教师可根据自己的个性和特点，采用不同的方式来提升自己的专业水平。

学力进修。学校鼓励教师参加学力进修，它是知识与能力取向并重、课程化培训与非课程化培训的最佳结合，可使教师吸纳信息、活跃思路、改变观念、提高能力，使教师具备必要的专业精神、教育理念、专业知识、专业能力和专业智慧。例如嘉高于2003年暑期与上海师范大学联合举办了学制二年的“课程与教学论——课堂教学方向”研究生课程班，全校近五十位专任教师参加了学习，开始了在高中大面积提高教师教学研究水平的办学。

知识更新。教师以改善知识结构为主要目的，选择相关的前沿性内容，拓展知识面，以跟上教育形势的发展。

能力提高。教师以提高能力水平为主要目的，找出现实教学能力水平和学校、学生要求的差距，通过多种方法提高自己的能力。

业务上除师徒结对、压担子和采取请进来、走出去等形式外，主要以“科研促名师”，通过教育理论与教学实践的几次整合，初步构建了学校所期望的研究型教师队伍，也使教师体验到学习、工作中的生命意义。

三是营造强力型的组织文化。当今教育的缺失，很重要的是文化的缺失。教育要创新，必须重视继承优秀传统文化，传播先进文化。自觉丰富校园文化建设，形成氛围，注重积淀，努力改变学校教育中缺少人文精神的现象。强力型的组织文化，使组织内部全体成员产生共同的行为方式、价值观念和道德规范，保证学习型学校朝正常的方向发展。营造强力型的组织文化，需要学校积极倡导新的价值观，老师自觉将个人目标融合到学校的共同方向之中，把学校的事业看成是个人的事业，达到对组织的一致认同。学校通过人事制度改革、分配制度改革、职称评聘改革和绩效奖励、精神鼓励、提拔晋升等措施，奖勤罚懒、奖优罚劣，来强化教师的学习行为。

四、我们今天创建学习型学校，取得了初步的成效

一是学习力的提高。学习型组织的建立和活动的开展，开启了教职工心灵的学习之窗。在嘉高教师的心目中，学习不再是谋生和竞争手段，而是一种时尚生活方式，可以活出生命的价值。经过三年努力，学校学习蔚然成风。主要表现在：

学校管理层的学习表率作用。领导班子通过学习不断形成新思想，提出新理念，实施新举措，不断提高领导自身学习能力，并影响和帮助全体教职工投入学习。此举进一步激发学校教职工的学习动力和活力，在个人学习的基础上大大增强组织学习的能力。

学校教师为适应可持续性发展，98%的专任教师达到了高中教师合格学历（本科），60%的专任教师进入提高学历的研究生课程班学习；为适应学校网络管理的需要，百分之百的教职工参加计算机业务学习，其中绝大多数家庭拥有电脑。

学校团队学习制度化。“双周讲座，三年不变”的共享式学习。针对创建学习型学校内涵的入门、学习、修炼、试行和思考等五个环节，多次开展全校性的教职工学习交流、反思与小结，并形成了文字化的共享资料。95%的教职工接受并能应用现代管理语言、方式和思维方法，绝大多数的教职工自觉订阅报纸杂志。

学校教职工学习心态普遍发生根本性变化，从被动学转变为主动学，结合工作学习，视学习为工作，真正做到工作学习化、学习工作化。为提高教学水平、科研水平和管理水平，学校已多方面为教职工投入资源，多次组织提供参加全国性会议和出国学习的机会。

学校努力建设学习型组织的平台，提供现代化学习理念和手段，学校投入巨资开展校园网建设，有力地支撑了现代教育，促进了学校建成以反馈、反思、共享为基础的学习系统。

二是凝聚力的增强。随着学习型学校建设向更高更广的纵深方向发展，学习型学校的成效也逐步加以体现，教师之间协调的多了，冲突的少了；奉献的多了，计较的少了；理解的多了，埋怨的少了；爱校的多了，

守家的少了；学生之间文明的多了，粗俗的少了；相互学习的多了，彼此猜忌的少了；合作帮助的多了，分离抱团的少了；良性竞争的多了，恶意竞压的少了……全校上下呈现出相互合作、和谐发展的喜人景象。

三是创造力的显现。学校教育教学工作不断跨上新台阶，2000年全国高考本校首届高中毕业生取得了上线率100%、本科率86.5%、重点率46.8%的优异成绩。在此基础上，学校又适时提出了“努力突出人文情感教育，大胆探索‘三加强’（加强情感性、主体性、创造性）课堂教学模式，全面提高教育质量，积极争创学习型特色学校”的办学思路，并要求每一位教师努力向“研究型教师”目标迈进，最终确立了把学校办成“高品位校园、高素质队伍、高质量教育、有特色办学”的具有鲜明学习型特色的重点高中的办学目标，将之作为学校上下跨世纪的追求。通过近6年的积极实践与大胆探索，初步实现了学校教育质量全面提高和办学目标双丰收的构想，已输出的三届毕业生均取得了上线率100%、本科率90%、重点率40%的好成绩，位居嘉兴市本级高中学校第二名；嘉高教师辛勤播撒的情感教育种子，在个性各异的学生身上得到了充分的显示，不论是作为文科社团的秀苑文学社、青铜史学社、嘉高求是论坛、星河天文社，还是当前培养学生创新意识和能力的研究性学习活动，都以其独特的魅力吸引着每一个人。秀苑文学社在全国各级报刊发表作品120余篇，数十人次在全国组织的知名中学生作文竞赛（圣陶杯、语文报杯等）中荣获一、二、三等奖，2001年秀苑文学社被全国中语会、中国教育学会命名为“全国优秀中学生社团”；青铜史学社和嘉高求是论坛也在嘉兴具备了相当的影响力，获奖与发表小论文数十篇；研究性学习活动开展得有声有色，学生课题在嘉兴市和浙江省获得一、二等奖，连续多次被选中作为大市的展示课题，教师的研究性学习教学论文也有5人获大市一、二等奖，成果显著。而作为文科教育综合实力体现的高考，2002年文科综合成绩跃居全市首位，语文单科成绩名列前茅，在嘉兴市声誉日隆。理科的竞赛成绩也形势喜人，短短几年先后有29人次获得全国和省里的竞赛优胜，数理化均获得了全国二等奖的优异成绩，受到社会各界的肯定。

几多耕耘，几多收获。嘉高通过学习型学校的建设，在短短的几年时间里催开了学生的心灵之花，结成了智慧之果。学生的个性特长得到了拓展，一大批具有研究型资质的教师脱颖而出，成为嘉兴市乃至省内有一定影响力的名师；一批具有相当教育学术价值的学校课题被省市立项，课题研究已具备一定的规模和水平，如浙江省重点课题“重点中学研究型教师群体培养的策略研究”，浙江省课题“利用多媒体技术进行生物教学的策略研究”“高中《体育与健康》课程评价体系研究”，嘉兴市重点课题“主体性教学的策略研究”，等等，一批高质量的教师学术论文在全国各级各类刊物公开发表，浙江大学出版社还出版了嘉高教学专著《现代中学课堂教学模式》；学校先后被认定为“浙江省重点中学”“浙江省文明单位”“浙江省现代教育技术实验学校”“浙江省推行《国家体育锻炼标准施行办法》先进单位”“浙江省卫生先进单位”“浙江省先进团委”“嘉兴市教科研先进集体”“嘉兴市绿色学校”，一所充满生机与活力的学习型特色学校正在逐步形成之中。

五、我们创建学习型学校的几点体会和思考

一是创建学习型学校要始终围绕学校办学目标展开，整个创建活动是一个系统的、长期的管理行为，而不是简单的模仿，也不能只追求形式上的创建，而是要把创建活动同学校的管理和创新紧密地结合起来，真正改善工作氛围，激发广大员工的积极性和创造性，提高学校的管理效益。

二是创建活动能不断提高学校的业绩和增加教职工个人成果，这是创建得以持续发展的动力源泉。创建学习型组织不是简单的工作方法，而是一种管理理念。创建中不应该生搬理论，而是要结合学校的实际情况有针对性地创建，既要创新，又要把适合企业现状的、有利于学校发展的经验借鉴过来，为我所用。

三是创建活动自始至终有计划有推动，而这种推动不是权力控制型的，而是学习型的。创建学习型组织活动是循序渐进的活动，必须自上而下、以点带面地逐步推广，其中发挥骨干和典型的作用尤为重要。特别是要选准重点，争取在较短的时间里取得明显的效果，更能增强对整体推进的信心。

四是创建活动中始终注意提高人们系统思考解决问题的能力，并把重

点放在提高全体师生的学习能力上，特别注意提高“组织学习能力”。创建学习型组织活动不是今天创建明天就能成功的。正如有关专家指出：“我们永远都不能说自己已经是学习型学校了。”只有不断地创建，不断地创新，不断地提高，在系统的修炼中循序渐进，才能保持创建的正确方向，使创建活动不断向更高层面提升。创建每个阶段都寻求行动和反思的平衡，将研究与试验结合起来，不断寻求新的试验、新的反思，达到新的平衡，将发展阶段有机结合起来，并一步步引向深入。

党的十六大提出了要“形成全民学习、终身学习的学习型社会，促进人的全面发展”的目标。创建学习型学校为嘉兴高级中学提供了一把应对挑战的钥匙，使我们用跳出学校看学校，重新认识学校所处的环境，从整体利益和长远利益出发，内增凝聚力，外增影响力，提高竞争力，不断扩展学校持续发展的能量。我们创建学习型学校，目的是保持师生不断提高水平和学校持续提高教育教学质量的学习动力，并在学习中不断创造自我、创造未来，进一步推进以创新精神和实践能力培养为核心的素质教育，加快嘉高事业的发展，成为优质教育资源。凭着对学习型学校的理解，凭着对学校实际情况和教育发展需要的把握，我们沿着建立学习型学校方向迈进的步伐与轨迹，正逐步由不自觉到自觉而变得愈发扎实和清晰。只有更新观念，不断学习，积极行动，才能跟上时代的步伐；也只有这样，才可能更好地为发展学生、发展教师、发展学校服务。

2003年9月12日

培养研究型教师群体
实现教育质量持续提高

/徐新泉

随着教育事业的快速发展，如何保持教育质量可持续提高，如何培养创新人才，关键是师资。然而，我们的教师群体由于受传统教育思想的影响，一定程度上以传播知识、培养智力和技能为最终目的，因此更新观念、培养建设具有创新精神和创新能力的高素质的研究型教师群体，是实现高中教育质量可持续发展的保证。

“研究型教师”是指具有一定的理论素养、较强的研究意识和研究能力，在教育实践中能不断发现问题、提出问题和解决问题，并能自觉运用先进的教育思想和教学方法指导教育实践、课堂实践，从而提高教育教学效率，以适应经济与社会发展需要的教师。其基本特征表现为：具备一定的理论素养，不断更新教育观念，能在现代教育教学观的指导下组织和实施教学；具有较强的研究意识，善于在教育教学实践中发现问题、分析问题；具备较强的研究能力，能对教育实践中遇到的各种情况和问题进行分析和研究，并善于把研究实践中获得的感性认识总结上升为理性认识，把握一般规律，最终用以指导教育教学实践活动，求得教育教学质量的提高。

随着研究型教师的不断涌现，必然会形成一个研究型教师群体，它的出现，必将带动和促进教师教育观念的更新，教育角色的转变，克服“学科本位主义”的倾向，打破传统的“维持教学”的束缚，将开发和培养学习者的创新能力作为教育教学的首要目标，通过终身学习，引进更多前沿的、综合的教学内容，变“教给学生知识”为“教会学生学习”；变“以教育者为中心”为“以学习者为中心”，强调主动参与和实践，着眼于未

来经济社会发展对人才的需要。

应该看到，目前仍然有不少教师没有走出“认知型”教育，以死记硬背为特征的记忆型教学仍占据着学科教学的一定地位，这是与“提高国民素质为根本宗旨，以培养学生的创新精神和实践能力为重点”的未来教育相抵牾的，其深层次的原因就在于教师教育教学的正确教育观念没有到位。一般教师平时只考虑“教什么”，对于“怎样教”的问题考虑得很少，更不用说具有研究“怎样教”的素养和能力了，如此，其教学即使拥有相当丰富的教育经验与“纯熟度”，也只能说是“工匠”型的教师，而不是有着自己的教育理念和教学个性的研究型。基于此，我们努力使学校教师“在思想素养上成为人类灵魂的工程师，在理论素养上成为学者型教师，在教学技艺上成为艺术家”，“关注每一位教师，让每一位教师都争取成为不同层次上的研究型教师”作为师资建设的宗旨。

一、刚柔结合：建立促进研究型教师成长的管理机制

1. 建立刚性的管理机制，规范研究型教师教学行为

对研究型教师的培养，首先是建章立制。其一是规范教师教科研行为和过程。其二是促使教师去参与研究。其三是明确教师的学习要求：规定每一学期应完成的学习内容和学习数量，如：做好读书文摘卡片，撰写教学周记，撰写教育教学论文，交流学习心得体会等。把教师的教育科研意识、能力、成果列入完成本职工作的范围之内，作为教师业务考核的一项重要指标。

其次是加强过程管理。在研究型教师群体培养的起始阶段，学校采用行政动员、科研启动的方法，要求每个培养对象都主持或参与课题研究。学校要强化以下几方面的工作：

（1）课题拉动。每年申报课题时，学校先集中部分骨干教师研讨，帮助教师确定课题研究方向，找出教育中需要解决的问题成为研究的课题，制订课题实施方案，以确保课题有研究的价值和较强的可操作性；课题立项后，学校对课题进行开题论证，市级及市级以上课题由学校邀请专家论证，校级课题由教科室组织有关教师进行论证；学期结束前，教科室要求

各课题组能对半年来的研究情况进行阶段性小结，检查课题研究的实施进展情况，并提出后阶段的工作设想与措施；每年课题结题前，要求各课题组及时总结课题研究的情况，交流实施课题的经验、体会，讨论结题报告的结构并最终定稿。

（2）培训启动。提高教师理论素养的研究和实践，寻求有效提高教师理论素养的途径、方法和相关制度。建立一周一次理论学习制度，坚持集体学习和个人自学相结合，学习原著和学习辅导相结合，理论学习和心得交流相结合。组织开展“读现代教育论著”“听现代教育报告”“看现代教育活动”“谈理论学习心得”等活动。学校为教师自学提供服务，诸如介绍提供现代教育论著、开设教师阅览室和资料室、摘录翻印报纸杂志理论文章片段、缩印现代教育理论语录册等等。

（3）科研与教研相结合。把科研和教研紧密结合起来，要克服科研选题的分散和盲目性，加强研究课题与学科特点的有机联系。搞好教学是学科建设的中心，因此要重视科研成果与教学内容的接轨。一项好的科研，是研究自己教育教学实践的困惑，它的进展与成果应首先在教育教学实践中得以体现。学校每个教研组要有自己的研究课题，其研究课题必须结合本学科特点。教研活动要结合课题研究进行，要有明确的方向和具体的研究内容。以使科研活动有依托，教研活动有目标。

学校的一切工作都是为了培养人才，这也是科研和教研结合的根本目的所在。要培养高素质的人才，首先要培养一批能够将科研与教研结合起来的“研究型”教师。科研是最好的创新活动，一个把科研结合在教研中并不断创新开拓的教师，才有可能让他的教学哪怕是最基础、最抽象的课程，也充满活力；才有可能在自己享有的空间感受到成功的乐趣，能够主动地、自主地、有创意地工作、学习和发展。

2. 建立柔性的管理体系，诱发研究型教师科研动机

（1）领导带头垂范。学校管理层带头参与教育科研，对教师会产生积极的影响，从而将学校科研渗透到教学的各个层面。

（2）创设展示机会。学校要不失时机地为研究型教师提供展示才华和活动成功的机会，以培育教师的学术成就感，激发教师更高层次的需求，使他们以更强烈的热情、更自觉的行为投身到教育改革的热潮中，让每一

个教师都享受到成功的乐趣。如请专家指导骨干教师科研以取得较高层面的成果；学校开展“科研沙龙”等活动，以促进广大教师科学研究意识的普及。

二、分层推进：有目标地培养研究型教师

教师培养的目标要精准定位分层推进。教师培养可分为两个层次，第一个层次是“教育教学操作型”教师，第二个层次是“教育教学研究型”教师，这两个层次的教师能适应当前教育教学的需要，完成教育教学的各项任务。素质教育的要求是面向未来，培养适应未来社会发展需要的人才。这就要求把教师逐步培养成“教学科研创新型”人才。学校教师中，由于学历有高低、工作时间有长短、教育教学经验的积淀有差异等，教师的教学科研水平有一定的层次差异性，如有新分配工作的教师、有学校骨干教师、有相当教育教学研究水平的教师等。学校教育科研工作只靠几名教师关起门来进行研究是远远不够的，但是让全校所有教师一哄而上、全部实施同一科研目标，也是违背规律的。学校应该采取的措施是：分类扶持，分层递进——依靠一批研究型教师，以点带面，产生辐射源；组织、带动全校教师展开不同层次教学科研，形成辐射圈；以使学校教师脱离“高原层面”，争取自身向更高层次的发展。

1. 针对不同对象提出不同层次的培养目标

（1）青年教师层面。对青年教师的培养，学校提出“一年常规入门、二年站住讲台、三年争出成绩”的目标，重点研究如何把自己所学的知识与教学内容、学生实际情况结合起来，指导其掌握教学的基本方法，帮助其研究自己掌握的知识如何转化为学生掌握的知识，提高青年教师的教学水平，并及时内化为能力，缩短青年教师的成熟期，促进课堂教学水平的提高。

（2）骨干教师层面。对骨干教师层面，学校提出“积极改进课堂教学，努力形成教学个性”的目标，要求他们把科研工作扎扎实实地集中到课堂教学，不断修正、完善自己的教育教学思想和教学方法，以形成自己独特的教学个性或风格。

（3）相当教育教学研究水平的教师层。相当教育教学研究水平的教师，尤其是学科带头人，对学校教育教学改革起着积极的指向作用。对这些教师，学校提出了“不断提升教学理念，构建新型教学模式”的目标。要求他们在教科研中重点探索学科教学新方向以及改革的新思路，积极申报引领性课题，带头开展教改实验，及时做好成果的转化和推广工作，以点带面，使教研整体优化，大面积提高教育教学质量。经过近三年的研究实践，嘉高逐步构建起以“加强情感意识、加强主体意识、加强创新意识”为重点的课堂教学模式，编写了由浙江大学出版社出版的《现代中学课堂教学模式探究与实践》，取得了很好的课堂教学效果，形成了嘉高特色的课堂教学模式，具有较高的素质教育探索价值。

2. 构建群体研究的教育模式

研究型教师群体构建中，学校确立了“学校指导、教师主体、活动主线”的指导思想，采用“选准一科、面向全体、整体提高、形成特色”和“面向全体、分类指导、分科推进、形成特色”的办法，考虑多种变量因素，在此基础上积极探索研究型教师构建的模式。

（1）组织模式。

研究型教师群体的构建必须要有组织机构及职能分工，以保证实施的有效性。学校主要领导亲自抓学校科研工作，过问学校科研情况和动态。学校建立校长—教科室主任（学校学术委员会主任）—教研组—课题组—教师的教育科研网络。学校教育科研管理照章办事，课题申报、论证、立项、指导、结题和成果奖励、推广等各项工作运转有序。由学校学术委员会、教科室具体负责开展和制定教育科研的中长期规划和学年、学期工作计划，措施具体落实到人；开展教育科研的学年、学期总结和考核、检查制度；建立课题申报、评审、成果奖励等较为完备的规章制度。

（2）运行模式。

教育科研是以教育科学理论为武器，以教育领域中发生的现象为课题，以探索教育规律为目的的认知活动。简言之，使用教育理论去研究教育现象，探索新的未知的规律，以解决新问题、新情况。教育科研是有目的、有计划、连续和系统的探索活动。教育科研不能走别人走过的路，重复别人已经做过的研究，复述前人已经解决的问题，而是在接受前人成就

的基础上，要进入前人没有进入或者没有完全征服的领域，解决前人没有解决或者没有完全解决的问题。研究型教师群体建设需要有效的运行机制。我们学校研究型教师群体培养主要的运行模式：实施群体构建，坚持教学科研一体化的基本原则，要将教师与课题、教师与教育科研、教师与教育教学有机结合起来，且使之正常化、制度化。强调课题研究与教育教学实践问题解决的同一性和共时性。比如有的教师进行了"学案教学法"策略的研究，有的教师进行了语文对话教学法的研究，有的教师进行了高一数学学习法指导的研究。

（3）培训模式。

在科研兴校中实施校本培训。首先，是加强教育理论的学习，我们学校与上海师范大学合作，在嘉高举办了"课程和教学论——专业课堂教学方向"研究生主干课程教学班，使近五十位专任教师达到研究生主干课程结业的水平。其次，主要是改革了传统的以学科为中心的培训模式，代之以课题研究培训模式。

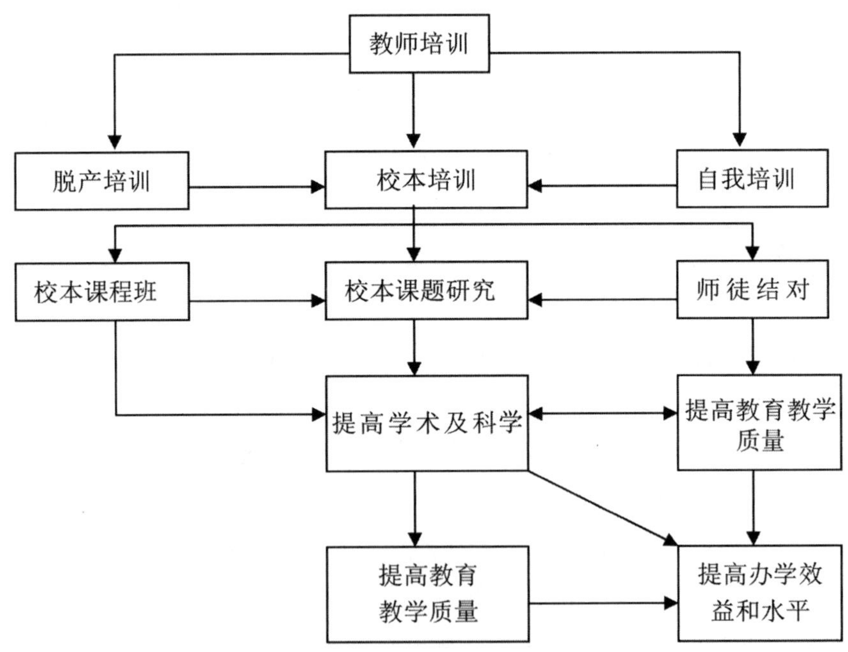

（4）形成氛围。

积极开展具有潜质的教师向研究型教师转化工作。作为研究型教师，学校要求：有务实合作的精神和强烈的工作责任心；对教育科研有一定的认识和浓厚的兴趣；有较高的课堂教学水平，在教师中有较大的影响力。

分层起步，明确方向，给教师一个独立选择的空间：全校教师做到人人学教育理论，个个有课题研究，不断出成果，在给教师定目标的同时，注重留给教师一个独立的空间——一个独立思维、尊重特长的空间。如人人有课题，但立什么样的课题由教师本人选择；个个能研究，可以是课题研究，也可以是专题研究；不断出成果，出什么样的成果，能挖掘出自己最大的潜力则可。

分层发展，充实提高，给教师一种及时有效的帮助：无论是教学管理，还是课题管理，我们力求把指导有效地落实到每一层面、每一位教师。我们对新教师、骨干教师和有相当教育教学研究水平的教师，有不同的要求，尤其是要求有相当教育教学研究水平的教师，如学科带头人能通过自身的课题研究和教学实践，以科研促教学，教学出科研。同时选送部分学科带头人，拜省教育厅教研室、省教科院、杭二中、镇海中学的专家为师，逐步形成嘉高教师自己的教学特色、教学风格和教学质量。

分层舞台，促进成长，给教师一种自主选择的余地：我们努力为教师的这种适应性转变提供条件，使学校成为教师发展的大舞台，注重给教师一个自主选择的余地，使教师能按他们自己的特点和向往发展。我们认为，没有选择就没有主体性，没有主体性就不可能培养出真正的研究型教师。如教师教学舞台的成熟，教学特色的创立，教学特长的发展，都给每位教师一方天地。

分层目标计划，自我设计，相互交流，给教师一种获得提高的条件。给荣誉，给奖励，机制激励，感受成功，真正让每一个教师获得成功的体验。

三、主体参与：发挥研究型教师的主体作用

教育科研只有成为教师主动、自觉的行为，变“要我研究”为“我要研究”，“不懂研究”为“我能研究”时，才能促使教师成为“研究型”的教师。研究型教师是教育教学实践的主体，因此在构建研究型教师群体的过程中，一定要充分发挥教师的主体作用，要让教师相信，积极参与到教

育教学理论的学习之中，参与到教育教学实践的尝试中，使自己从感性层次上升到悟性的认识，最后逐步形成理性的认识，是教师自己专业发展的必由之路，教师的主体价值才能实现。学校要求每位教师都能参与课题研究，通过研究，拉动教师自主学习新的教育教学理论，掌握新的教学方法，以不断提升自身的教育教学素养。近年来我校已有浙江省级立项课题5项，嘉兴市级立项课题11项，秀洲区立项课题23项。以学校为基地，狠抓教育科研，切实提高研究水平，促使教师向研究型群体的发展。第一，着力营造学术氛围，形成教科研的辐射源；第二，促使教师研究成果物化，规范教师论文写作、课题研究；第三，突出重点研究内容，把握改革方向，最终使自己获得丰富的知识储藏，并使自己的教学经验趋于理性化，教学思想更加系统化。近年来我校教师在各级各类报刊发表论文和在嘉兴市级获奖论文总数达279篇。

经过建校4年多的校本培养，学校初步形成了一支具有一定教育理论素质，热爱教育科研，能胜任科研教研和教育教学需要的研究型教师群体——有浙江省名师名校长培养人选2人，嘉兴市新世纪专业技术带头人培养人选1人，嘉兴市学科带头人6人，嘉兴市教坛新秀2人，秀洲区学科带头人11人，秀洲区教学能手14人。他们的共性是：拥有省市区的研究课题和研究成果；具有高质量的教学示范和教学实效；具有相当水平的研究论文和文章发表；具备公认的师德修养和教师形象。

实践证明，基于学校教育教学基础上的科研教研是“研究型”教师群体培养的重要载体，能够迅速提高教师的业务水平，夯实教师的科研素养，缩短教师的成长周期，从而从根本上保证学校教育教学质量可持续提高。嘉高先后成为浙江省重点中学、浙江省文明单位、浙江省卫生先进单位、浙江省推行《国家体育锻炼标准》先进单位、浙江省先进团委、浙江省现代教育技术实验学校、浙江师范大学教学实习基地、嘉兴市教育科研基地和先进单位、嘉兴市绿色学校，教育质量得到了社会的充分肯定，有效地推进了以创新教育为核心的素质教育的发展。

2003年11月28日

坚持教育科研　引领学校发展

/徐新泉

嘉高自创办以来，认真学习先进的教育理念，坚持教育科研，推广应用研究成果，引领学校发展。

一、积极教育科研

1. 学校教学的主题课题——浙江省级课题“加强主体意识，加强情感意识，加强创新意识——现代中学课堂教学研究”（浙教科规办〔2002〕4号文件）

（1）核心思想：深入推进素质教育，全面提高学生素质，关键在于教育观念，主阵地在课堂教学。努力改变：我们以往的课堂教学中，教师“神圣”、教材“神圣”的现象十分普遍，教学中往往没有学生没有民主没有情感，忽略了学生是“活生生的人”，只把学生视为一只可以随意往里面填装知识的袋子，教师以“教懂”为终极目标，学生以“学会”为最高理想，教师是输出知识的“机器人”，学生是接受知识的“木偶人”。这种让学生跟着教师亦步亦趋，沿着教师设计的轨道牵着学生的鼻子走的课堂教学，压抑了学生丰富的情感意识、主体意识和创新意识，在很大程度上严重影响了素质教育的推进和学生素质的提高。努力树立：以学生为本，以学生的发展为本的教育思想。

（2）主要成果。

A.《现代中学课堂教学模式探究与实践》，浙江大学出版社2003年5月出版。

B. 本课题及《现代中学课堂教学模式探究与实践》获2003年浙江省

基础教育成果三等奖。

2. 学校德育的主题课题——浙江省级课题“高中学生尊重教育的实践与思考”(浙教科规办〔2004〕2号文件)

(1) 核心思想：道德教育不是一种圣人教育，而是一种为人常规的教育，因此我们学校的道德要更多地研究生活中为人常规的陶冶和培养。如何让师生们学会尊重，实践尊重，便是一个值得研究的重要课题，因为尊重是我们建设道德大厦的基础，是我们高质量推进素质教育和建设高尚校园道德文化的关键点。

尊重是人类各民族在漫长历史发展中形成的基本伦理理念、最起码的道德共识，是传统道德的最基本的内容。一个人的道德品质是有高低之分的，但最基础的道德品质是尊重，因为每个社会角色都有相应的权利和责任，每个角色的权利和责任都希望被尊重。可见，尊重不是个人的事情，而是社会的事情，是一种文明。

(2) 主要成果：

①《我们需要“尊重”教育》(《现代教育管理》2003年第3期)。

②《开展尊重教育培养健全人格》(《教学月刊》2004年)。

③ 本课题获嘉兴市第四届教育科学优秀研究成果二等奖。

二、积极应用科研成果

1. 近年来，我校认真开展“三加强”课堂教学的实践

我校从1999年3月起，经过三年的教学实践，提出了具有本校特色的课堂教学模式——椭圆模式。椭圆模式是契合“三加强”教育观念的一种课堂教学模式，是“三加强”教育观念的具体体现和实践。椭圆模式强调在教学过程中，教师的主导地位和作用与学生的主体地位和作用不是对立的，而是统一的；师生主导主体的统一体现在两个方面：一是“统一到学生的认识过程上，即师生双方的主体作用都是促进学生知识的内化活动、能力和品德的培养活动以及个性的形成活动上”，二是“统一到教学的总体目标上，即教师如何教、学生如何学都围绕培养全面发展的人而展开”。课堂教学是师生双主体的教学，师生共同参与的教学。教学的最终目的，是让学生摆脱对教师的依赖，而留下有用的学习痕迹。如果说，教师具有相对完善的素质，那么相当于有了一条充满活力的“抛物线”。在教学过程，教师就是用自己的半个“椭圆”去同化学生，建构起学生一侧的另半个“椭圆”，使教与学成为一个整体，不断变化、不断完善，学生可以在其中品尝学习的乐趣。但教学“椭圆”的完善，并不等于教学的最终成功。如果撇去教师的因素，在学生那里留下的仅仅是半个僵化的“椭圆”或蜕化为一段“圆弧”，就“只能将光线聚于一点，而无法照亮远方”。我们期望的是从“椭圆”到“抛物线”“双曲线”的演变。因为抛物线和双曲线都能使从一点出发的光线射向远方，这好比学生通过学习建构，获得了面向社会的能力。那才是教学的最终成功。同时我们强调，课堂教学要突出情感意识，突出师生的互动和交流，创设民主、和谐的教学氛围与宽松的“生态环境”。教师要把学生当作“生物”，让他们自由发展，而不能把他们视作“矿物”予以定型。教师要站在社会学的角度，充分认识并尊重学生作为一个社会的人所应有的权利、尊严、个性特长、思维方式和发展方向。学生是课堂教学的主力军，作为情感信息“回路”中的两个情感源点——教师和学生，在共同参与的教学活动中，其地位是平等的。教师绝不能把课堂只视作“三尺讲台”，而应看作几十平方米的大舞台。在上述基础上，“椭圆模式”注重了对学生的活性思维、灵感思维、发散思维、求异思维等创造性思维的培养。

2. 近年来，我校认真开展“尊重教育”的实践

我校倡导师生尊重自己、尊重他人、尊重环境、尊重社会、尊重科学，确定了“尊重教育生活化”的理念，搭建了课堂教学主阵地和第二课堂重要阵地两个舞台，设置了个体自动、师生互动、全校滚动三个引擎，在全校师生中扎扎实实开展尊重教育。

总之，在学校两个主课题引领下，全校教师积极参与到教育研究、教学研究以及管理研究中来，使学校工作进入科学而有序的轨道。

三、引领学校发展

在教育科研的引领下，有力地推动了学校各方面工作的科学发展。

（1）在完成嘉高1999—2001年办学方案的任务后，制定了嘉兴高级中学2002—2006年办学方案。确定了学校的发展目标、办学特色，以及工作思路，突出“全面发展，主动成功”，建设“高品位的校园、高素质的队伍、高质量的教育、有特色办学”的浙江省重点中学。

（2）积极努力做好学校改革和稳定的工作。学校BOT后经历了短暂的阵痛，经过多方细致扎实工作，稳定了人心，在较短的时间内教职工又焕发了积极性，努力创建省市知名学校；改革学校内部分配方案，体现按劳取酬、兼顾公平原则，以岗定酬、优劳优酬的分配方案稳步实行，同时在一定程度上提高了大多数教职工的待遇。

（3）努力提升学校办学水平。努力创新学校管理，依法治校，以德立校。学校通过省市督导评估验收，成为浙江省二级重点中学，2002年被评为嘉兴市属高校考试优秀考点，2002年和2003年被评为嘉兴市教科研工作先进集体，2002年被评为嘉兴市绿色学校和园林式单位，2002年和2003年被评为嘉兴市城市节水工作先进集体，2002年被评为嘉兴市秀洲区教文体局先进集体和卫生工作先进集体。

（4）推进素质教育突出成才先成人的教育思想。积极开展以德立校、以德名校工作，认真倡导开展生活化的道德教育、尊重教育，创文明嘉高校，做文明嘉高人。2003年学校被命名为浙江省文明单位，2002年和2003年党总支被评为嘉兴市秀洲区教文体局先进集体以及嘉兴市秀洲区先进基层党组织，学校的校风、学风为社会肯定。

（5）努力提高教育质量，质量是学校的第一诚信。始终把教育质量作为学校的生命，采用了常规管理、过程管理、机制管理，狠抓教育质量。自2000年首届毕业生至今高考成绩均位列嘉兴市本级第二。

（6）积极开展教育科研，培养知名教师。开展了学习型学校的建设，通过自我学习、课题研究、案例积累、教学反刍、经验总结等载体，建设师资队伍，实施科研兴校。

（7）认真开展学校特色建设的探讨和实践。努力实践“全面发展，主动成功”，以“加强情感意识、加强主体意识、加强创新意识”为重点，建设课堂教学特色；以“自律、自治、自理”为载体，以“尊重教育”为内容，建设学校德育特色；以“基础＋特长”和音体美特长生为突破口，建设学校音体美教学特色；以英语特长班为抓手，建设学校文科教学特色；以学生社团为载体，建设研究型学习特色。

（8）不断发展学校事业，不断完善学校建设。学校增加了10个班级，建设了400米塑胶田径场、校园网络系统、教室多媒体系统、教师无纸化办公系统、计算机教室，新增了12000多册图书，开工在建体育馆和学生餐厅，准备新增电子阅览室和一个计算机教室。

近年来，嘉高致力于教育科研，促使学校快速发展，取得了一定成绩。今后我们将继续努力学习先进理念，加强科研，积极工作，为提高嘉高的品位和教育质量而努力，把嘉高办成百姓满意的学校！

2004年6月10日

十年历程　十年追求

——嘉高创建浙江省一级重点高中的体会

/徐新泉　王永平

2006年1月浙江省教育厅批准嘉兴高级中学为浙江省一级重点高中，这既是嘉兴高级中学发展史上的里程碑，又是新追求的起跑线。

嘉兴高级中学以“真”为校训，崇尚“文明、勤奋、求实、创新”的校风，“爱生、协作、精业、善导”的教风，“尊师、求真、勤奋、多思”的学风，以“培养具有现代文明，适应现代竞争，负责任于社会的中国人”为己任，努力“让嘉高每一个学生都能在校园享受成功的乐趣，让嘉高每一个学生的特长都能在校园得到最大的发展”。要达到这样的目标，我们认为，学校必须树立“以人为本，以学生发展为本”的观念，采用让学生“自主动起来”的教育教学策略，开展学校的每一项教育教学工作。

一、让学生和谐发展，激发学生“自主动起来”

1. 让学生“自主动起来”，学会做人，积极倡导和实践“尊重”教育和“三自”德育

德育作为培养人的手段，“育”而让学生自我内化养成品德比“教”而让学生被动地接受更重要，让学生“自主动起来”就是要使德育成为学生的自觉需要，成为学生的自觉行动。为此，嘉兴高级中学一方面开展正常的德育管理工作，一方面以具体的形式和内容加强德育的内化作用。

（1）以“尊重教育”活动养成学生健全的人格。

全校开展以“尊重自我、尊重他人、尊重社会、尊重科学、尊重环境”为主题的“尊重教育”，尊重教育的实践旨在让每个学生都主动地参

与与体验我们社会道德的重要品质——尊重，提升学生个体生命质量，重在以人为中心，突出人的发展，发掘人的潜能，调动人的希望，让学生在参与中体验道德，促进人的道德发展和道德提升的教育。这正体现了嘉高以发展学生为己任的育人目标。我们努力建立全方位、主动式的尊重教育活动。

在开展尊重教育活动中，我们始终把课堂教学当作主阵地，把尊重教育渗透于其中，充分挖掘教材中蕴含的尊重教育因素。同时努力开辟尊重教育第二课堂，开展互动式、开放式的课外活动课，建立了各种社团。

学校开展尊重教育重在促进师生主动参与，实现尊重教育的个体自动。我们强调全校师生主体参与，每天要求自己“进步一点点”，学校开展了“尊重教育”系列活动之一的“走进学生心灵——师生交友”活动。搭设平等对话、相互促进的“平台”，使师生在交流、互动中自我完善，开展班队活动，团队活动，全校性的校园文化活动，以及延伸到校外的一些有针对性的社会公益活动。如围绕“我们今天如何做学生”“我眼中的尊重与被尊重”“寻找校园的道德细节”“常怀感恩之心”“自己的事自己做好”等话题组织多次有思想教育意义的讨论；组织了具有培养现代社会公益意识的社区活动，如“敬老院一天”的服务活动。通过活动，学生的尊重意识得到进一步加强。

（2）以“创嘉高文明校，做嘉高文明人”活动提高学生的文明素养。

结合市级文明单位、省级文明单位的创建工作，我校每年开展系列性的“创嘉高文明校，做嘉高文明人”活动，举办了“嘉高人文明形象设计征文”“做文明嘉高人演讲比赛”等活动，全校学生积极参与活动，充分展示嘉高人文明的风采。学校评出“嘉高文明示范班”“嘉高文明示范寝室”和“嘉高文明学生”，并给予表彰。活动的开展，既活跃了师生的校园生活，推动了学校的教育教学工作，培养了学生的各方面能力，又大大提高了学生的精神文明素质，推进学校文明单位创建的步伐。

（3）以“三自”活动培养学生自律、自治、自理能力。

我校以教育学生学会做人为核心，以鼓励学生主动参与为途径，推进学生“三自”（自律、自治、自理）教育活动，注重“三自”活动系列化和渐进性：高一年级的主题是养成教育和学会诚信和负责，高二年级的主

题是法制教育和学会关心，高三年级的主题是理想教育和学会生存。学校建立学生会校长助理议事团，开好学校团代会和学生代表大会，竞选学生干部，举办学生班团干部培训班，提高学生干部的工作能力，激发其工作积极性，发挥学生干部在德育管理中的作用；有效落实学生值周制度，让值周班学生从晨练到就寝全程参与常规管理，检查常规制度的落实情况，做出评估和反馈。充分发挥学生"自律、自治、自理"的能力，学生会自己建立球协、棋协，自己组织文艺汇演、体育比赛、辩论赛、学生论坛等。这样，让学生在管理和活动中学会自律、自治、自理，在管理和活动中懂得尊重人、关心人，在自律自治自理和尊重中学会做人；同时使学校落实学生行为规范有了一个很好的抓手，开辟了内化行为规范的有效途径，落实了道德教育的具体内容，极大地提高了学生的做人素质。

（4）以"道德教育生活化"活动提高学生的道德素养。

要培养具有现代文明，适应现代社会的人才，个人道德的培养是基础，是学生发展的根本，而有效的道德教育应该适应社会发展和社会生活的要求，适应学生道德健全发展的需要和适应道德认知心理发展规律与水平，因此我们认为在确定德育教育的目标时，应该贴近学生实际，在学生日常的生活中感受德育，让德育从"崇高"走向"平凡"。

学校确定了从高一到高三每个学年段不同的道德教育主题。在实施道德教育的过程中，我们选择贴近学生个体生命经历、生活感受和体验，贴近个体与他人、社会、环境相互联系的现实生活世界相关的内容，以增强学生主体适应生活、发展自我的基本能力。通过"我为家乡设计明天""学做一回交通警""我与感恩同行"等社会实践活动，"放飞绿色的希望""告别零食""回收废电池"等班团活动，结合学校的体育节、科技节、艺术节等系列活动，以"塑造自觉、自信、自立、自强的我"。

（5）创办"嘉高业余党校"，加强对青年学生的共产主义理想教育。

建校以来，共举办了7期"嘉高业余党校"，培养了众多学生，学校党总支每年都被评为秀洲区先进基层党组织。

2. 智育创新，让学生在自觉探究学习中"自主动起来"

今天的高中教学，更应以教会学生自主学习、培养学生探究能力为重要目标，为此，我校开展了以"加强情感意识、加强主体意识、加强创新意识”为内容的“三加强”课堂教学的研究和实践，构建开放式教学模式，拓展学科教学的内容和阵地，加强研究型学习的指导，使学生在学好基础学科知识的同时养成自主学习的习惯，掌握自主学习的方法，培养自主学习的能力，真正在学习上“自主动起来”。

（1）构建“三加强”现代课堂教学模式。

在学生“自主动起来”的理念指导下，课堂教学必须充分尊重学生，交流师生情感，从教师本位转变为学生本位，着眼于学生的发展上，即开发学生的潜能，愉快而热情地吸取知识和形成人格。为此，嘉兴高级中学将“加强情感意识，加强主体意识，加强创新意识”作为改革课堂教学重点突破口，来构建新的课堂教学。

几年来，在学习与研究现代课堂教学模式理论的前提下，我们结合教学工作实际，经过几个循环往复，总结整理出了具有嘉高特色的现代中学课堂教学模式——三加强教学模式，其基本环节为：引导—探究—启发—交流。以加强师生情感交流为前提，加强学生主体参与为核心，加强学生创新能力培养为目标，通过教师的“导引”作用，引发学生兴趣和求知欲望，启迪与开发学生思维；通过学生探究强化思维能力，通过师生的交流，培养学生分析问题、解决问题的品质，良好的学习习惯和坚韧的探索精神。“三加强”课堂教学模式的构建，为学校实施教学改革，让学生在学习中动起来，摸索了一条具有嘉高教学特点的路子。

（2）拓展教学空间，让学生在主动学习中“自主动起来”。

要让学生“自主动起来”，校本课程建设是一项重要的工作。我校通过开设选修课、活动课，开展研究性学习活动，建立学生社团等途径，充分发挥学生学习的自觉作用。

加强课程改革的研究，促进校本课程建设。结合学校实际，我们开展了一系列的课程改革研究工作，如体育课《“基础＋选修”体育课堂教学模式研究》和《〈体育与健康〉课程评价体系研究》，物理课《构建四维时空结构的物理教学模式拓宽教学时空纬度的研究》，英语课《开展英语课外活动的探究》。这些研究工作为校本课程建设奠定了基础，其中体育课《“基础＋选修”体育课堂教学模式研究》在全市的示范教学中得到了同行的一致好评。

建立活动课程，让学生自主参与，发展特长。我校坚持开展学生开放式实验，让学生在课余时间选择项目自主实验，开展每年一届的科技文化节、体育文化节和艺术文化节活动。成立秀苑文学社、嘉高辩论队、校园广播电视台、求索论坛、星河天文社、嘉高合唱队、嘉高田径队、嘉高篮球队、嘉高美术社、学科兴趣小组等，形式丰富多彩，有计划地组织活动。活动课程的开设，大大拓宽了学生的学习空间，提高了学生各方面的能力。学校从2000年起每年招收体育、音乐、美术特长生，以培养和带动一批文体活动积极分子，活跃校园文体生活，从而引领全体学生在文体活动中“自主动起来”。

开展丰富多彩的研究型学习活动，学校确定了分管领导，成立了研究型学习指导小组和备课组。由教科室专门负责，制定了研究性课程的实施重点：高一为自主性研究学习，注重学生自主探究；高二为专题性研究学习，注重研究的科学性、规范性；高三则为综合性研究学习，注重研究的融通性、开放性。在研究型学习活动中，学生的学习发生了质的变化，从被动学习变成了主动探索，产生了保持独立的持续性探究的兴趣，获得了亲身参与研究探索的体验，提高了提出问题和分析问题的能力，学会了分享、尊重与合作，培养了关注社会的责任心和使命感。

积极开展学生社团活动。秀苑文学社作为我校一个学生文学社团，通过经常性的文学社例会，开展校外采风、组织观看世界经典影片、邀请嘉兴籍作家来校讲学等活动，推出了一期又一期的社员佳作，精心组织学生向全国范围内的学生刊物投稿，参加全国性作文大赛，取得了显著成绩。

青铜史学社在嘉兴具备了相当的影响力，学生获奖小论文数十篇，嘉高求索论坛的学生在《政治课教学》《中学生政治报》《时代青年》《中学生时事政治报》等刊物发表文章，成果显著。

嘉高辩论队，在2004年浙江省第二届科普节嘉兴市首届中学生科普辩论比赛中，从资料、破题、立论到撰稿，做了精心的准备，一路过关斩将，以出色的辩才连克数支强队，勇夺季军。两名队员获得优秀辩手的称号。辩手们无论是辩论技巧、临场反应，还是知识面的掌握，都充分展现了嘉高学子优秀的思辨能力与激情飞扬的青春风采，显示了嘉高素质教育的新成果。嘉高的文体活动并没有因学业的紧张而停滞，相反，在全校范围内开展的各项健康活泼的文娱体育活动极大地促进了学生的身心健康，给学习注入了无限的生机与活力。

“让学生动起来”，课堂上要动起来，课外也要动起来，要让学生主动地认识社会，体验人生，探究知识，合作学习，培养能力。我们在实践中感到，学生社团是一个极好的载体，研究型学习是一种极好的学习方式，这正是我们在努力建设的。

（3）加强教学常规管理，注重学生全面发展。

学校严格按有关文件精神，开足、开全规定课程，不随意增加课时。课堂教学是素质教育的主阵地，必修课是课堂教学的重中之重。为实现因材施教，夯实基础，全面提高合格率和优秀率的目标，我们向45分钟要效益，要求教师做到备课、上课、批改、辅导、考试等教学常规的“五认真”，开展优秀教案评比，建立公开课、评优课、青年教师汇报课等制度，建立试卷命题质量的评价制度。为了减轻学生过重的学习负担，学校制定了《嘉兴高级中学学生作业量暂行规定》，规定每门一套教辅资料，统一由教务处审定订购；规定教师不得擅自占用学生的自修课和活动课时间以保证学生有自主学习的时间。

为提高教学管理工作的实效性，学校教务部门根据《嘉兴高级中学课堂教学常规》，以学校教学常规管理要求和考核指标为依据，有计划，抓落实，重检查，加大教学常规的管理力度，开展经常性的检查，把教师执行教学常规的情况与考核挂钩。开展“学生作业规范月”活动，具体落实学生的学习常规。通过常规管理，及时发现教学中存在的问题，切实提高教学效率和教学质量；进一步强化“质量来自过程”的意识，抓好教学中的每一个环节。在日常的教学管理中，坚持“一研三找”，即：研究课堂教学和教学管理，找典型经验、找有效做法、找闪光案例。

加强教师听课管理，规定教师每学期听课量，写听课心得，以提高听课质量；听课由过去的随意性听课转变为选择性听课，注重听课的实效性；把“评课”改为“写心得”，强调对改进课堂教学的反思。每位教师每学期开课不少于一节，公开课要紧紧围绕本组或本人的课堂教学研究主题，开课力求凸现课堂教学研究的主题，强调在落实课程“三维”目标的基础上让学生动起来，进而突显自己的教学风格，用“课堂教学评价分析

活动”的方法评价一堂课，形成“案例评析”报告，通过研究帮助教师课堂教学的提升，使之逐步形成课堂教学风格。

加强对教研组、备课组活动的管理。学校制定《嘉兴高级中学教研组考核条例》，明确教研组工作要求，加强管理。

（4）实施让学生“自主动起来”的策略，让学生在自主的德育活动中养成品德，在自主的学习活动中培养能力，几年来我校在德育、教学等各方面取得了很大的成绩。

学校文明单位建设不断步上新的台阶，1999年被命名为秀洲区文明单位，2001年被命名为嘉兴市文明单位，2003年又被命名为浙江省文明单位。学校以校风正、学风严、教风好得到社会的充分肯定。

二、要让学生“自主动起来”，则需要教师先“自主动起来”，建设一支高素质的师资队伍

要让学生“自主动起来”，必须有一支能激发、促使学生“动起来”的教师队伍。学校的可持续发展实质上是全体成员特别是教职员工的学习力和创新力的提高，迅速把学习力转化为创新力，也就获得了可持续发展的动力。因此，嘉兴高级中学将构建学习型组织和培养提高教师学习力和创新力作为学校组织管理建设的一个重要内容，让教师也“自主动起来”。

1. 激励自我实现和发展，打造研究型教师群体

学校是教书育人的场所，学习是自然而然的事。要建立并成为真正意义上的学习型组织，需要一个长期的调整提高过程，关键是保证教师和集体有持续的学习动力。

（1）让教师树立自觉的终身学习意识。

一直以来，我们的教师辛辛苦苦做着让学生怎样在头脑中装满知识的工作，很少思考学生以知识为起点的素质发展，因此高中学校的教师更需要理论的指导和先进的理念。“要发展学校必先发展教师”，而教师的发展首先在于其观念的变化，让教师获得先进的教育理论和教育理念，我们所做的一项重要的工作就是使教师树立自觉学习、终身学习的意识。

学校多方聘请专家来校报告讲学，经常组织外出学习和考察，在人

力、财力和时间上充分保证教师继续学习的需要。利用教师业务学习、假期等时间，先后邀请国务院研究中心朱荣林教授，上海师大、华东师大卢家楣教授、杨德广教授、夏惠贤教授、郭景扬教授、谢利民教授、吴庆麟教授、袁军教授、吴钢教授、傅安球教授、毛放教授，浙江省教科院院长方展画教授、杨章宏研究员等来校讲学。学校与上海师范大学联合举办了“课程与教学论——专业课堂教学方向”研究生课程嘉兴高级中学教学班，对教师进行教育教学理论的提升，积极推进教师转变角色，做学生学习的促进者、合作者，让学生主动参与，乐于探索，善于交流与合作，引导教师从知识与技能、过程与方法、情感态度与价值观这三个维度重建学科教学目标，在教学中与学生积极互动，共同发展。

（2）点燃教师的自我发展需求。

要构建学习型学校，就要积极创造条件，满足教师的不同层次需要，并逐步向高层次需要引导。我校在教师发展中注重教师的实际，分类发展、分层发展，按新教师适应阶段、分化定型阶段、研究型教师阶段等提出不同分层发展要求。具体有以下几种形式：①自我提升。②学力进修。③知识更新。④能力提高。

（3）确立长远目标，构筑学习型学校。

为进一步优化教师队伍，全面提高教师队伍的整体素质，我校开展了教师思考型学习活动，让教师在思考中学习，在学习中思考，促进教师的学习，提高教师队伍的水平。团队学习是学习型学校的一种基本方式，我们为团队学习搭设的平台主要是有意识地组织青年教师学习沙龙、非正式专题研讨会、教师论坛等小团组学习方式。

青年教师沙龙。我校的青年教师沙龙，其成员基本涵盖了全部青年教师，部分中年教师也加入学习。沙龙坚持自愿参加的原则，强调活动形式多样化和宽松性，自成立以来，已开展青年教师的教案比赛、说课比赛，邀请市学科带头人开讲座或者举办市一级的班主任专业化发展研讨会，就教育教学改革的热点进行材料收集等。

非正式专题研讨会。为创建学习型学校，我们不定期举办非正式专题研讨会，针对教育教学中出现的问题进行专题研讨，研讨的内容涵盖教学、科研、德育等方面，如有关教学学科的作业量问题，对道德教育生活

化活动的推进问题，学生“三自”（自律、自治、自理）德育活动的实施，尊重教育课题的实施，等等。

教师论坛。我校利用教职工大会设立“大家论坛”。所谓“大家”，一是希望借这样一个平台促进教师的发展，使每位教师都成为教育大家；二是论坛是每个人的论坛，每个教师都可从课堂教学、班级管理到研究型学习、课外活动，凡可以讨论的问题都可以提出来讨论。

这样的学习型组织形式，在一定程度上实现了张扬教师的生命个性，培养更开阔的思维研究方式，达到师资人力资源的可持续发展的初衷，成效显著，学习型组织的建立和活动的开展，开启了教职工心灵的学习之窗。经过努力，学习的观念已深入人心，主要表现在：团队学习制度化，“双周讲座，三年不变”的共享式学习。教职工学习心态普遍发生根本性变化，从被动学转变为主动学，结合工作学习，视学习为工作，真正做到工作学习化、学习工作化。

2. 加强教育科研，促进教师知识结构的完善和科研能力的提高

如何让教师“自主动起来”提高素质，几年来突出“科研兴师”的策略，工作科研化，科研工作化，加强对教师科研能力的培养，以促进教师教育理论的提高和教育观念的更新。教师教科研成果的数量和质量呈良性发展态势。几年来，全校已立项或结题的省级课题就有9个，嘉兴市级课题15个，秀洲区（县市级）课题29个，如浙江省重点课题“重点中学研究型教师群体培养的策略研究”，浙江省课题“利用多媒体技术进行生物教学的策略研究”“高中《体育与健康》课程评价体系研究”，嘉兴市重点课题“主体性教学的策略研究”等等，其中省级课题“高中生‘尊重教育’的实践与思考”和“加强情感交流、加强主体参与、加强创新意识——椭圆（情—智互动）模式的实践与研究”引领了全校的德育和教学改革的发展方向，课题成果分别获得嘉兴市教科研成果二等奖和浙江省基础教育成果三等奖。一批高质量的教师学术论文在全国各级各类刊物公开发表，浙江大学出版社出版了我校的理论专著《现代中学课堂教学模式》，另外，《文心秀苑》《走进高中》《假日思考》《来自大课堂的报告》多部著作由浙江大学出版社、研究出版社、新疆青少年出版社、西安地图出版社出版，嘉高教师参与编写的省级以上正规出版社出版的书籍有十几部，数百万字之多。

办学以来，我校师资队伍的整体水平有了实质性的提高，一大批具有研究型素质的教师已脱颖而出，成为嘉兴市乃至省内有一定影响力的名师。一支以中青年教师为主体、敬业爱生，具有较大发展潜力的师资队伍日益壮大形成，在我校教育教学中发挥越来越大的作用。

三、依法治校，建设良好的学校管理机制，让教师“自主动起来”

为落实让学生“自主动起来”的办学策略，建设好一支推动和促进学生“自主动起来”的教师队伍，需要学校具有健全的管理制度，开展切实有效的管理工作。

以人为本，建立并不断完善学校各项规章制度。今天的学校管理必须要“依法治校”，因为现代人的现代文明的重要内容是政治公开和民主，因此建设“学校制度”是现代学校的重要工作。学校汇编了五万多字的《追求卓越——学校管理制度汇编》，在顺利完成学校《半年入轨道　一年出成绩　三年上台阶》第一个三年规划之后，2002年开始实施《和谐发展，主动成功》嘉兴高级中学五年发展规划，2006年制定了《让师生主动动起来》的嘉兴高级中学五年发展规划，确定了学校的发展目标、办学特色及工作思路，努力把学校办成嘉兴乃至浙江的优质高中学校。

维护教职工合法权益，完善落实教职工代表大会制度。

实行校务公开，坚持民主管理和民主监督。

改革分配管理机制，注入学校发展活力。学校在保障教职工基本利益的基础上，进行了分配管理机制的改革和建设。依据省市有关改革精神，按照“按劳分配，效率优先，兼顾公平”的原则，进一步扩大学校分配的自主权，建立以岗定薪、按劳取酬、优劳优酬和以岗位工资为主要内容的更加灵活自主的校内分配办法及激励机制。让每位教职工感到自己的利益和学校的发展密切相关，让每个教职工这个学校中的“细胞”都动起来，最充分发挥每个人的聪明才智，最大限度发挥每个人的积极性。

四、经验与体会

十年来的办学实践，逐渐加深了对如何办学，什么是学校的生命线、怎样保持生命线，什么是名校、怎样建设名校等问题的认识，也形成和积累了不少经验与体会。

1. 建设科学的校园文化，不断推进教育观念的更新

确立科学的办学理念，不断更新教育观念，激发全体嘉高人不断从内心建立起对学校、对教育、对教学的热爱和敬畏的信念，是我校深化教育教学改革、促进学校持续发展的深刻体会。将尊重人和发展人作为学校一切工作的重中之重，讲自信，讲自觉，讲自尊，讲自立，讲自强；求真理，求真知，求真诚，求真实，求真情；博学读书发展特长，厚德做人享受成功。科学的办学理念将引领嘉高提升教师素质、提高学生素质、建设科学的校园文化、办成优质学校。

2. 开展课程改革，实施让学生“自主动起来”的教育教学策略

我校让学生“自主动起来”的教育教学策略，既是我校实施素质教育的手段，也是学校推进课程改革的必需。要真正让学生“自主动起来”，首先在于全体教师理念的更新，在教育教学过程中始终树立以学生发展为本的观念，努力促进学生的自我发展；让学生“自主动起来”，绝不能仅仅停留在形式上，而是要课内课外、校内校外、学习生活结合，进行全方位的工作；要让学生“自主动起来”，必须让学生树立自我发展的意识，在自主的活动中塑造自己的人格，发展自己的特长，培养自己的能力。

3. 坚持打好“三张牌”，实现学校可持续发展

所谓“三张牌”是以质量为立校的“生存牌”，以师资做保障的“发展牌”，以社团特色铸品牌的“影响牌”，不断提高办学水平和教育质量。确立“学两纲，优素质”的教改方向，积极开展“三加强”的课堂教学改革，稳步推进“精细出精品”战略，以群体素质提高带动个体素质提高，以个体发展促进整体发展，这是我校教育质量持续提高的关键所在，也是学校发展的百年大计之所在。积极开展社团活动，探索研究型学习，使之成为学校的办学特色。

4. 坚持持续改革，不断提高管理效能

未雨绸缪，永不满足，不断创新，已成为嘉高人的品格。以创建“学习型学校”为目标，不断强化全员持续提升的理念，强化质量意识，不断提高管理效能和水平。实践证明，只有持续改革才是学校发展的根本动力，从而着眼于学生的发展，并且着眼于学生的整体发展。

5. 坚持全校一盘棋，依靠团队的力量夺取教育教学的更大成绩

倡导“和谐、合作、竞争辩证统一”的人际环境是学校提出的办学要求之一。和谐与合作是形成团队精神的基础，也是全面质量管理取得成功必不可少的因素。嘉高教师合作的氛围越来越浓，团队精神日趋增强。嘉高发展的实践进一步证明团队合作可以弥补众多个体的不足，团队的竞争力远远大于个体的竞争力。这将是学校今后不断再创新高的精神财富。

近年来，学校取得的嘉兴市级以上主要荣誉称号和冠名称号有：

浙江省文明单位

浙江省一级重点中学

浙江省现代教育技术实验学校

浙江省推行国家体育锻炼标准施行办法先进单位

浙江省卫生先进单位

浙江省先进团委

浙江省教科研先进集体

嘉兴市学生行为规范达标学校

嘉兴市优秀教科研基地

嘉兴市教师教育校本培训先进单位

嘉兴市绿色学校

嘉兴市园林式单位

浙江教育学院教育科学研究所实验学校

浙江师范大学教学实践基地

2006年12月6日

创新创业建设优质教育资源

/ 徐新泉

浙江省第十二次党代会提出，要坚定不移地走创业富民、创新强省之路。“两创理论”是浙江省委从浙江省正处于全面提升工业化、城市化、市场化、国际化关键时期和全面建设小康社会攻坚阶段的实际出发，为实现全面建设小康社会、继续走在前列的奋斗目标而做出的重大战略抉择。“两创理论”是浙江人民在创新创业伟大实践中锻造形成的浙江精神的集中体现，也是浙江继续走在前列，再创辉煌的必然选择。作为教育工作者，要认真学习“两创理论”，深刻领会“两创”的重大战略意义，全面把握其丰富内涵和主要任务，切实把思想和行动统一到省委的重大战略部署上来，在教育事业建设中，大胆解放思想，勇于改革创新，扎实推进教育事业创新创业。

教育既是我省“两创”战略的基础，也是“两创”战略的任务。我们要切实按照“两创”的要求，加快教育创新，加强人力资源开发，为经济社会发展提供源源不断的高素质人才资源，促进浙江从“制造大省”向“创造大省”迈进。对于我们学校而言，创新创业应该努力建设优质的教育资源，让老百姓的孩子能读好书，因此不仅要提高学校的硬件水平，重点是更要提高学校的软实力。

一、加强创新创业教育，培育“两创”校园文化

在知识经济的条件下，必须要求我们教育者对人的潜能、新经济的增长方式与创新人才的关系，国民素质和国家竞争力之间的内在关系进行深入的思考。就宏观而言，发达国家的发展历程已经告诉我们教育创新对知

识经济的发展有着决定性的作用；从微观来看，教育创新对学校发展也有着关键的影响。

在学校教育创新过程中，首先要做的就是树立创新的意识。一个人根据社会和个体生活发展的需要，引起某种创造动机，表现出创造的意向和愿望，这种创造意向和愿望就是创新意识。一个学校要创业、求发展，也必须树立牢固的创新意识，根据社会和学校发展的需要，创新学校发展和管理模式，为实现教育目标服务。创新是一个民族的灵魂，是一个国家兴旺发达不竭的动力。所以学校应该大力宣传创新的价值和意义，让学校全体教师认识到创新的重要性，牢固树立创新意识。

学校要进一步深化素质教育，推进课程改革，着重培养学生的创新意识、创新精神和创新能力。学校要着力打造培育师生创新创业的条件和环境，高度重视实验和实践教学，开足开齐实验课程，激励学生参与实验和实践活动。在学校教育中，创新教育能不能在学校持久发展，还需要塑造一种重视创新创业的校园文化，为每个人的发展提供一种创新的人文精神的支撑。创新意识和创新能力的产生不是凭空产生的，学生创新意识和创新能力的产生离不开生存的环境，如果环境对学生的创新思维和独创性观点做出积极的回应，那么时间一长，学生的创造个性和创造性思维会得到持续发展和提升；反之，学生的创新意识则会慢慢消失。学校教育必须给学生发展以必要的自由和空间，要创建充满生机和活力的学校生活环境，建构宽松民主的评价和管理机制。尊重学生的个体差异、自主学习的权利和个性特长，鼓励学生不断地超越自我。所以学校应该注重创新创业校园文化的建设，只有培育和鼓励学生勇于创新、自由发展的校园文化氛围，那么学生的创新意识的培养才有生长的土壤。

二、创新教师考核机制，提高教师创新教育积极性

创新教育的关键在于建设一支善于创新的师资队伍。要加强教师培训，不断提高教师的执教能力和水平，引导教师推广启发式教学、探究式学习，以及研究型学习，鼓励教师到教育实践中创新创业。嘉高将通过“激励加精细”的机制管理，努力建设研究型教师群体，机制和创新文化

交融的评价，进一步推进教师的创新创业意识。突出考核在教师创新创业中的作用，努力体现考核结果的导向作用，使教学管理在教育创新创业中真正发挥杠杆作用。努力建设一支教学和科研创新的教师团队，把创新作为教师评价的重要依据，促进教师积极创新创业。

三、突出“尊重教育”理念，创新学校德育教育

德育是学校教育的灵魂，也是创新型人才的灵魂，因此教育必须重视德育创新。嘉兴高级中学致力“让学生主动动起来”的教育策略，推进以“尊重教育”为主题的学校德育。学校为了进一步巩固“尊重教育”成果，提高德育工作的实效性和创新性，主要从五个方面作为德育创新的抓手。

一是要继续深化“尊重教育”的内涵，实施专题累进的策略，开展“嘉高人最讲责任感”等专题活动，旨在培养学生的道德责任意识、社会责任意识和自我责任意识，努力提高学生的责任感，进而促进学生道德素质的进一步提高。二是要继续开展“星级班级”评比活动，进一步完善评比制度；通过班级文化建设，制定班级星级达标目标，在活动中培养学生的习惯，形成学生“自我要求、自我调整、自我约束、自我评价”的良好班风与学风。三是要积极开展班级文化建设，努力营造校园文化氛围，围绕“尊重教育”主题和阶段性专题，通过班活动、主题班会、黑板报等形式，创设班级文化特色；开展“花香寝室”评比活动，培养学生高雅的审美情趣。四是要加强与社会、家庭的联系，促进学生良好行为习惯的养成；充分重视家长教育资源，通过家长会、告家长书、家访（电访）、家校通等形式对家庭教育的内容、方式、方法进行指导，开展“家访周”活动，让每个教师走进学生家庭，真正了解学生所需、家长所求，以进一步提高学校教育的针对性和实效性；建好青年志愿者队伍，开展有意义和有影响的活动，同时指导学生利用寒暑假开展社会实践和各地考察活动。五是积极开展迎奥运活动，增强学生的民族自豪感和自尊心。通过这些具体的德育活动，努力让每一个学生在校园享受成长的乐趣。

四、抓住课堂创新教育，提高教学创新效果

课堂始终是学校教育的主要阵地。创新教育在学校中的实施，离不开课堂教学。创新教育在学校是否能实现，关键要看课堂教学是否能体现创新教育的理念。所以在课堂上必须打破教师的“一言堂”“满堂灌”等传统的教育方式，形成一种符合创新教育理念的课堂教学方式，提升学生的质疑能力和问题意识。我们将努力推进“三加强”的课堂教学。

首先在课堂上要加强情感意识，也就是形成民主的师生关系，学生能在轻松愉快的气氛下学习思维，有充分的自由表达自己观点和看法的时间，能够形成一种良好的互动的教学氛围，有利于激发学生求异思维和求新的性格特征。

其次在课堂上要加强主体意识，也就是形成学生也是课堂的主体，从而改变课堂教学方法。创新教育需要在课堂上实施符合创新精神和理念的课堂教学方法，特别是在新课程的条件下，合作教学、互动教学、多媒体教学等提升学生创新能力的课堂教学方法都可以在课堂教学中积极开展。教师应该选择符合创新教育理念和教学实际的教学方法运用到课堂教学中，让学生也成为课堂的主体。

再次在课堂上要加强创新意识，就是在课堂上让学生有创新思维迸发。要想课堂能持续体现创新教育的理念，就必须在课堂评价标准上，用创新的标准对课堂教学进行正确，而且是持久的评价，让教师引导学生迸发创新思维。

认真学习“两创理论”，深刻领会“两创”的重大战略意义，全面把握其丰富内涵和主要任务，一定要把“两创”精神落实到嘉高具体的教育工作上来，在办好嘉高教育的事业中，大胆解放思想，勇于改革创新，扎实推进嘉高的创新创业；也只有通过学校自身的教育创新，通过意识先行，抓住德育和课堂主环节，培育创新校园文化等，为学生创新意识和创新能力的培养创造一个好的发展环境，才能真正提升学校的教育质量，把嘉高建设成真正的优质教育资源，办成老百姓满意的学校。

2007年11月22日

运用与文化交融的评价机制促进教师和谐发展

/徐新泉　徐建平

学校的教师评价问题一直是学校管理中最为关键，也是最令人困扰的问题之一，因为评价直接影响到教师的和谐发展。在目前课程改革的新形势下，学校教育对教师自身素质、角色定位及专业要求发生了明显的变化，现代教育需要教师的和谐发展，而学校评价在对教师发展中起着非常重要的作用，为此中小学对教师评价必须有新的变化，才能符合新课程的要求，符合时代的变化。因此我们认为，运用与文化交融的评价机制能够较好地促进教师的和谐发展。

一、与文化相交融的评价机制的依据和价值

1. 理论依据

与文化相交融的评价机制符合马克思主义人的发展理论。人的发展理论在马克思主义理论体系中占有重要的地位。按照马克思的观点，我们应该从人与自然、人与社会及其相互关系出发，科学地认识人的本质和发展等问题，重视人的自由、价值和权利，强调人从自由到自觉的发展。教师的发展也应该符合马克思的基本观点和原理。教师在学校这个特殊的环境中的发展，必须符合学校发展的需要，找到符合学校发展的教师评价体系，对于教师的发展有着重要的价值和作用。教师的评价不仅是教师个人发展的需要，也是和学校这个环境相互作用、相互促进的需要。只有把握教师和学校这个环境的关系，我们才能科学地运用马克思主义的基本观点和理论推进教师的和谐发展。教师既是学校人，又是社会人，既有学校人

的特色，又有着社会人的共性，学校对于教师的评价体系绝不能脱离社会这个大环境，所以需要机制的推动和文化的共鸣。

与文化相交融的评价机制符合教师发展理论。教师发展的内容比较宽泛，从不同的立场来看其内涵不同，本文所理解的教师发展主要指教师发展什么，尤其是高中教师应该具备哪些专业素质，以有助于我们用更专业的标准来培养教师、评价教师。对教师的评价必须要根据教师的发展理论进行，否则就失去了评价的基础。教师的专业素质是指教师从事教育教学等专业活动所必需的一种较为稳定的专业特征，是从事教师职业应该具备的综合品质。教师的这些综合素质发展需要推动和引领，而与文化交融的评价机制，在一定程度上能更好地促进教师的专业发展，更好地促进教师的教育教学水平的提高，更好地让教师得到全面的发展。

2. 价值

与文化交融的评价机制的价值主要是对于教师发展和学校发展起到一个动力引擎的作用。学校发展和教师发展都需要一个推力，而这个推力就需要学校管理者在制度上，特别是在教师评价制度上能对教师的发展起到促进作用。与文化相交融的评价机制，一方面摆脱了评价的刻板，过分强调量化的缺陷，体现了评价的人文性；另一方面体现了文化和机制在评价中相互促进、螺旋上升的演进。教师在这种评价的推动下，在外力和内力的相互作用下，不断地在师德发展、专业发展方面得到提升，形成一支高水平的教师团队，这是与文化交融的评价机制最大的价值所在。

二、与文化相交融的评价机制和教师和谐发展相互关系的认识

1. 教师的和谐发展

什么是教师的和谐发展？教师的和谐发展必须做到师德高尚、业务优良、合作发展、身心健康。师德高尚主要是指教师对于国家教育事业的忠诚，教师应该具有对教育、对学生正确的认识，形成正确的价值观和教育观，这是考核教师的根本指标。所谓业务优良，必须具备在学科业务上具有良好的教学能力和科研能力，这两种能力是考察教师专业发展的重要参

考指标。合作发展是指教师应该对学校教师团体有合作共享的教育理念，学校教师是一个团队，这个团队的每个成员必须有良好的合作能力和沟通能力，大家劲向一处使，服从学校的整体利益，这才是教师和谐的应有之义，否则大家一盘散沙，就失去了和谐发展的重要标准。同时要有健康的身体和心理。教师具备了上述四个特征，那么我们的教师是和谐发展的教师，我们的教师队伍是一个和谐发展的教师群体。

2. 与文化交融的评价机制

什么是学校评价机制？学校评价机制就是学校这个组织的一种制度安排，旨在运用科学的评价手段增强人和事物的内在的运动动力并调节各个方面的制约，确保科学决策和实施，保证学校组织运行和管理目标的实现。学校评价机制的核心就是考核机制。对考核机制的理解主要包括三个方面的内容，即考核构成、运作及功能。但是考核体系必须在一定的文化认识基础上进行构建，通过对学校文化的认识和深化，把这种学校文化渗透到评价体系中，把学校文化的理念转化为考核指标，从而做到两者相结合的评价体系，坚持这样的评价又上升成学校文化，以进一步促进教师的和谐发展。嘉高在短短的办学过程中慢慢形成了“爱生、协作、精业、善导”的良好教风，因为我们坚持把这种文化渗透到我们的教师评价体系中，从而使得机制和文化交融的评价体系能不断强化教师的认识，一方面推进了教师的专业发展，另一方面促使学校文化得到更深层次的强化。在每年进行的教师评价和考核中，教师的这种认识被慢慢积淀，不但形成了大家都看得见的制度，更重要的是在每位教师的心里积淀形成了隐形的、具有嘉高特色的敬业爱生、责任奉献的校园文化。

3. 与文化交融的评价机制和教师和谐发展的相互关系的认识

评价机制和学校文化之间是相互促进、相互提升的关系。正是由于良好的学校文化，在学校文化的指导下形成的具有嘉高特色的评价体系，在这良好的评价体系的作用下又进一步提升了学校文化，两者是相辅相成、相互促进的。正是在评价机制外在推动和学校文化内在提升的共同作用下，不断提升学校教师的和谐发展。一方面，评价机制作为制度保障，让教师感受到学校制度硬的一面，感受到奖优罚懒制度的力量；另一方面，良好学校文化的积淀，使教师主动地去研究和思考，成为教师主动发展的

内在需求，教师同时感受到的是学校文化的作用和人文的力量。教师和谐发展和教师评价体系之间是因果的关系，教师的评价和学校文化的共同作用，推进了教师的和谐发展。

三者关系如下图所示

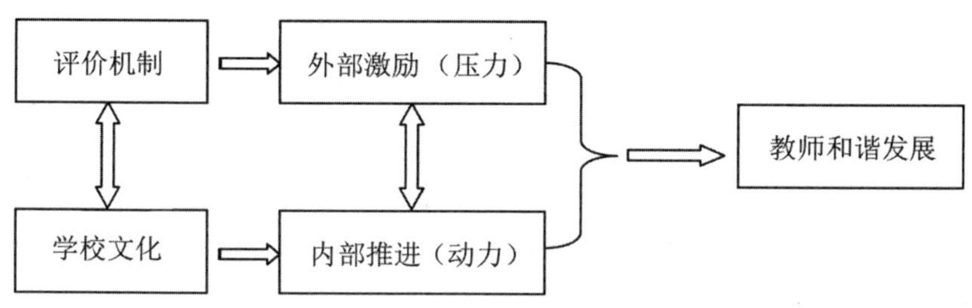

三、与文化相交融的评价机制的运行

1. 考核构成

在推进素质教育的今天，新课程的实施对教师评价有了新的要求，改变原来单一的评价标准，而采用多元化的评价方式。综合实际的需要和目前新课程的实际情况，我校修订以教师的学科业务、教师的师德表现和教师的团队合作作为重点的评价方案，着重体现“创新、精业、敬业、爱生、奉献、合作”的校园文化，也就是把学校的办学理念转化为考核指标和分值。再比如学校为了建设“求真”校园文化，在促进教师教科研的积极性以及科研水平环节，考核体系中设置了教科研的指标和分值，促使教师在平时教学中加强教科研，以考核作为外在推力，促使教师重视教科研；教师从考核中体验到成功之后，化被动为主动，逐渐把教科研作为自己教学中的一种主动行为，提升了自己的科研意识，从而发展了自己的专业水平，浓郁了校园追求科学创新的氛围。

2. 运作

为了能够顺利地实施评价方案，学校出台了一系列的操作步骤，以保证考评能够顺利地进行。考核方案制订好之后，具体的操作由相关的管理科室执行，学校进行汇总、复核、反馈和奖励。

3. 与文化交融的评价机制的功能

对于学校管理者而言，与文化交融的评价机制功能是什么，也是一个很值得研究和思考的问题。我们认为既有总结评价功能，又有发展评价功能。

第一，诊断。通过评价，教师看到自己发展的状况，如教师教学活动的情况，判断教师教学的质量和水平、矛盾和问题等等，这种功能是评价的最基本功能。

第二，强化。通过评价，教师看到自己可以发扬光大的，以及需要加强的，认识自己的长处和不足。考核最后的分数和等级反馈到教师手中，教师这个时候可以充分认识自己在学校工作中的优势和缺陷。

第三，调节。利用评价所获得的各种信息，教师能够自觉地调整未来在和谐发展中的行为。调节功能能让教师很快地认识和寻找到自己在学校工作中的位置，找准今后努力的方向。

第四，提升。评价本身也是提升活动，教师在这种活动中获得可持续的反思能力，提升和谐发展的能力。

借助评价，教育管理者能够对教师进行必要的判断和甄别。但是这种甄别不是对教师形成总结性或者终结性的评价，而是一种发展性的评价。形成一种良性评价的必要前提就是让教师通过评价认识自己的现状，认识自己在教育教学活动中存在的问题，如教育活动的实施有没有达到预期的目标，有没有提出更好的教育活动建议，教师发展的方向是什么，等等。为了教师能够和谐发展，对于考核评价的指向必须形成正确的认识，也就是说，教师通过这种发展性的评价，知道自己在工作中的长处和薄弱，有针对性地进行改善，更好地促进教师的发展。甄别功能不是将教师分成三六九等，不是将教师区别开来，虽然可以进行必要的奖优罚惰，但这并不是教师评价的主要目的。教师评价甄别功能最后的目的是形成学校的一种良性激励作用，而这种良性的激励功能需要教育管理者通过各种渠道对被评价教师进行必要的指点和帮助。考核最后的结果是反馈给教师的，主要是针对教师评价的薄弱环节，进行必要的指导，真诚沟通，提出一些建设性的意见，帮助教师提高和发展，这样与文化交融的评价机制的甄别功能才能发挥真正的建设性作用。同时，坚持与文化交融的评价机制，在逐步积淀中形成校园文化。

四、我们的思考

与文化交融的评价机制实施以来，嘉高在促进教师队伍建设方面取得了很好的成绩。首先从教风来看，嘉高教师逐步形成了敬业爱生、负责勤奋、博学多思、合作奉献的校园文化，形成了向上、研究、进取的教师文化。教师通过评价这块镜子，知道自己努力的方向，努力争取成为专家型教师。

其次，与文化交融的评价机制促进了教学质量的提高。考核明确指向，重点就是课堂，通过精抓课堂、研究课堂、研究学生，教师成为育人的良师、教学的能手，教学质量年年进步。

再次，与文化交融的评价机制，虽然让教师承担了一定程度的压力，但更多的是通过这种评价机制，给教师带来了前进的动力，这种动力既来自外部考核的压力，更来自嘉高人追求卓越的内在动力。只有这种来自自身的内在动力，教师发展才能更稳健、教师发展才能更有效、教师发展才能更和谐。

最后，与文化交融的评价机制，加速丰富了嘉高的校园文化，有力推进了嘉高校园文化的积淀。

从教师评价功能的最终作用来讲，促进教师的和谐发展才是学校评价机制的灵魂和核心。虽然在具体的评价细节中还存在一些问题，但是我们感到通过与文化交融的评价机制，能推进建设高水平的和谐发展的教师队伍，达到提升办学水平和教育质量的目的，也能更好地建设校园文化，所以这种评价机制是符合现代教育理念的教师评价方式。

2009年11月8日

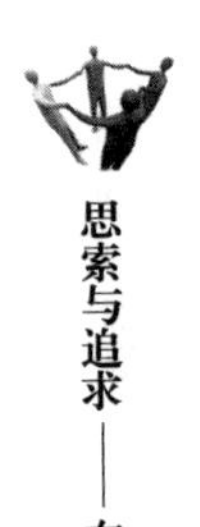

努力探索在多元优质办学的道路上

/徐新泉

创办于1997年的嘉兴高级中学，经过十多年的努力，一步一步踏踏实实在探索学校特色中迈向知名学校的目标，在嘉兴人民心目中赢得了很高的声誉。

浙江省一级重点中学、浙江省文明单位、浙江省绿色学校、浙江省现代教育技术实验学校、浙江省推行国家体育锻炼标准施行办法先进单位、浙江省先进团委、浙江省教育科研先进集体、浙江省语言文字规范化示范学校、浙江省卫生先进单位、浙江省依法治校示范学校、浙江省健康促进学校、浙江省体育（篮球）特色学校、全国家庭教育指导研究实验基地、全国中学生百家优秀文学社、国家基础教育外语教育研究中心实验学校、德意志联邦共和国指定合作学校……十余年间，嘉高开放式校史陈列橱窗已放满了各类的奖牌奖杯。

2006届的一位毕业生在嘉高建校十周年之际发来的贺信中说："很庆幸我进了嘉高，我得到的是能让我一辈子都记得的：同学的亲密无间，老师的言传身教……是嘉高，给了我不一样的生活，嘉高的老师并不是高高在上，他们是这样的亲切，这样地值得尊敬，嘉高使每一个同学都享受了成功的喜悦，每一个同学的特长都得到了很好的发展！虽然嘉高并不是什么年代久远的历史名校，建校只有短短十年，但她的成功是大家有目共睹的，说她成功并不是说她有多少学生考上了清华北大，而是她陶冶了这么多健全的人格，发展了这么多同学的潜能，培养了这么多品学兼优、富有特长的好学生！"

一、追求卓越，创造一流

细节成就了速度——嘉高的发展，源于学校注重研究管理方法、积极探寻实施路径的细节管理。

嘉高从建校起就非常重视制度建设。1999年制定并汇编了《追求卓越——嘉高学校管理制度汇编》和《追求卓越——嘉高学生管理制度汇编》，使师生们“言”有规，“行”有矩。开展以“尊重教育”为内核的德育专题累进活动，以乐为他人为基础，以关爱学校、关爱家乡为着力点，以爱祖国、爱人民、爱劳动、爱科学、爱社会主义为基本要求，以爱国守法、明礼诚信、团结友善、勤俭自强、敬业奉献为基本道德规范。从学生的日常行为入手，从身边小事做起，抓常规，重细节，潜移默化，不断陶冶情操。

教学工作中，嘉高强化教学过程管理和学生学习过程管理，坚持向课堂要质量，严格执行教学常规，常规检查做到制度化、经常化，要求教师做到备课、上课、批改、辅导、考试等教学常规的“五认真”。以“三加强”改革课堂教学模式和课时制，让学生在教师的“导引”下，引发学习兴趣和求知欲望，启迪与开发学生思维；通过学生探究强化思维能力；通过师生的交流培养学生分析问题、解决问题的能力，形成良好的学习习惯和坚忍不拔的探索精神。

班级管理工作中，学校要求班主任做到“严、实、细、爱”，严格管理，扎实工作，细致入微，全面了解每一名学生的思想、心理和学习状况，经常性开展谈话活动，鼓励学生奋发向上。建立助理班主任制度，推进全员德育，开展结对帮教活动，使每位教职员工时时处处关注学生、帮助学生。

理念决定了高度——嘉高的成就，还源于向学生潜能要质量，为学生能力培养构筑新“平台”。

嘉高的学生，都有自己的特长，都有自己的潜能，因此学校教育要尽可能因材施教，把学生的特长、潜能发挥出来，因此学校教育要多元优质发展，不能仅是一座独木桥。

在嘉高，教学创新和质量一直有自己的衡量标准，即“嘉高标准”。

在嘉高人眼里，一节好课不以教给学生多少知识为标准，而以学生是否乐学、会学为标准。学校要求课堂上关注、关爱每一名学生，强调教学情境设计与教学方式的有效性，注重教学各环节的管理与落实。

在校园文化的建设上，嘉高有串联起一年的校园文化活动的悦读文化节、科技文化节、体育文化节、艺术文化节，有聚合起共同兴趣特长学生的秀苑文学社、嘉高日语社、嘉高合唱团、叶脉工作室、嘉高心理社、嘉高篮球队、嘉高足球队、嘉高健美操队等等学生社团，有沟通学科知识学习和学生能力培养的研究型学习活动。"文心雕龙"杯全国新课标写作才艺大赛一等奖，全国中学生英语能力一等奖，省市研究型学习展示活动一等奖，以及历年在全国及浙江省数理化各类竞赛中取得的优秀成绩，都展示了嘉高在教育理念上的不断追求。

精神产生了态度——嘉高的成就，更源于爱校奉献、务实责任、科学创新、追求卓越的"嘉高精神"。

嘉高的教师崇尚"为了一切学生，为了学生的一切"，大力营造民主和合作的气氛，积极推进师生民主，教学民主。高中学习三年一千个日日夜夜，每天当作最后一天来过，这就是嘉高人的精神状态；敬业、负责，早出晚归，把所有的时间几乎都交给了学生，是嘉高老师的真实写照。循循诱导，言传身教，使学生踮起脚尖或纵身一跃都摘到了"桃子"，享受到成功的乐趣，是嘉高教师的追求。他们坚持以教学育科研，以科研促教学，在教学中求思，在学习中充实，在实践中积累，在改革中探索，不断地寻求自身发展的切入点和持久推动力。

嘉高大胆探索"加强情感交流，加强主体意识，加强创新意识"的"三加强"课堂教学模式，要求教师把激情带进课堂，把微笑带进课堂，把趣味带进课堂，在课堂教学中努力突出人文情感教育，以情导学，以情育思，课堂彰显着"以人为本"的人文关怀。

二、发展特长，幸福成长

古语说："十年树木，百年树人。"嘉高把育人的百年大计归纳为让学生"发展特长，主动成功，幸福成长"的教育追求。

在“发展特长，主动成功，幸福成长”的实践中，嘉高创新管理制度，优化管理结构，积极课程改革，研究“三加强”课堂模式，实行“30＋10”课时制，让学生有自己的活动空间和时间，达到拓展学习、引发兴趣、提高能力的目的，嘉高招生虽然处于嘉兴市本级第二梯队，但自2000年首届学生毕业以来，已有12届毕业生参加高考，年年有突破，届届有亮点；高考重点大学上线率保持在40%左右，本科上线率稳定在97%左右，始终稳居嘉兴市本级第二名，其中有4名同学进入浙江省文理科总分前100名，有1名同学进入浙江省体育综合分第一名，有1名同学进入浙江省艺术综合分第四名，有1人获嘉兴市本级文科状元，1人获嘉兴市本级理科状元；今年高考第一批重点大学上线率又跃居嘉兴市第三名。北京大学、中国人民大学、中国科技大学、复旦大学、浙江大学、上海交通大学，加拿大多伦多大学、美国俄亥俄州立大学等国内外著名大学都有嘉高学子的身影。

在“发展特长，主动成功，幸福成长”的实践中，嘉高努力在学习投入时间上做“减法”，在能力拓展上做“加法”，通过提高教学效率和传授学习方法，培养学生良好的自主学习习惯，激发自主学习兴趣。2000年学校开始了研究性学习，提升学生的学习力，从而发展学生的个性和能力。完善学生会、社团总部、学生研究院、学生科学院等多层面立体化学生自主管理、自主学习组织网络，形成浓浓的自主学习氛围，从而使嘉高学子不断保持高水平的学习探究动机。

在“发展特长，主动成功，幸福成长”的实践中，嘉高以学生发展为本，以教育学生学会做人为核心，以鼓励学生主动参与为途径，积极开展学生以“自律、自治、自理”为载体的“三自”教育活动，以及“尊重他人，尊重自己，尊重环境，尊重科学”为内容的“尊重”德育活动。实行德育专题累进，从身边小事入手，提升德育的有效性。以学生会为主体，建立学生自己的管理和活动组织，让学生自己组织文艺汇演、体育比赛、辩论赛、学生论坛，让学生在管理中自律，在管理中懂得尊重人、关心人，在管理中学会做人。嘉高以其良好的校风，得到社会的充分肯定。

嘉高人始终认为，兴趣的激发比教学更重要，习惯的养成比管理更重要，方法的习得比知识更重要，能力的形成比分数更重要。兴趣、习惯、

方法三者合一最终指向的是学生学习力的提高，从而为全方位拓展能力打下基础。嘉高实行分层教学，开设研究型课程，开放图书阅览室、计算机教室、理化生实验室，让学生在常规的学习之外有更大的学习空间和更多的自我实践机会。2000年第一个学生社团“秀苑文学社”成立，之后机器人俱乐部、化学社等等学生社团纷纷成立，而众多学生社团的活动，活跃了校园文化生活，提升了学校的文化品位。2010届毕业生张国栋是全国中学生机器人竞赛高中组一等奖获得者，被中国人民解放军航空大学飞行员专业录取后，凭借他的机器人技能特长，担任了学校学生机器人项目负责人，领衔组织全校性的学生机器人社团活动，开展现代军事技能训练。

2000年开始，嘉高每年都招收音体美特长生，努力搭建平台让有各类特长的学生更好成长。当“发展特长，主动成功，幸福成长”变成嘉高每一个学生的信念、理解、感知后，每年在全国和省市举行的各大中学生文体竞赛赛场上，总会闪现嘉高学子的身影，他们以睿智、勇敢、自信和优异的成绩赢得比赛：全国青少年机器人竞赛一等奖，浙江省高中研究型学习成果展示一等奖，嘉高足球队、篮球队在浙江省中学生足球、篮球联赛中打入八强，嘉兴市高中生辩论赛银奖，嘉兴市健美操比赛金奖，联合赵松庭笛子艺术研究会、秀洲区委宣传部及秀洲区教文体局为章诗怡同学在秀洲会堂举办笛子独奏演奏会，协调各方为周琳同学在嘉兴博物馆举办个人画展……嘉高学子摘金夺银，气势恢宏。

三、国际教育，积极探索

从2009年全市首家“嘉兴高级中学中德DSD项目”获浙江省教育厅批准及德国政府授牌，到2012年5月“嘉兴高级中学中加合作课程”项目获教育部备案浙江省教育厅批准及加拿大BC省教育厅授权，嘉高时刻紧扣经济社会发展的脉搏，一直保持前瞻性的国际教育理念，力促高中教育水平与世界水准并轨，走出了一连串中外合作办学的坚实脚印，成为嘉兴市高中国际教育的领跑者，为就读嘉高的学子进入德国、加拿大、美国等一流知名大学，走向世界提供坚实的平台。

“开展和加强国际合作办学是时代所需，也是丰富和强化学校内涵建设的重要方面。”国际合作办学最主要的目的在于引进国际先进的专业课程、教育技术和教学方法，开展国际理解教育，培养适应经济社会发展、具有国际视野的人才。

在与国外开展国际教育合作的同时，嘉高积极开展国际交流活动，与德国黑森州阿尔伯特·爱因斯坦一级文理中学结为友好学校，并每年开展师生双方的交流互访活动。

“我们希望能给每一位嘉高学子提供多种成才的途径，而不是只有高考这座‘独木桥’。通过中德、中加合作项目的逐步实施，将世界带进嘉高课堂，着力培养具有世界眼光、国际化教育背景的新型人才，以满足社会对多样化办学的需求。”我们认为，国际教育是高中创建特色，实现学校内涵化、可持续发展的一个新方向，嘉高愿做出努力成为“开路先锋”。

雄心漫步求索路，一路笑语一路歌。每天清晨，走在嘉高充满朝气的校园里，微风送来阵阵鸟语花香，还有琅琅的晨读声，这是一种和谐的声音，一种走过了十多年创建学校特色的和谐之声，这种和谐之声终让一所学校成了嘉高人的事业乐园、精神家园。嘉高因为有了理想，而有了实践，因为实践，而有了每一个嘉高成员的“发展特长，幸福成长”。回首嘉高的发展历程和教育细节，承载了许多可资探究的教育思想和校园文化，嘉高努力在多元优质的办学实践中。

2012年8月3日

提升校长课程领导力　促进学校内涵发展

/ 徐新泉

新一轮基础教育课程改革是教育观念的更新、人才培养模式的变革，是一个由课程改革牵动的整个基础教育的全面改革，对校长来说，是一个探索、创造和挑战的教育实践过程。校长对课程改革的领导力直接影响着学校推行新课程的质量与水准，也影响着学校的发展。我们认为，校长课程领导力就是校长领导学校课程改革的能力。它包括以下三个层面：一是校长引领、陪伴学校团队“决策层”把握教育教学方向、决定实施战略的能力，其关键是“思想性”；二是校长引领、陪伴学校团队“执行层”和“作业层”建构教学模式、选择实施策略、追求实施绩效的能力，其关键是“正确性”与“有效性”；三是校长引领、陪伴学校团队提高认识与本领、用文化的方式发展有灵魂的教育的能力，其关键是“文化性”。校长课程领导力，已成为校长专业发展的新使命，成为学校内涵发展的核心竞争力。“如何提升校长课程领导力?”无疑成了当今许多专家、学者以及有志校长研究的一个重要课题。近年来，嘉高在如何提升校长课程领导力方面做了一些思考与尝试。下面结合我校的实践，谈几点体会。

一、先进的教育思想是提升校长课程领导力的前提

教育思想是校长的灵魂，决定着学校办学的方向。有先进的教育思想的校长才能办出有灵魂的学校、带出有思想的教师，从而培养出一代有作为的学生，进而办出让人民满意的教育。所谓先进的教育思想就是指校长所追求的教育思想，能够体现出时代精神，反映教育改革与发展的总体趋势，反映教育教学的基本规律。具有先进教育思想的校长，能够把国家的

教育方针与学校的办学实践有机结合，找准学校发展的着力点、切入点和创新点，能够清楚地告诉教师，在教育教学过程中，什么是应当追求的，什么是不应当追求的；什么样的教育方法是可行的，什么样的教育方法不可行；什么样的教育行为是合理的，什么样的教育行为是不合理的；什么是好教育、好教学；什么是教育的高质量。校长只有拥有与不断发展着的教育形势和要求相匹配的教育思想，拥有与学校教育良好的教育传统和潜在优势以及发展愿景相吻合的教育理念，才能更好地领导学校的教育教学工作。

校长的教育思想、教育理念是一种无形的力量，对教师的专业发展，对学校的教学效能的提升具有重要的作用和影响。因此，优秀的校长会以战略家的眼光、教育家的精神、艺术家的头脑，组织教师通过各种学习、研讨，形成正确的教育观、质量观、管理观、教学观、师生观、德育观等，转化成行动计划，并以行动研究的方法将教育思想、教育理念转化并落实到学校的教育教学等工作实践中。在创造性的实践和共同参与的智慧中获得生长、发展。根据嘉高实际，我们以“真”为校训，努力“为了一切学生，为了学生的一切”，建设“高品位校园、高质量教育、高素质队伍、有特色办学”的高级中学，致力“追求卓越，创造更好”，培养“具有现代文明、适应现代竞争、有社会责任感的中国人”，让嘉高学子“和谐发展，主动成功”“让嘉高每一个学生在校园都能享受成功的乐趣，让嘉高每一个学生的特长在校园都能得到最大的发展”，追求“依法治校，以德立校，科研兴校”，“教好书是为师之本，育好人是为师之德，双向成才是为师之求”。在办学过程中，学校实施了“让师生主动动起来”的策略，深化了以“激励加精细”为重点的管理机制，以“尊重”为内涵，以“自律、自治、自理”为载体的德育特色，以学生社团为特点的文化特色，以学生研究型学习为亮点的学习方式特色，以“研究型教师群体培育”为重点的学习型学校的特色，以“加强情感意识、加强主体意识、加强创新意识”为重点，以“让学生动起来”为目标的教学特色；以“基础＋特长”和音体美特长生为突破口的音体美教学特色；以英语特长班为抓手的文科教学特色；以学生社团为载体的研究型学习特色；以DSD班教学为重点的教育国际化特色。创办仅十三年的嘉高，目前虽然不能说拥有了厚重的文化积淀，但得到了社会广泛认可和百姓纷纷点赞，成为浙江省一级重

点中学、浙江省文明单位，获得了十七项浙江省级和国家级荣誉称号，学校以校风优、教风严、学风好、有特色知名市内外。

二、有效的课程管理是提升校长课程领导力的关键

校长的核心领导力是对课程的领导。学校教育的实施依靠课程，作为校长必须加强课程管理以确保国家课程、落实地方课程、整合开发校本课程，以有效的课程教学活动促进学生发展，实现学校发展。

1. 建构课程规划，设置课程框架。对学校而言，课程的建设绝不是简单地增加几门选修课。优秀的校长会围绕“品位高、情趣雅、有特色”特别是凸显学校特色的目标定位，关注学生的发展需要，立足学生的兴趣，有效利用校内外资源，优化课程结构。根据嘉高实际，学校确立了“国家必修课程＋学校特色课程”的课程规划，建立了通过国家课程和地方课程实现共同基础，通过特色课程发展学生的特长，开阔学生视野、体现学校特色，全面提高学生的综合素质的课程框架。学校强调用新课程的理念指导学校德育工作，让德育融合于学校课程改革之中，从正确陶冶学生的思想情操，培养学生的良好道德品质出发，拓展活动空间，创新工作方式和内容，使我校的德育工作有新的突破。近年来学校坚持推行以“尊重教育”为主线的专题递进德育教育活动，坚持从基础做起。我们认为，智慧的做法，就是要把办学目标、任务转变成看得见、摸得着、抓得住、天天可以做、人人都能做的事情，比如做好操、扫好地、写好字、读好书、唱好歌。因此从这个角度来看，评价一所学校的标准也非常朴素简单：地无纸屑、花无断枝、墙无脚印、桌无刀痕、嘴无脏话、课无闲人。学校是校长的作品，学校的方方面面都是校长领导力的表现。伴随我省的高中新课程改革的展开，我校的校本课程建设也逐步提升，学校紧紧围绕“嘉高求真课程”的总体设计体系，按照发展学生特长、建设多元优质高中的思路，在实施好国家课程的前提下，学校努力整合国家课程、地方课程的资源，建设具有嘉高特色的运河文化课程、实践创新课程、国际理解课程，以及身心健康课程，以突出嘉高人文教育、国际教育、创新教育的特色。我们设想围绕上述体系建设基础型、拓展型、探究型的校本课程，围绕上

述思路，近年来学校建设了一批校本课程。

特别需要说明的是，我校的校本课程建设是与国际合作教育和研究型学习结合进行的。我们认为，研究型学习和校本课程虽然各自名称、呈现方式不同，但在目标、内容、实施、评价、价值取向等方面是一致的。其一，研究型学习作为一种学习方式，与校本课程教学具有一致性；其二，作为一种课程，研究型学习是国家规定的必修课，以之为切入点，可以促进各个层面的互动；其三，作为一种学习方式，研究型学习与学生的生存状态直接相关，易于为学生所接受。因而我们认为，以研究型学习为切入点来进行校本课程建设和实施，不仅可以有效建设和实施这一国家规定的必修课程，而且可以降低课程改革的风险性，提高课程改革主体参与的积极性，使人们较容易地看到校本课程成效的希望，不失为充分合理利用各种资源，提高学生素质，体现学校办学特色的好思路。我校校本课程建设、实施与研究型学习结合框架图如下：

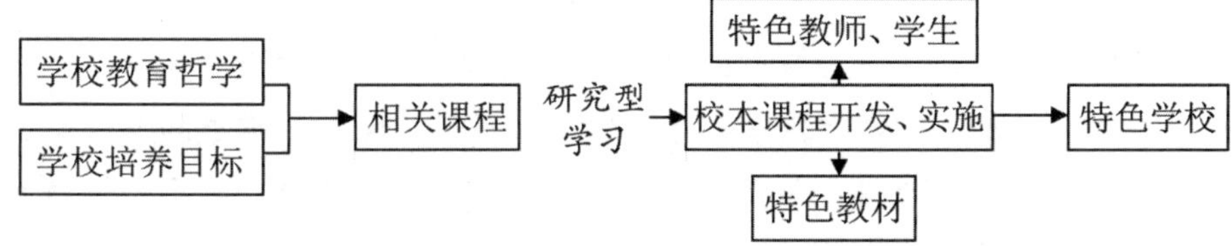

2. 推动教学改革，促进课程实施。教学是学校工作的中心，课堂是学校教学的灵魂。课程实施的关键是教学，将理念转化为课堂中教师教学的自觉行为，是校长课程领导成败的关键所在。几年的新课改实践，让我们明白：不管什么样的教育改革，如果不能落实教学主体，不能触动课堂教学，不能引起教学模式和教学过程的变化，都难有实质性的成效。因此，“聚焦教学，决战课堂，提高新课程改革效益”成了嘉高领导这几年面对新课程改革挑战毫不犹豫做出的一种价值选择。聚焦教学，决战课堂，关键在于加强教学课堂管理，落实教学规范，把握教学要求，改革课堂教学，创新教学方法，实施有效教学。在构建有效课堂的过程中，我们主张保持思想上的“三清”，即“清楚”课堂教学于学校的意义，“清醒”学校课堂教学的现状，“清晰”课堂教学改进的思路；主张在效果上达到“四改”，即“改正”课堂教学中的谬误，“改进”课堂教学的现状，“改善”

课堂教学各方的关系，最终达到学校的课堂教学整体有比较明显的“改观”。近年来学校着重抓了以下工作：

（1）找准“四个定位”。一是教师角色的定位：即教师是教与学的引导者、组织者、合作者和创造者；二是学生地位的定位：学生是自主获取知识、得到发展的主体，不是被动接受知识的容器；三是学习过程的定位：教学过程是师生互动的过程，是学生在教师指导下操作实践、自主探究、内心感悟、体验愉悦的过程和交往的过程，师生在此过程中相互得到发展；四是教学时空的定位：课内的相当一部分时间留给学生，让学生自主活动，并由课内向课外拓展，使学生的学习与生活结合，与社会结合。

（2）建立以人为本的弹性化的教学机制。长期以来，实行统一的教材和课程计划使学生缺乏自主选择性，教学的统讲统练又很难顾及学生的个别差异，不利于学生的个性发展。实行新课改以来，学校建立了以人为本的弹性化课程，实施了以人为本的分层教学的教学运作机制。针对不同学生的学习实际，学校将教学目标层次（包括学期教学目标、单元教学目标与课时教学目标）分解为基本目标、中层目标、发展目标三个层次，然后按照学生的差异进行分层教学，作业也区别对待。比如，课堂教学时间的调整。教学时间是影响教学活动的一个重要因素，为了进一步提高课堂教学效益，在充分调研的基础上，学校提出适当缩短和控制教师的教学时间，增加学生自主学习的时间，让学生主动动起来。考虑到高中教学的实际，学校积极推进“三加强”课堂教学，并将每堂课的课时设置为40分钟，同时规定教师教学用时不得超过30分钟，学生用时不少于10分钟（这10分钟要么安排在上课开始时，要么安排在上课结束时，不能分开）。各科可以安排课前预习，多媒体投影导学问题，或采用学案教学法，保证学生课前预习；可以安排学生课后小结复习、归纳整理，保证每个学生课后复习的时间；可以安排学生演讲、点评，培养学生的语言表达能力，推动学生课外学习；可以安排小组讨论等多种形式。另外，还规定每天第三节晚自修为学生自主安排学习的时间，让学生针对各自具体的问题、兴趣开展自主性的学习。课堂教学时间的调整，增加了学生的有效学习时间，调动了学生学习的积极性、主动性与创造性，促进了学生学习能力的培养以及学习成绩的提高。

（3）将提高课堂教学有效性纳入教科研体系中。新课程推行几年来，我们借助于各种形式的教学研究活动，如扎实进行课例教研，认真实施小专题研究，灵活调整测评制度，注重培养学生良好学习习惯、提高学习能力，切实追求有效教学。课堂教学的有效性如何提高？我们主张在认识上要重视两个维度：一是时间维度，即如何有效地利用有限的教学时间；二是过程维度，即如何保证教学各个步骤的成效。综合起来看，就是要在行动上把握好教学的基本环节，做到时间效益和过程效益的有机结合。在具体教学策略上我们坚持精耕教材、细作课堂，做到盘活教材、上实课堂，反对备课中的“认真走过场”，反对课堂上的“广种薄收”。打造高效课堂，也从小环节、小现象着手解决。这几年，我们重点抓了“备课、上课、评课、作业、辅导、评价”的教学常规，保证了教学不走样，确保了比较高效的教学。如下表所示：

评课的结构与指标

评价项目	评价要点
教学目标	符合课标要求和学生实际的程度
	可操作的程度
学习条件	学习环境的创设
	学习资源的处理
学习指导与教学调控	学生参与活动的态度
	学生参与活动的广度
课堂氛围	学生参与活动的深度
	课堂气氛的宽松度
	课堂气氛的融合度
教学效果	日标的达成度
	解决问题的灵活性
	师生的精神状态
学科特色	

（4）转变教学方式，切实追求有效课堂。传统的教学方式一般以组织教学、讲授知识、巩固知识、运用知识和检查知识来展开。近几年，学校把构建新课堂、创立新课堂文化作为我校校本教研科研的工作重点，把转变教与学的方式放在课堂教学改革的首位，要求教师将课堂还给学生，由讲堂变学堂，保证和促进学生整体发展。课改这几年来，学校研究了不同

课型的课堂教学规律和教学模式，逐步完善了新授课、复习课、习题课、试卷讲评课等课型的教学模式。每个教师基本上能根据不同的教学内容灵活选用不同的教学模式，初步形成了自己的教学风格和教学特色。通过这几年的大胆探索与实践，我校教师驾驭课堂的能力明显进步，学生综合素质显著提高，教育教学成绩也实现了大幅度提升，实现了教育教学质量的新跨越。近年来学校高考在全市文理科第一批次上线率中，嘉兴高级中学稳中升至全市高中前茅。

（5）构建分析反馈系统，提高评价的科学性。近几年来，我们开展了“嘉高学业考试测量、分析”的课题研究，构建了“学业质量分析、反馈系统”，形成学校质量常模，使我们对学业质量的分析更加科学。如下图所示：

成绩分析导航：

常规分析：常规分析（成绩汇总及排名、平均分、目标平均分、优秀率、及格率、最高分、最低分、名次划线）

班级划线：班级划线（按百分比班级人数划线）

标准分析：标准分分析

个体分析：个体分析（学生个人成绩查询、学生个人成绩变化跟踪）

3. 营造多维空间，推动专业发展。教师专业发展是教育界的一个热门话题，也是学校应始终关注的问题，毕竟人是第一生产力，教师是学校最宝贵的资源与财富。为此，学校确立了“教师的成功就是学校的成功”的理念，主张每一位教师既要下得了厨房又要走得进厅堂，既是教学能手，也是育人专家。同时，学校坚信：每一个教师都是一座金矿，但每个人的潜能成长既需要自发产生，也需要有外力的帮助。有了舞台，才有了展示的机会与空间。校长要当好“后勤部长”，积极营造教师多维的成长空间，校长的职责就是发现和开发这些潜在的金矿，并努力使每一块金子闪光。只有这样，学校才会真正拥有和培养更多的人才；只有这样，教师才会潜下心来教书，静下心来育人。近年来我校出台了《嘉高教师梯级培养规划》，采取教师自主申报与评审委员会评定相结合的方式，对全校教师进行梯级教师资格认定，构建了由名师型、骨干型、胜任型、新教师组成的教师梯队。在专家的指导下，各梯队教师从专业精神、专业能力等方面制订了个人发展规划，规划中既有作为不同梯队教师在教书育人方面应达到的基础指标，又有每个人个性发展的特色指标（比如，从新教师“入格培养”，青年教师“上格培养”，骨干教师“风格培养”），将学校的发展愿景与教师个人发展方向、发展特色有机结合起来。学校采用分管领导定期与教师交流和个人发展档案集体展示相结合的形式，及时了解教师专业发展的支持需求和落实情况。采用开放教育平台，实施专家引领，运作成长团体等方式，让教师在协作的团队文化中，在课程实践与反思中，在共享教学成果中得以不断提升，使高水平的教师梯队成为融合个人价值和集体智慧的发展共同体。如下表所示：

学校层面推出的新教师部分培养活动

序号	活动内容
1	新教师谈发展愿景
2	新教师备课笔记评比
3	新教师说课活动
4	新教师汇报课
5	新教师专业测试
6	教育教学叙事评比

学校层面推出的名师工程部分培养活动

周次	内 容	备 注
2	高级教师“我的教学风格”总结	全体高级教师参加
5	说课活动	名师培养对象参加
9	论文答辩	名师培养对象参加
17	课题研究展示	新申报或者正在研究的课题(区级及以上),名师培养对象参加

4. 加强教研组建设，打造教研文化。学科教研组是学校教研团队的重要组成部分，是提升教师实践智慧的重要阵地。教研组建设的好坏直接影响学校教学质量的提升。促进教研组发展成为一个学习共同体，使教师可以在其中获得丰富的信息和资源，通过同伴之间的互助，引发自己对教育教学的反思，不断更新自己的专业知识，从而获得更广泛、更完整意义上的成长，这是校长的一个重要工作目标。我们的思路是：规范常规求精

致，探索创新求激活；建立制度赢得长效，形成机制整体提高。具体来说，我们关注了以下四方面的建设：首先，推行管理制度改革。近年来我们实施了教研组管理试点。在不改变教研组实体化管理的前提下，调整教研组的工作重心，强化教研组在学科建设和学科研究中的作用。其次，健全并完善教研制度，制订符合本校实际的校本教研制度和切实可行的实施方案，实现研训一体化，形成以“研”促教的氛围，并严格遵照执行。再次，关注教研文化建设，促进教研组真正成为教师专业成长的学习共同体。最后，为教研组的活动时间、活动经费、制度执行情况等提供强有力的保障，同时建立相关评价制度进行激励导向。

5. 打造品牌，创建特色。新课改实践让我们明白，学校之间的竞争已不仅仅是高考升学率的竞争，它已逐步演变为综合实力的竞争，包括高考升学率、包括品牌特色形象的竞争。品牌特色形象是学校的无形资产和核心竞争力，学校要想在课程改革大浪淘沙的洪流中站住脚，就需要精心策划和苦心经营品牌特色，这是我校深化课程改革的新的突破口。经过近几年的课改实践，学校的办学特色已初步形成，品牌逐渐显现。

（1）学生研究型学习。伴随着新课程改革的不断推进，我校以“积极探索、努力创新、稳步推进、形成特色”作为研究型学习工作的指导思想，努力抓住重点，优化亮点，克服难点，因地制宜创特色，求真务实搞改革。学生研究型学习在近年省市研究型学习成果评比中多次获得一等奖、二等奖，有效培养了学生的创新意识、创新思维、创新能力。嘉兴电视台、嘉兴电台、《嘉兴日报》、《南湖晚报》对我校学生的研究型学习活动多次作了全方位的报道，给予充分的肯定，研究型学习已成为嘉高一道亮丽的风景线。

（2）创造发明与机器人竞赛。学校多次获得省、市青少年科技创新大赛创造发明特别奖。在第九届中国青少年机器人竞赛中，代表浙江省出赛的嘉兴高级中学机器人代表队获得机器人基本技能大赛高中一等奖，为嘉兴高级中学赢得了美誉，也为我校高中生机器人研究和发展奠定了扎实的基础，同时极大地培育了嘉高学子的创意品质。

（3）独辟蹊径，勇吃“螃蟹”，积极开办DSD项目。为了拓展学校发展空间，丰富优质教育内涵，加强国际教育交流，学校决定，从2009年秋季开始，在高一学生中开设经区、市、省教育行政管理部门层层审批，由德国教育部批准的德语语言证书（DSD）项目，嘉高成为我省仅有的4所开设DSD项目的重点中学之一，因此，开设了DSD德语课程。

三、高雅的学校文化是提升校长课程领导力的保证

一位哲人说过，“不用哲学的眼光思考教育是肤浅的，好也好不到哪里去，坏则每况愈下。如果把教育比作一个坐标，教育质量代表教育的效度，学校文化则代表教育的高度”。一所不重视文化建设的学校是一所没有高度的学校。真正的教育就是要用文化的方式发展有灵魂的教育，用文化点燃人们心中熊熊不息的火炬。先进的学校文化是一个学校的旗帜与灵魂，是一个学校综合形象的代表，也是一种凝聚人、鼓舞人的力量。学校的课程改革最终要走向学校文化的重构，校长要能够在课改中审视学校原有文化，结合课改的精神，进行学校文化建设。这是校长课改领导力的精神引领要素，它影响着学校实施课改的核心价值观。为此，近年来我们坚持把学校文化建设作为全面实施素质教育的重要载体，把建设和加强学校文化作为提升校长课程领导力的一个重要内容。在制定新发展规划时，我们确定了“大处着眼，文化建设统领全面；小处入手，细节管理打造品牌”的实践思路。“观念文化营造内涵美；物质文化营造环境美；制度文化营造和谐美；行为文化营造文明美”是学校领导倡导全校广大师生着力建设的校园文化内涵。

首先，积极推进观念文化的建设。观念文化为广大师生提供共同的发展愿景，起引领作用。根据嘉高实际，我们确立了“为了一切学生终身受益”和“人人成才”的教育追求，树立了转变一个差异学生同培养一个优秀学生同等重要的思想意识，坚持“面向全体学生，从最后一名学生抓起”，依法保证每一个学生平等受教育的权利，努力以一种积极的心态来经营自己的学校。

其次，重视校园物质文化的营建。校园物质环境是校园文化建设中的一个重要方面。近年来，学校领导十分重视校园物质文化的营建，想方设法为广大师生提供理想的工作和学习场所。经过几年建设，嘉高的庭院小

品、廊道壁挂、阅报栏、博士廊、名师墙、荣誉展示窗，处处散发出浓郁的以人为本的尊重气息，使师生有了“家”的感觉。优秀的校园物质文化为师生成才提供了适宜的土壤。

再次，注重制度文化的变革。学校修订和重新制定了有关规章制度（《嘉兴高级中学教学研究制度》《嘉兴高级中学教师教学反思制度》《嘉兴高级中学学生选课指导制度》《嘉兴高级中学教研组、备课组工作量化考核方案》《嘉兴高级中学学分认定与学籍管理制度》《嘉兴高级中学新课程校本教研制度》《嘉兴高级中学教师培养方案》和《嘉兴高级中学听评课方案》等），有意识删去诸如“不准”“必须”等词，而换上“应该”“要求”等词，体现了以人为本和尊重意识。制度文化的重构，为推进新课改提供了制度保障，为学校的可持续发展奠定了基础。

最后，推进学校行为文化的打造。著名教育家叶圣陶先生说：“把一个信念播种下去，收获到的是一个行动；把一个行动播种下去，收获到的是一个习惯；把一个习惯播种下去，收获到的是一个性格；把一个性格播种下去，收获到的是一个命运。”事实证明：一个人如果有很长一段时间生活在一种文化，或一种文化环境之中，那么就有可能逐步了解这些行为文化的含义，形成价值观，这些价值观可作为日常行为准则供师生指导自身的行为。一旦形成群体心理定式，既可以通过明确的意识支配行为，也可以通过潜意识产生行为。为此，近年来在日常管理中，我们以创建各种活动为载体，努力促进广大师生良好的学习、工作、生活、健康习惯的养成。我们制订了周密的行为规范训练计划，有专门的行为规范训练课，行为规范训练课安排在每周一班会课上。行为规范训练的内容很丰富。如《中学生日常行为规范（三字歌）》《嘉高学生礼仪常规》等，定期安排专人讲解，我们认为“行规无小事，处处是教育”，学校采取“讲、练、查、评”的措施扎实有效地开展行为规范教育。学校要求学生课间不奔跑，公共场所低声说话，下课要文明如厕，中午吃饭不跑步，买饭遵守一米线制度，离开座位凳子放进课桌肚等。学校每学期都要评出行为规范示范生。学校设有学生值日监督岗、教师值日护导和行政值日护导等加强行为规范训练的岗位，层层监督。行为规范训练多管齐下，平平淡淡反反复复但却真真切切。学校行为文化的打造，浸润、滋养了人们的灵魂，为师生人格的塑造和人文科学素养的提升奠定了一个宽泛而坚实的基础，达成了不训而化，育人于无形之效，因为培养好习惯就是素质教育，校园的每个人都是学校的形象！

校长、制度和文化是学校发展的三个关键因素。在学校的初始阶段，主要靠校长的思想、人格和能力；发展阶段，主要靠一套完备的贴合实际且行之有效的制度和机制；成熟阶段，主要靠学校文化。从而学校管理渐次由人治、法治走向“文治”，是由必然王国到自由王国的飞跃，标志着管理达到文化的极致。为了达到管理的极致，校长有义务担当起学校文化建设的重任，把学校文化建设提升到学校发展战略高度，引领学校的主流文化建设，把建设富有特色的学校文化视为自己义不容辞的庄严使命。没有文化的意识和文化建设的自觉，总用一种行政管理的心态来领导学校和管理学校，永远做不成教育品牌。只有树立教育的理想，才能做出理想的教育！

“路漫漫其修远兮，吾将上下而求索”。新课改带给我们的是全新的教育教学理念，全新的教育教学体验，而课改中校长的课程领导力是一项全新的系统工作，需要我们不断地去努力、探索、学习、积累。教育是充满灵性与智慧的事业，研究是产生智慧和灵性的途径。让我们在提升校长课程领导力中整体优化办学行为，在开展教研机制研究中提升教师研修能力，在聚焦有效课堂中提升教学质量，促进学校办学水平的整体提高，为学生的终身发展奠定基础，让教育抛弃平庸，走向卓越，走向崇高！

2010年11月26日

2015年2月28日（修改）

回眸嘉高

岁月悠悠，
嘉高人永远抹不去的
记忆与美好！

二十年高歌求卓越

/徐新泉

1997年3月，嘉兴市郊区人大三届五次会议决定，筹建嘉兴市郊区的高级中学；1997年6月6日嘉兴市人民政府发文，批准建立“嘉兴市郊区高级中学”（嘉政发1997—100号）；1997年6月23日嘉兴市郊区召开“嘉兴市郊区高级中学”建设动员大会，发动全区人民捐资建设郊区高级中学，募集资金1440多万元，政府拨款1330万元，共计2770万元建设嘉兴市郊区高级中学；1997年9月招收首届三个班共138名学生，寄读在徐新泉任校长的嘉兴市新塍中学；在嘉兴市郊区领导的努力下，1997年11月20日嘉兴市人民政府发文变更校名为“嘉兴高级中学”（嘉政发1997—211号）；1997年12月8日嘉兴高级中学校园建设奠基开工（因此定为校庆纪念日）；1999年2月嘉兴高级中学一期工程（教学实验办公综合楼、食堂一期、学生公寓B幢）基本完工，1999年3月15日，34名教职工（首批39名教职工中有5名被借用在外单位）带着高一、高二两个年级7个班级303名学生，搬入嘉兴高级中学新校园，嘉兴高级中学校园正式启用。

嘉兴高级中学校园正式启用后，续建二期工程3幢学生公寓楼、行政图书综合楼、科技楼、校园西区教学楼、司令台。2002年7月嘉兴市秀洲区政府与嘉兴市南湖国际教育投资有限公司签订《嘉兴高级中学特许办学协议》，协议规定嘉兴市南湖国际教育投资有限公司为嘉兴高级中学投资6000万元，承担前期建设债务和后期续建项目；嘉兴市秀洲区政府特许嘉兴市南湖国际教育投资有限公司从2002年8月起管理嘉兴高级中学26年，至2028年7月结束后将嘉兴高级中学归还嘉兴市秀洲区政府。嘉高特许办学期间，嘉兴市秀洲区政府按《嘉兴高级中学特许办学协议》和商定给予经费补助，由于学校一直有近80%的学生按公办高中标准收费，嘉兴市教育局、市财政局从2008年开始逐步加大对嘉高办学经费的补助。2002年下半年起，嘉兴市南湖国际教育集团续建了嘉高塑胶田径场、食堂二期、校园网络系统、体育馆等项目，至2005年学校基本建设结束。

1999年春季，时任嘉兴市市长的夏益昌先生在北京参加全国人大会议期间，专门请时任全国政协副主席的钱正英为嘉兴高级中学题写了校名。嘉高校园占地10万平方米，建筑面积5万平方米，绿地面积3万平方米，由教学实验办公综合大楼、行政图书大楼、科技大楼、学生公寓楼、体育馆及运动场、食堂等汇成嘉高学府建筑群；按照浙江省一级重点中学的要求配备了完备的教育教学设施；学校建设总投入约1亿元。嘉高校园树木葱郁，绿地如茵，四季花开不断；荣誉窗、陈列柜、博士廊、名师墙反映学校取得的成就，主题雕塑、校训原石，洋溢着浓郁的校园文化氛围。

建校20年来，嘉兴高级中学一路高歌求卓越。2001年7月被省教育厅批准为浙江省重点高中，2004年2月被批准为浙江省二级重点高中，2006年1月被批准为浙江省一级重点高中，2003年4月嘉兴高级中学被批准为浙江省文明单位，先后荣获浙江省推行《国家体育锻炼标准施行办法》先进单位、浙江省现代教育技术实验学校、浙江省绿色学校、浙江省语言文字规范化示范学校、浙江省卫生先进单位、浙江省教科研先进单位、浙江省依法治校示范学校、浙江省健康促进学校、浙江省先进团委、浙江省体育（篮球）特色学校、浙江省体育（足球）特色学校、浙江省食品卫生管理示范单位、浙江省三级综合档案室、浙江省高中二级特色示范学校、全国青少年校园足球特色学校、国家级国防教育特色学校、全国家庭教育指导研究实验基地、全国中学生百家优秀文学社、国家基础教育外语教育研究中心实验学校、德意志联邦共和国指定合作学校、加拿大BC省授权嘉兴高级中学海外学校，以及法国大学科技学院校长联盟的合作学校。

建校20年来，嘉兴高级中学始终把建设优秀师资队伍作为办学的重中之重。嘉高教师队伍中，有全国劳动模范1人（徐新泉老师）、全国优秀教师1人（黄光银老师）、浙江省人大代表2人（许建英老师、徐新泉老师）、浙江省特级教师1人（潘新华老师）、浙江省优秀教师1人（鲁建飞老师）、浙江省“春蚕奖”获得者4人（徐文祥老师、潘新华老师、赵利民老师、张益民老师）、浙江省名师名校长培养人选2人（徐新泉老师、许建英老

师)、浙江省优秀中学体育教师1人(阮江老师)、浙江省民办学校优秀教师1人(王永平老师)、嘉兴市劳动模范1人(翟景梅老师)、嘉兴市名教师7人(薛万霖老师、姚庆富老师、翟景梅老师、曹爱琴老师、李利荣老师、张旭宁老师、刘继伟老师)、嘉兴市新世纪专业技术带头人培养人选3人(许建英老师、徐新泉老师、潘新华老师)、嘉兴市学科带头人21人(许建英老师、吴明华老师、鲁建飞老师、薛万霖老师、姚培甫老师、姚庆富老师、沈明海老师、翟景梅老师、邢川老师、朱娟英老师、曹爱琴老师、周国良老师、李利荣老师、张旭宁老师、沈瑶老师、刘继伟老师、范侠老师、赵云霞老师、阮江老师、严涛老师、鲍尔青老师)、嘉兴市优秀教师2人(朱娟英老师、朱惠老师)、嘉兴市德育工作先进个人1人(冯晓东老师)、嘉兴市师德先进个人1人(杨丽娟老师),嘉兴市教坛新秀4人(周菊明老师、范侠老师、沈瑶老师、鲍尔青老师),嘉兴市秀洲区优秀共产党员2人、嘉兴市秀洲区优秀校长1人、嘉兴市秀洲区优秀教师(最美教师)8人、嘉兴市秀洲区名教师4人、嘉兴市秀洲区学科带头人22人,以及县市区级教学能手等各种荣誉的优秀教师占专任教师的65%以上;专任教师全部具有大学本科学历,其中有硕士学位教师28人,在职进修教育博士学位教师1人,60%的教师拥有硕士或研究生课程班结业证书,高级和中级职称的教师占专任教师的90%,可谓名师荟萃。教师的成长紧紧依靠教育科研,20年来由出版社出版的师生著作10种14本:2003年徐新泉主编的《现代中学课堂教学模式探究与实践》由浙江大学出版社出版,2004年徐新泉主编的《文心秀苑》由新疆青少年出版社出版,2004年徐新泉主编的《假日思考》五册由西安地图出版社出版,2004年徐新泉主编的《走进高中》由新疆青少年出版社出版,2005年徐新泉主编的《来自大课堂的报告》由研究出版社出版,2008年徐新泉主编的《足迹》由研究出版社出版,2014年徐新泉主编的《行走在求真教育的道路上》由浙江教育出版社出版,2015年徐新泉主编的《心语嘉高》由浙江教育出版社出版,2017年徐新泉主编的《创意在成长》由浙江教育出版社出版,2017年徐新泉主编的《岁月永恒》由浙江教育出版社出版;潘新华老师主持的浙江省立项课题“高中思想政治学科课程基地培育行动研究”被评为浙江省教研成果评比二等奖,徐新泉老师主持、薛万霖老师执笔的浙江省规划课题

"现代中学课堂教学模式探究和实践"荣获2003年度浙江省基础教育科研优秀成果三等奖、嘉兴市第九届社会科学优秀成果一等奖，潘新华老师主持的浙江省立项课题"生态教育视阈下高中政治微课建设的实践与研究"荣获浙江省第六届教研课题成果三等奖。

建校20年来，嘉兴高级中学不断丰富自己的教育思想。嘉高的校训是：真。嘉高的教育理念是：嘉木扬长，高德归真。嘉高的育人目标是：德正才优，卓越发展。嘉高的办学目标是：建设市内一流、省内知名、多元优质的高级中学，为此努力建设嘉高求真校园文化和嘉高求真课程体系。嘉高的办学特色是真的教育，重点在人文科学并举、中西教育兼容、科学自主发展（人文性、国际性、创新性）。嘉高精神是：爱校奉献、务实责任、科学创新、追求卓越。嘉高的校风：文明、勤奋、求实、创新。嘉高的教风：爱生、协作、精业、善导。嘉高的学风：尊师、求真、勤奋、多思。编制了《嘉兴高级中学章程》。

嘉兴高级中学在20年的办学历程中，牢记"真"的校训，努力实践"嘉木扬长、高德归真"的教育理念，始终以匠心精神精雕细琢嘉高的教育质量和嘉高的特色教育，越来越彰显出质量和特色并重的办学，人文科学并举、中西教育兼容、创新自主发展，初步形成教学质量与人文性、国际性、创新性合一的多元优质的教育，让每一个嘉高学子得到最大化的发展。

人文育人

构建立体德育文化。德育是教育的灵魂。自办学以来，嘉高特别注重引导学生树立远大理想、培养学生健全人格健康心理，关注学生养成高尚的道德品质，因此坚持实践"求真"德育，确立学校德育主课题，通过校园求真教育氛围的营造、德育课程的开发，分年级的德育累进专题，德育系列活动，在德育名师团队的引领下，班主任队伍的"深度"和"厚度"得到了进一步的拓展和加强，同时积极推进全员育人、助理班主任制，追求德育取得真正实效，从而在嘉高校园里构建起立体化德育人文环境，推动了"德正才优、卓越发展"育人目标的实现。

万事德为先，成才先做人。为了贯彻学校的育人目标，嘉高牢牢抓住"教人做人"这一精神坐标，2002年起校长大力倡导以"尊重教育"为学校的德育主课题，引导学生尊重自己、尊重他人、尊重科学、尊重社会、尊重环境，从培养良好的行为习惯做起，实施文明校园建设工程，扣好嘉高学子文明素养"第一个扣子"，以此来树立嘉高人的崇高信仰，以及阳光、自信、责任、自强的良好品格，积淀嘉高校园文化。"教育需要用灿烂的精神鼓舞学校的每一个生命体，用积极向上的态度引领学校的每一个生命体，用母亲般的情怀感动学校的每一个生命体，用珍惜每一个当下去感染学校的每一个生命体"，浙江省班主任工作室领衔人、嘉兴市德育名师翟景梅老师一直引导学生尊重自己，坚守生命教育的理念，建构适合学生生命成长的班级文化为载体，为学生搭建生命成长的舞台，用爱守望学生健康成长。在嘉高教师群体中，他们用真情、真心、真诚的教育给学生带来发展和幸福，嘉兴市班主任工作室主持人、嘉兴市德育名师张旭宁老师努力实践着尊重他人，提出爱的教育的前提是了解与尊重，他在班级搭建了"幸福的瞬间"平台，通过我为同学送祝福、集体生日等活动，学生在学习生活中寻找幸福，感受尊重中的幸福，从而体悟到幸福需要尊重。嘉兴市秀洲区德育学科带头人朱惠老师，在"雅言、雅行、雅趣"中教育学生践行尊重，师德先进杨丽娟老师、最美教师卢金华老师、教坛新秀鲍尔青老师始终坚持引导学生懂尊重、会尊重。

徐文祥副校长、赵利民副校长、鲁建飞副校长、张益民书记先后在学校分管德育、校园文化工作期间，与学生发展处（学校创办至2007年7月为政教处、2008年8月至2016年7月为政教学工处）等各部门、年级部一起，积极推进尊重教育。在全校教职工的辛勤耕耘和历届学生的努力，尊重精神积淀起的文明之花绘成了嘉高校园一道亮丽的风景线。

2005年，嘉兴高级中学被确定为嘉兴市思想政治学科基地，在校长的大力支持下，经过自主申报、激烈竞争，2013年又被确定为浙江省普通高中学科基地培育学校（培育学科：高中政治），2015年《浙江省基础教育课程改革工作领导小组办公室关于公布首批普通高中学科基地名单的通知》中，嘉兴高级中学成为浙江省首批50所普通高中学科基地之一。

嘉兴高级中学的高中思想政治学科基地，在浙江省政治特级教师潘新华老师的引领下，在嘉高思想政治教研组老师及兄弟学校思想政治学科专家的共同努力下，本着“奉献、引领、发展、共享”的理念，紧紧围绕“扎实工作、开拓创新、立足学科、着眼学生、打造品牌、内涵发展”的目标开展各项工作，在诸方面取得了令人满意的成绩。开展覆盖全省的学科活动。承办全省性研训活动，举行了浙江省潘新华名师工作室学科带头人研讨，来自全省各地的学员共同研究和分享了教师个人专业发展和现代教育技术的运用，参与人员众多，地域覆盖面广，不仅仅展示了政治学科基地的工作能力和成果，对于全省高中政治学科教学起到了很好的引领与辐射作用，同时还增强了校际交流与合作，达到了资源共享、协同前进的作用。在深化普通高中课改中做出了示范。

提升学科基地水平，培养优秀学科教师。在基地的引领和老师的努力下，学校政治学科在高考、选考、学考中都取得了优秀的成绩。教师队伍也迅速成长，浙江省特级教师潘新华老师被聘请为长三角基础教育学科专家，学校政治教研组的老师获得了2014年度“一师一优课、一课一名师”活动省级一等奖、教育部级“优课”。

20年来，嘉兴社会充分肯定嘉高校风好，文明勤奋，积极向上；嘉兴百姓纷纷点赞嘉高：老师爱学生有责任心，学生有正气读书努力。

国际教育

建设中西方兼容的学习。随着时代和教育的发展，嘉兴高级中学不断认识到教育要与国际接轨，既要借鉴国际先进的教育理念和经验，更要开展国际理解教育以开拓视野，这是实现学校内涵发展的重要途径，因此要积极参与到国际教育与交流的活动中去。

2009年初，在嘉兴市南湖国际教育集团的支持下，徐新泉校长与5位全国知名重点中学的校长一起赴德国参加国际教育会议，当年即引进“中德DSD项目”并且获德国政府授牌和浙江省教育厅批准。2010年和嘉兴市南湖国际教育集团的领导又开始考察“中加合作课程”，2011年起经过一年多艰苦的申报，到2012年5月“中加合作课程”项目获教育部备案、浙江省教育厅批准，以及加拿大BC省教育厅授权。2013年起与嘉兴市南湖

国际文化交流中心合作，开展嘉高学子赴法国大学科技学院校长联盟院校的留学，2016年校长在上海与法国大学科技学院校长联盟签订了合作协议，以及与德国第戎商学院签订合作协议，为嘉高学子赴法留学铺设了通道。嘉兴高级中学紧扣经济社会发展的脉搏，保持前瞻性的国际教育理念，力促高中教育水平与世界水准并轨，走出了一连串中外合作办学的坚实脚印，成为嘉兴市高中国际教育的领跑者。

嘉高在开展国际合作项目教育中，分管国际教育的赵利民副校长、鲁建飞副校长精细组织、积极协调，国际教育处（国际部）老师的辛勤工作，促使项目顺利推进，促进了学生的差异性发展，使每一位接受国际教育的嘉高学生都能找到属于自己的舞台，培养了一批具有国际视野、民族情怀的学生。

在家门口就能接受到国际学校的同样教育，创造一种适合禾城学子的国际教育，今天嘉高的国际教育已成为嘉兴高中教育的一个品牌、嘉兴高中学子的重要选择。

创新教育

为学生提供多元化自主成长空间。教育是为了人的素养更文明，为了人的思维更有创意，为了人的发展更有创新能力，为了人的生命更幸福，为此，嘉兴高级中学致力于课堂和课程改革，努力为学生提供多元化自主成长空间。

提高学生素养、创新能力、教育质量最主要的平台是课堂。为此，在建校初期的1999年，徐新泉校长提出了嘉高要以“三加强”为重点构建课堂教学，即课堂中要加强情感意识、加强主体意识、加强创新意识，也就是说课堂教学必须充分尊重学生发扬教学民主，要以学生为中心努力让学生自主学习，培养学生的创新思维，让每个学生自由地发展潜力，充分地发展个性，愉快而热情地汲取知识和形成人格。随即学校成立了课题组，全校教师积极投入课堂革命，形成了《现代中学课堂教学模式探究与实践》一书，更突出的是教师解放了思想，推动和创新了课堂教学，让学生主动参与到课堂教学中来，让学生自主成长。为了更好推进学生参与课堂教学自主学习，2011年鲁建飞副校长进一步提出了“30＋10课时制改革，提高课堂教学的有效性”，让学生在课堂的自主学习在时间上更有保障，取得了很好的效果。随着教育改革的不断深化，为更高层次上培养学生素养、创意思维、创新能力，2014年徐新泉校长提出了在“三加强”基础上构建“活力课堂”，也就是课堂要以生为中心、以疑为重心、以思为核心，让学生在充满生命活力的课堂中得到更好的发展。分管教科研的潘新华副校长和教师发展处（学校创办至2007.7为教科室、2008.8至2016.7为研训课程处）一起研讨，分步推进，以形成学生为主体、学生学习能力更好发展的课堂，学生思维能力、创造能力得到最大限度提高的课堂，全校教师在原有基础上进入了新一轮课堂改革的实践。

课堂教学改革的不断深入探究，以及分管教学的徐文祥副校长、鲁建飞副校长和课程教学处（学校创办至2007年7月为教务处、2008年8月至2016年7月为教务招生处）等各部门、各年级部的精细管理、有效落实，全校老师的辛勤努力，极大地提高了学校的教学质量。2000年7月，嘉兴高级中学首届138名毕业生参加高考，达到重点大学分数线65人，占46.8%，二本大学分数线以上100人，占72%，本科大学以上119人，占85.7%，其中北京大学录取1人，浙江大学录取16人，取得了让嘉兴人民瞩目的优异成绩。至今18届毕业生高考，成绩始终稳居嘉兴市本级第二名，年年有新突破，届届有新亮点，得到社会的高度肯定：2007年高考市本级文科状元朱悦俊同学进入北京大学，2010年高考，10个毕业班第一批上线人数突破200，为嘉兴市增量第一，2011年高考嘉兴市本级理科状元陈峰同学，2012年高考重点大学上线率嘉兴市第三，2012、2013年嘉兴市教育局对全市36所高中教育质量考评的两年，嘉高均获得“嘉兴市高中教育质量优胜奖”（每年全市仅评4所学校），2014、2015年高考10个毕业班重点大学上线人数继续突破200人，2016年高考高二年级傅天任同学被中国科技大学录取，2017年首届新高考又取得优异成绩，北京大学、复旦大学、浙江大学、上海交通大学、南京大学、中国科技大学、哈尔滨工业大学、西安交通大学、中国人民大学、南开大学等著名大学都有嘉高学子。

培养学生个性特长、创新能力的提升，是时代对学校教育的呼唤，其最主要的载体是课程。2012年起，在徐新泉校长主持下，嘉兴高级中学致

力于构建“求真课程体系”，极大地满足了学子们发展个性和创新特长的需要。

有了课程的支撑，有了各个平台的支持，学生的个性化发展和创新能力得到了极大的提高。学生的研究性学习，2000年来在徐文祥副校长、鲁建飞副校长、潘新华副校长的分管下，老师们认真指导，坚持不懈，特别是2005年来，嘉高学生的研究型学习成果每年都获得浙江省评比一等奖；潘新华副校长分管创新教育后，与科技创新教研组一起，积极开展小创造小发明活动，至今学生的研究成果已获得31个国家知识产权局颁发的新型实用专利证书，汇编了《来自大课堂的报告》《创意在成长》两本著作。学生个性特长也在自主发展：能够收纳各种电子数据线的“数据线收纳盒”、不用戴耳塞直接无线遥控的“太阳能蓝牙音响”、百米范围内收发信息自如的“基于微控制器Arduino的激光通信装置”以及“基桩检测辅助装置”……你可能不相信，这些“高大上”的科技创新发明，都来自嘉高在校学生“科技达人”之手；全国青少年机器人竞赛一等奖，嘉高足球队、篮球队在浙江省中学生足球、篮球联赛中打入八强，嘉兴市高中生辩论赛银奖，嘉兴市健美操比赛金奖，学校联合赵松庭笛子艺术研究会、秀洲区委宣传部、秀洲区教文体局为高二学生章诗怡同学在秀洲会堂举办笛子独奏音乐会，帮助周琳同学在嘉兴博物馆举办个人画展；在深化高中课程改革中，潘新华副校长组织各科教师组成指导团队开展高中生模拟政协的社会实践，嘉高学生代表队在全国第四届各省市著名高中的模拟政协大赛中进入“全国十强”。

一直以来，“让学生的个性特长在嘉高校园得到最大限度的发展”是嘉高人的不懈追求，因而致力于学生创新能力发展而努力培育良好的人文“气候”与“土壤”，为学生的创新“扬长”提供实现的舞台，培养具有“中国情怀和国际视野”的复合型人才，以“模式创新、课程完善、合作探索”的思路，在“扬长”“创新”人才培养的道路上前进。教育需要创新，创新是为了更好培养具有创新意识、创新能力的学生，这一切正在形成嘉高教育的一个鲜明特色。嘉高的实践证明，我们的创新教育，需要更新育人理念，着重做好课堂、课程两篇文章，从激发学生创新精神的课堂、拓展课程多样化着手，为学生发展提供个性化、多样化的选择，创造创新能力培养的平台，从而让学生“嘉木扬长”，学校发展“多元优质”。

20年了，我从嘉高创办担任校长一直到今年7月卸任，见证了学校的发展；今天嘉高已有30个普高班级、国际部3个班，1380多名学生，136位教职员工，成为嘉兴人民口碑中的一所好学校。

20年了，弹指一挥间，9000学子从嘉兴高级中学出发走进了大学校门深造，300学子走向世界著名大学留学；如今嘉高校友遍布世界各地各行各业，他们在社会舞台指点江山，一产二产三产独领风骚，科技领域屡破难关，保家卫国屡建功勋，各级各类杏坛激扬文字，无影灯下救死扶伤……

2017年10月18日

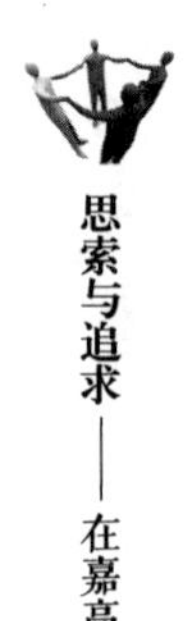

嘉高的“第一”琐忆

/徐新泉

嘉兴高级中学创办于1997年，在办学过程中嘉高的许许多多“第一”为学校的发展打下了基础、迈出了第一步，开启了学校办学的新里程。

嘉高创办的第一个决议：1997年3月，嘉兴市郊区人大三届五次会议决定，办一所“郊区”在嘉兴市区的高级中学。

嘉高校名的第一个文件：1997年6月6日，嘉兴市人民政府（嘉政发1997—100号）发文批准建立嘉兴市郊区高级中学。

嘉高建设的第一个动员大会：1997年6月23日，嘉兴市郊区在区政府礼堂（中山路）召开嘉兴市郊区高级中学建设动员大会，发动全区人民捐资捐款建设郊区高级中学，嘉兴市副市长范巴陵、嘉兴市郊区区委书记吴德孚、嘉兴市郊区区长朱春林出席了会议。

嘉高的第一届学生：1997年9月招收了首届三个班共138名学生，寄读在徐新泉任校长的嘉兴市新塍中学。

嘉高校名第一次正式确定的文件：1997年11月20日，嘉兴市人民政府（嘉政发1997—211号）发文，学校定名为“嘉兴高级中学”。

嘉高建设的第一个重要仪式：1997年12月8日，嘉兴高级中学校园建设奠基开工（因此定为校庆纪念日）。

嘉高的第一任校长：1998年11月10日，嘉兴市郊区教育局（嘉郊教1998—249号）文件批准，徐新泉同志任嘉兴高级中学校长。

嘉高的第一任科室主任：1999年3月15日，嘉高（1999—2号）文件，聘任王永平老师为校办副主任、鲁建飞老师为教务处副主任、郑雄陆老师为政教处副主任、宋志贤老师为总务处主任、薛万霖老师为高二年级部主任、吴明华老师为高一年级部主任。

嘉高校园启用的第一天：1999年3月15日，34名教职工带领高一、高二两个年级7个班级的303名学生，从借读的嘉兴市新塍中学搬入嘉兴高级中学新校园，嘉兴高级中学校园正式启用。

嘉高办学理念的第一次表述：1999年3月15日，校训：真。教育理念：让嘉高的每一个学生在校园都能享受最大的成功，让嘉高每一个学生的特长在校园都能得到最大的发展。育人目标：培养具有现代文明适应现代竞争有责任心的中国人。办学目标：建设高品位校园、高素质队伍、高质量教育、有特色的高级中学。校风：文明、勤奋、求实、创新。教风：爱生、协作、精业、善导。学风：尊师、求真、勤奋、多思。校园精神：爱校文明，务实卓越。

嘉高的第一届党组织：1999年3月18日，嘉兴市郊区教育局党委（嘉郊教党1999—2号）文件批准，设立中国共产党嘉兴高级中学支部委员会，徐新泉同志任书记。

嘉高的第一届团委：1999年3月30日，嘉高召开第一届团代会，经选举并由团嘉兴市郊区委（嘉郊团1999—13号）文件批复，郑雄陆同志任书记。

嘉高的第一个办学方案：1999年4月，嘉高制定了《半年入轨道，一年出成绩，三年上台阶——1999至2001学校发展规划》。

嘉高学生参加嘉兴市的第一个大型活动：1999年5月2日，嘉高96名学生参加嘉兴市庆祝“嘉兴解放五十周年文艺行街”活动。

嘉高学生获得的第一个上级比赛的奖杯：1999年5月4日，学生赵磊、金漪芸合作的诗朗诵在嘉兴市郊区的大赛中捧回了第一个竞赛获奖奖杯。

嘉高的《嘉高教育》第一期：1999年5月17日，《嘉高教育》创刊号编印成册。

嘉高的第一届工会委员会：1999年5月18日，嘉兴市总工会郊区办事处（嘉总工郊1999—20号）文件，同意建立嘉兴高级中学工会委员会，徐新泉同志任筹备小组组长；1999年12月13日召开第一届工会会员会议，选举徐文祥同志为学校工会主席。

嘉高的第一届艺术文化节：1999年6月5日，举办了首届艺术文化节，之后学校的艺术文化节移至每年的12月8日，结合校庆纪念日开展活动。

嘉高的第一批文明学生：1999年6月25日，评出并宣布了嘉高首批校级文明学生，共7人（每班一名）。

嘉高的第一个助学基金——嘉兴高级中学齐心助学基金：1999年9月16日，由嘉高党支部、嘉兴市郊区机关党组织、嘉兴市郊区各单位党组织，及社会捐资设立，以资助品学兼优而家庭困难的嘉高学子完成高中学业。

嘉高的第一届成人仪式：1999年9月30日，嘉高举行了首届成人仪式，之后嘉高的成人仪式移至每年的12月9日，并与团嘉兴市秀洲区委联合举办。

嘉高的第一届学生会：1999年10月，召开了首届嘉高学生代表大会，建立了嘉高学生会，陈卫同学任主席。

嘉高的第一届体育文化节：1999年10月22日，举办了学校首届体育文化节。

嘉高当选浙江省人大代表的第一位老师：1999年12月，许建英老师当选为第九届浙江省人大代表。

嘉高的第一届教职工代表大会：2000年2月25日，举行了学校首届教职工代表大会，审定了《追求卓越——学校管理制度》《追求卓越——学生管理制度》等21个学校管理条例。

嘉高的第一届科技文化节：2000年5月8日，举办了学校首届科技文化节。

嘉高的第一届毕业生：2000年7月31日，嘉高首届毕业学生高考成绩揭晓，达组档线100%，达大学本科线85.7%，达重点大学线46.8%；其中钱兵同学考入北京大学，16位同学考入浙江大学，高考前王明华同学被保送至浙江师范大学，为嘉高高考前保送大学的第一位学生；年级部主任薛万霖老师。

嘉高的第一届妇委会：2001年2月，建立学校妇委会，蒋珍珠同志任主任。

嘉高的第一个学生社团：2001年2月15日，嘉高秀苑文学社成立。

嘉高的第一个学生个人画展：2001年3月28日，在嘉兴博物馆举行周琳同学个人画展。

嘉高的第一位获得浙江省教育厅表彰的学生（综合性荣誉）：2001年4月25日，浙江省教育厅（浙教基2001—133号）文件公布，我校沈建兵同学荣获省级三好学生称号。

嘉高的第一位具有硕士学位的教师：2002年6月19日，俞佩忠老师获得浙江师范大学教育硕士学位。

嘉高的第一个中共浙江省委颁发的荣誉：2003年5月2日，根据中共浙江省委（浙委发2003—42号）文件，嘉高被命名为浙江省文明单位。

嘉高的第一本教科研成果书籍：2003年5月，学校的《现代中学课堂教学模式探究与实践》由浙江大学出版社出版，并获得浙江省教科研成果三等奖、嘉兴市社科联成果一等奖。

嘉高的第一本学生社团成果书籍：2004年5月，秀苑文学社的《文心秀苑》由新疆青少年出版社出版。

嘉高的第一个嘉兴市名教师：2004年9月，薛万霖老师被评为嘉兴市名教师。

嘉高的第一个浙江省优秀教师：2004年9月，鲁建飞老师被评为浙江省优秀教师。

嘉高的第一本学生研究性学习成果书籍：2005年10月，根据几年来学生研究型学习的成果汇编了《来自大课堂的报告》，由研究出版社出版。

嘉高第一次评选年度“十件大事”：2005年12月，评选了“2005嘉兴高级中学十件大事”。

嘉高的第一个浙江省教育厅颁发的综合性荣誉：2006年1月24日，根据浙江省教育厅（浙教督2006—12号）文件，命名嘉兴高级中学为浙江省一级重点高中。

嘉高的第一届退协小组：2006年3月8日，举行了嘉高全体退休教职工会议，建立了嘉高退协小组，选举韩中萍同志任组长。

嘉高的第一个国际教育合作项目：2009年5月，签署了“中德DSD项目”，并且获德国政府授牌和浙江省教育厅批准。

嘉高的第一位博士校友：2009年6月，嘉高首届毕业生周益民校友，获得浙江大学博士学历学位。

嘉高的第一个全国劳动模范：2010年4月26日，徐新泉老师被国务院

命名为全国先进工作者。

嘉高学生高考重点大学上线第一次突破200人：2010年6月高考，全年级10个班级，文理科达重点大学分数线206人，增量为嘉兴大市第一；年级部主任邢川老师、副主任翟景梅老师。

嘉高的第一个浙江省特级教师：2010年6月29日，潘新华老师被评为浙江省特级教师。

嘉高的第一届悦读文化节：2011年2月28日，举办了学校首届悦读文化节。

嘉高的第一个学生个人音乐会：2012年4月27日，学校联合秀洲区委宣传部、秀洲区教文体局为章诗怡同学在秀洲会堂举行了笛子独奏音乐会。

嘉高的第一届校务监督委员会：2013年5月25日，学校建立校务监督委员会，鲁建飞同志任主任。

嘉高的第一个浙江省班主任工作室：2014年1月8日，翟景梅老师被浙江省教育厅基础教育处和浙江省教育学会德育分会授予“浙江省首批中小学班主任工作室”领衔人。

嘉高的第一个学科教室：2014年6月，“思想者之家”被列为浙江省9个普通高中学科教室建设试点项目之一，也成为全国第一个政治学科教室。2015年12月29日，新华社、中新社、人民日报、人民网、光明日报、中国教育报、中国教育电视台、新浪网、浙江日报、浙江在线、浙江教育科技频道、浙江经济广播等十多家主流媒体，在省教育技术中心、市区两级教育局领导的陪同下来到学校，采访嘉高的思想政治学科教室。

嘉高第一届教学公开日：2014年11月19日，嘉高第一届教学公开日隆重举行。

嘉高的第一个浙江省名师工作室：2014年12月25日，潘新华老师被浙江省教育厅办公室批准为“浙江省首批名师工作室”负责人。

嘉高的第一个“嘉高校友基金”设立：2015年6月12日，由嘉兴高级中学首届毕业生倡议并自愿捐赠和募集，设立“嘉高校友基金”，并鼓励嘉高校友不断捐赠和募集，扩大基金总额；保留本金不动，可使用基金增值收益用于资助和奖励嘉高师生及促进母校事业发展。

嘉高的第一个由中华全国总工会授予的荣誉：2015年12月，中华全国总工会命名嘉高第一工会小组为“全国模范职工小家”。

嘉高的第一个浙江省学科基地：2016年1月11日，嘉高成为浙江省首批普通高中学科基地（政治学科）。

嘉高的第一个学校章程：2016年2月22日，学校制定了《嘉兴高级中学章程》。

嘉高的第一个国家专利：2016年3月2日，黄鲁弘毅同学的“一种数据线收纳盒”成果被国家知识产权局授予国家实用新型专利。

嘉高的第一个进修博士学历学位的老师：2017年7月，鲍尔青老师在华东师范大学开始进修教育博士学历学位。

嘉高的第一个由教育部批准的体育特色项目：2017年7月3日，教育部（教体艺函2017—7号）文件公布，我校为“全国青少年校园足球特色学校”。

……

从这些“第一”中走来，二十一年过去了，嘉高成为嘉兴的知名学校，莘莘学子迫切向往的学府，先后取得了25项省级及国家级的荣誉和称号，教育质量获得社会各界充分肯定，特色教育多元优质鲜明亮丽可圈可点。

2019年1月8日

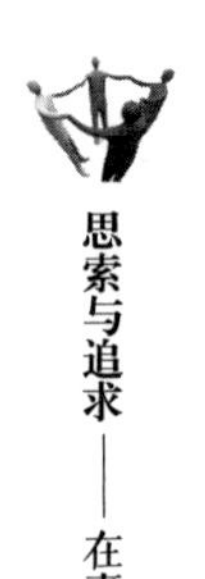

那天，3月15日

/徐新泉

那天，1999年3月15日，普普通通的一天，在时间的长河中不过短短一瞬，但对嘉高人来说，记忆悠长。

那天，云儿在蓝天上轻快地浮走，不时露出欢欣的笑脸，阳光暖暖地洒向大地，鸟儿在新枝上叽叽喳喳，柔柔的春风拂过每个人的脸庞，春的气息，扑面而来。

那天，雨后的大地散发着湿漉漉的空气，小草却偷偷地冒着绿尖尖钻出地面，顶着一颗颗圆圆的水珠，城郊稍宽些的机耕路交叉着泥路，路面的泥泞中却镶嵌着一串深深浅浅的脚印，一步连着一步，陪伴着你前行。

那天，在国家历史文化名城嘉兴的西北方向，二环外500米处，嘉兴高级中学还在如火如荼地建设中，那是嘉兴市郊区领导及全区人民寄予厚望的重点项目啊！其间崭新的教学综合楼、一幢学生公寓楼和食堂已拔地而起，与周边的纵横阡陌、蔬菜大棚、田野民房相比显得特别醒目，仿佛在预告着嘉兴大地的一所名校将从这里起航！

那天，1997年8月开始招收的寄读在嘉兴市新塍中学的高一、高二两个年级303名学生在34名教职工的带领下正式开始了嘉高校园的学习和生活。清晨，呼吸着初春的气息，几位家长帮孩子背着生活用品，同学们拿着学习资料，因为学校周边的道路没有连通硬路面，因此大家从洪兴路、东升路、西二环沿着尚有小水坑的泥路一步一个脚印走向校园，还有的推着自行车颠簸前行，一路上大家既没有抱怨也没有牢骚，有的是写在脸上满满的期盼和喜悦。校园尚未砌好围墙，大门口也只有一间临时管理室，但进入校园，有的老师在指点同学进入寝室，有的老师在教室欢迎同学，有的老师在整理新办公室；有的同学在安顿住宿，有的同学把书本拿进教室，有的同学布置着新教室；徐新泉老师、鲁建飞老师、潘新华老师、王永平老师、薛万霖老师、吴明华老师、宋志贤老师、姚培甫老师、沈明海老师、余甫林老师、杨宁老师、陈光瑞老师、王学勤老师、曹爱琴老师、黄光银老师、李筱红老师、杨正华老师、居枫鸣老师、朱文标老师、许建英老师、姚建星老师、钱水荣老师、沈玉英老师、陈明林老师、郑雄陆老师、高玲华老师、姚卫芳老师、潘建萍老师、张甫耿老师、蒋珍珠老师、韩中萍老师、蒋桂华老师、沈幼和老师、王爱民老师等，周益明同学、张富强同学、施祺方同学、鲁幸民同学、赵磊同学、陈培华同学、邵旭飞同学、赵晶晶同学、王进峰同学、钱兵同学、王慧同学、陆建松同学、沈小军同学、吴俊同学、赵研同学、钟根良同学、孙妮娜同学等，在人群中忙碌。一切是那么的匆匆，而又是那么的井井有条，大家的互相问候洋溢着自信和憧憬，因为大家都有一个新的追求和美好的梦想，在新校园的教学和学习中，不负家乡父老的殷殷期望，明天嘉高将以我为荣，家乡也必将以嘉高为自豪！

那天，昔日的蔬菜基地，开始成为充满青春气息的嘉高校园，教室里传出琅琅书声，食堂里奏响锅碗瓢盆交响曲，操场上开始你追我赶，校园上空歌声悠扬，嘉高人锚定了前行的方向。

那天，嘉高人开始在新的起点上继续着“真”的追求、“嘉木扬长，高德归真”的奋斗，走向嘉兴名校的嘉高！

那天，1999年3月15日，在嘉高的历史中是值得纪念的一天，是带有里程碑意义的一天；对所有嘉高人来说，是生命中特别的一天，或深或浅，伴随永远！

2019年3月26日

初心不忘创辉煌　友谊永远共发展

——在嘉高上海校友会第一次联谊会上的致辞

/徐新泉

各位校友，大家好！

在这迎接春天的季节，踏着2020新年的脚步，很高兴来到上海宝燕壹号香港厅参加嘉高上海校友会第一次联谊会。在此，我受张益明校长及各位学校领导的委托，代表嘉高、嘉高师生向嘉高上海校友会第一次联谊会的隆重召开表示热烈的祝贺！向热心筹备本次联谊会和前来参加联谊会的校友们表示诚挚的敬意！并非常荣幸地受校友们的邀请做一个“初心不忘创辉煌　友谊永远共发展”的发言表示衷心的感谢！

嘉高人初心不忘创辉煌。嘉高的初心就是求真，嘉木扬长，高德归真，育德育才，让嘉高每一个学生在校园都能享受成功的乐趣，让嘉高每一个学生的特长在校园都能得到最大的发展，成为具有现代文明和社会责任感的中国人；嘉高学子的初心就是立德成人，立志成才，创造辉煌，报效社会！二十余年来，嘉高人努力追求做一个有理想、有追求、有思想、有视野、有品德的高尚人，努力追求做一个有知识、有素养、有专业特长、有创新能力的卓越人，努力追求办成一所高品位校园、高素质队伍、高质量教育、有特色办学的市内一流省内知名多元优质的高级中学，至今已逐步形成了教学质量、人文教育、创新教育、国际教育“四大金名片”。

教学质量持续优异。高考取得优异成绩，北京大学、清华大学、浙江大学、复旦大学、上海交通大学、南京大学、中国科技大学、中国人民大学等著名大学都有嘉高学子的身影。

人文教育大放异彩。坚持求真，立德树人，培养德智体美劳全面发展的学生是嘉高一以贯之的理念。嘉高是浙江省文明单位，是浙江省高中思想政治学科基地，是浙江高中班主任工作室领衔人学校，嘉高一直在构建求真校园文化，不断实践着“高德归真”。

创新教育硕果累累。学生研究性学习成果连续十多年获浙江省一等奖，30多名学生的科研成果，获国家新型实用专利，见证了嘉高坚持嘉木扬长，坚持创新能力培养的理念，用课程支撑，嘉高学子的个性特长和创新能力得到了极大的发展。

国际教育走在前列。随着时代和教育的发展，嘉高人积极开展国际教育，开办了嘉高中德DSD班、嘉高中嘉班，被评为“嘉兴市教育国际化示范学校”。

今天的嘉高已经成为嘉兴百姓心中的优秀学校，莘莘学子迫切向往的求知学府，为社会培养了大批人才，得到了全社会的高度肯定。二十余年来，嘉高近万名毕业生走进了中外高等学府深造，据已经联系到的嘉高校友中有博士27位、硕士数以千计、学士近万，校友中有高校教授，也有大学学院党委书记，有科研领域的领军人才，也有牵手华为布网世界的专家，有驾驶战鹰翱翔蓝天的飞行员，也有在运筹帷幄的中央军委工作的首长，有各地命名的杰出人才，也有公务员局长，首届校友还在母校建立了“嘉高校友基金”；我们嘉高在上海的校友们，有博士也有教授，有科学研究者也有媒体工作者，有人民警察也有主持天平的法律工作者，有人类灵魂工程师也有技艺高超的白衣天使，有白领高管也有商界老总，有卓有成效的创业者更有各行各业的能工巧匠，并且在自媒体上为母校不断传递校友信息。总之，校友们为我们的社会贡献着青春、智慧和财富，真是可喜可贺！在此衷心祝愿我们嘉高校友和嘉高上海校友的故事延续永远！

友谊永远共发展。光阴似箭，日月如梭，我们在座的各位，从嘉高毕业或长或短，高校毕业后来到我们国家最有魅力的上海发展，我觉得我们校友都是母校宝贵的资源，是学校声誉的标尺，是办学质量的镜子，是母校骄傲的名片。嘉高人无论走到哪里，都在传播和弘扬我们母校的品牌和声誉。多年来，广大嘉高校友秉承母校“真”的校训，弘扬嘉高“爱校奉献，务实责任，科学创新，追求卓越”的嘉高精神，发扬母校厚重的人文品质，努力拼搏，开拓进取，乐于奉献，在各条战线取得了可喜的成绩，树立了良好的形象，赢得了社会广泛好评，成为母校发展的不尽源泉。

今天，在这金碧辉煌的宝燕壹号香港厅组织这次联谊会，使我们嘉高上海的校友首次相聚，我觉得校友会的意义有四：一是联络友谊，二是分享信息，三是关心母校，四是共同发展，共同凝心“友谊永远共发展”。因此，校友会的工作意义深远，衷心祝愿嘉高上海校友会，本着“服务校友、服务母校、服务家乡、服务发展”的宗旨，开展各项工作，加强校友之间的联络，开展异地校友联谊，凝聚校友力量，整合校友资源，将校友会这个互动平台做好、做活、做大，使校友会成为真正的校友之家，为此我向嘉高上海校友会提几点不成熟的建议：

建立嘉高上海校友会，设立理事会，推荐理事会成员和会长、副会长、秘书长（已列入今天的会议议程），今后我想逐步达到每一届都有代表为理事。通过我们理事会成员及各位校友的宣传，以及嘉高上海校友群的宣传，使在上海的校友们融入嘉高上海校友会，加入嘉高上海校友群，并且逐步完善届班校友联系。嘉高上海校友会活动制度化和届别活动经常化相结合，创设平台提供校友交流，以求信息分享资源共享，进而共同发展。嘉高上海校友会与母校保持沟通，为母校发展提供各方面力所能及的信息和资源。向母校推荐取得优异成绩的校友资料和资源，来鼓励学弟学妹以学长为榜样而努力。充分发挥校友人才众多、乐于奉献的特点，努力为家乡的经济建设与社会发展贡献力量。

各位校友，当年我们在母校时有一句话，“今天你以嘉高为荣，明天嘉高以你为荣”，当今母校正以你们为荣，因此校友会承载着许许多多的希望和价值，寄托着众多学子的期待，凝聚着母校和嘉高人的爱心和重托，让我们携手同行，共同开创嘉高上海校友会美好的未来。

再次感谢为本次嘉高上海校友会第一次联谊会积极组织、仔细谋划和热情参会的校友们！真诚地祝愿嘉高上海校友会为嘉高在全国乃至世界各地的校友会活动做出示范，真诚地祝福校友们在今后的日子里辉煌的更辉煌，幸福的更幸福，时时平安、事事顺意！

谢谢大家！

2020年1月11日